Pour un Sourire d'Enfant

Christian et Marie-France
des Pallières

Pour un Sourire d'Enfant

Albin Michel

Préface

Le récit que vous tenez dans les mains est d'une puissance inouïe et donne un espoir incroyable. Dans une époque où les médias et les réseaux sociaux distillent la vision d'un monde dangereux et une sensation de désespoir chronique, ce livre est l'antidote parfait.

C'est l'histoire d'un couple qui change le monde. Pas des superhéros, des gens qui se disent ordinaires mais qui sont évidemment exceptionnels, tellement ils sont inspirants. Racontée avec une simplicité et une honnêteté désarmantes, cette aventure nous fait revivre chacune des étapes qui vont permettre à Marie-France et Christian des Pallières de sauver plus de 12 000 enfants parmi les plus déshérités au Cambodge. Vous avez bien lu : 12 000 existences transformées grâce à l'indignation, les rêves et l'enthousiasme d'un couple. Car il s'agit bien là d'une magnifique histoire d'amour. Ces deux-là s'aiment, se disent complémentaires, ensemble ils ont été capables de déplacer des montagnes. Et c'est presque un euphémisme.

Quel plaisir de faire connaissance avec eux, avant que leur destin bascule devant la décharge de Phnom Penh, de découvrir comment cette famille formidable fait face aux obstacles qui auraient pu les empêcher de faire le tour du monde avec leurs enfants. Comment ne pas s'émouvoir de leur façon de traverser les difficultés. Avec authenticité, ils nous racontent leur premier sentiment d'impuissance devant la tragédie. Comment aurions-nous réagi en voyant des enfants pieds nus arpenter une immense décharge à ciel ouvert au bout du monde ? Nous aurions sans doute hurlé, pleuré… comme eux. Mais là où l'histoire devient folle c'est qu'ils décident de s'attaquer au problème. Avec humilité.

Ils posent alors une question simple à ces enfants, victimes de la folie des hommes : « De quoi avez-vous le plus besoin ? » LA question. Simple, efficace, puissante. Ce jour-là les enfants ont répondu : « D'un repas par jour et d'aller à l'école comme les autres enfants. » Et les voilà leur apportant du riz. La suite bouleversante et fabuleuse est racontée ici. Si vous êtes attentifs, vous remarquerez que cette question simple revient fréquemment, comme le secret de cette réussite : « De quoi avez-vous le plus besoin ? »

Je me surprends souvent à raconter leur histoire. Comme pour remonter le moral de ceux qui pensent que tout est foutu. Et j'adore regarder les émotions sur les visages de ceux qui découvrent cette aventure. Faites l'expérience. Vous verrez apparaître un sourire, de la joie même. Parce que, comme disait La Rochefoucauld, « rien n'est plus contagieux que l'exemple », et qu'au fond, les pessimistes ne demandent qu'à être rassurés. Ce couple est arrivé en enfer, et il n'a pas baissé les bras. Après le génocide cambodgien qui a fait au moins trois millions de morts, les survivants étaient des polytraumatisés, incapables d'être de bons parents. Et c'est cette enfance abandonnée que Marie-France et Christian ont trouvée sur cette décharge. Comment concevoir pire ? « De quoi avez-vous le plus besoin ? » Imaginez si cette question était posée partout où il y a de la souffrance et des injustices. S'ils ont réussi en enfer, alors ils ont apporté la preuve que changer le monde était possible. Parce que si nous sommes impressionnés par leur héroïsme, ce qui émeut Marie-France, c'est le nombre d'hommes et de femmes qui les ont suivis dans cette aventure. Pour elle, l'être humain est extrêmement généreux, et c'est ça qui la bouleverse. Décidément, c'est une bien autre représentation que celle diffusée par les écrans.

Alors je me mets à rêver. Si l'aventure extraordinaire de « Pour un Sourire d'Enfant » était racontée dans toutes les écoles de la Terre, alors tous les petits sapiens connaîtraient leur pouvoir. Le pouvoir magique que nous avons tous. Celui de s'engager et de découvrir que nos actes ont un impact sur ce que l'on prend trop souvent pour une fatalité.

Le témoignage de Marie-France et Christian des Pallières possède la puissance de la réalité crue et le charme des contes. Voilà pourquoi j'espère que ce récit vous donnera, à vous aussi, foi en l'humanité.

Frédéric Lopez

L'avant-PSE

Retour en arrière
(Christian)

Dans ma vie, je n'ai pas eu l'habitude de regarder derrière. J'attendais ou je préparais toujours la nouvelle aventure, la nouvelle passion.

Aujourd'hui, c'est peut-être à cause de ces 80 ans que les enfants m'ont merveilleusement fêtés sur l'ancienne décharge, peut-être à cause de cette mauvaise dengue dont je sors à peine, peut-être simplement parce que j'en entrevois le bout, que je me retourne vers ce chemin qui m'a amené ici, il y a plus de vingt ans.

Ce chemin, c'est ma vie. Je ne raconterai pas ma vie. Ce n'est pas un sujet. Je me souviens encore de la réflexion étonnée d'un spectateur après une de nos séances de projection : « Mais, en fait, vous êtes des gens tout à fait ordinaires !... » Il avait raison.

Mais je veux me souvenir, ici, des moments qui forment, qui vous forgent, qui expliquent ce que vous êtes, qui justifient votre pensée.

Tout d'abord, je suis un rêveur. Depuis toujours. Depuis ce petit garçon de 5 ans dans un grand château en Normandie. Le rêve, pour moi, c'était quand la vie était trop sévère, trop morne. Alors je m'échappais. J'en vivais une autre, parallèle, plus passionnante. La vie dans le château de mon enfance était austère. Château trop grand, inconfortable. Surtout l'hiver. Et puis la solitude, quand mon frère et ma sœur aînés étaient repartis dans leurs pensions. Chez nous, avant 7 ans, un enfant n'existait pas. Il ne mangeait pas à table, avec les parents, mais avec le personnel. Et quand, à 7 ans, on avait le droit de manger à table, on n'avait pas le droit de parler. Pas de marque d'affection. On vouvoyait ses parents, ses grands-parents. On n'échangeait pas. Pour fuir la tristesse, alors il y avait le rêve. On disait que j'étais dans la lune.

Dès que j'ai su lire, j'ai découvert un paradis. Dans un long couloir du château, sous d'immenses fenêtres à petits carreaux, il y avait deux grands coffres remplis de vieux livres : anciens numéros de *L'Illustration*, Bibliothèque verte et plein d'autres vieux livres. Je me souviens avoir été fasciné par ces gravures représentant des rois dans d'étranges et somptueux costumes, montés sur des éléphants, protégés par d'énormes parasols. Je sais maintenant que ça ne pouvait être que le Cambodge. À 8 ans, je rêvais déjà du Cambodge !

J'avais 10 ans au moment du débarquement

Ici, c'était la guerre. J'ai été élevé dans la guerre. Papa était parti, mobilisé. Au début, quand je n'avais que 6 ans, on a dit très vite que les Allemands arrivaient, terribles. Alors ma grand-mère, ma tante, ma mère ont pris chacune une voiture qu'elles avaient surchargées, du coffre jusqu'au toit, de tout un attirail attaché avec des cordes. Après, il a fallu faire rentrer les enfants : cinq chez nous, six chez ma tante. Et nous sommes partis sur les routes, dans la foule, comme tout le monde. Vers la Bretagne. Nous connaissions un prêtre à Quimiac, qui voulait bien nous héberger dans son presbytère. Les Allemands y sont arrivés avant nous !

Et puis nous avons appris que Papa avait été fait prisonnier. À Dunkerque.

Nous sommes revenus à Thère. C'était le nom de notre château. Il avait été réquisitionné. Une compagnie de l'armée allemande l'occupait, une compagnie de boulangerie, qui fournissait le pain pour leur armée de la région. Ils nous avaient laissé les pièces qu'il fallait pour vivre : il était énorme, ce château. Ces Allemands étaient des vieux qui avaient fait la guerre de 14. Comme mon grand-père paternel qui était mort à Verdun.

Ils ne voulaient pas de cette guerre. Ils nous disaient qu'ils ne voulaient pas faire le « *Heil Hitler* ». Je ne les trouvais pas aussi méchants qu'on nous l'avait dit. Je découvrais qu'il peut y avoir des braves gens, même chez nos ennemis. Mais la famille avait décidé le minimum de contacts. On ne se parlait pas, il fallait s'ignorer. C'était notre dignité. Plus inquiétants étaient les officiers qui venaient les inspecter de temps en temps, dans leurs voitures décapotables. On aurait dit du métal, dans leurs claquements de portes, leurs claquements de bottes, leurs claquements de voix.

Les mois passaient. Je dormais seul dans une aile abandonnée du château. Les Allemands ne voulaient pas habiter de ce côté. Les courants d'air passaient partout, par les fenêtres qui fermaient mal, par les carreaux cassés, par les trous des chatières. Alors la flamme de ma lampe à pétrole s'agitait, faisait des ombres inquiétantes, menaçait de s'éteindre. Au-dessus, dans le grenier, il y avait le bruit des chats-huants, qui faisait comme des pas. J'avais peur. Et, l'hiver, j'avais très froid. L'eau du broc pour ma toilette était gelée et rien ne coulait dans la cuvette. Mais il ne fallait pas se plaindre. C'est comme cela qu'on élevait les garçons dans notre famille. Pour en faire de vrais hommes. Seule ma grand-mère maternelle avait pitié et, parfois, elle disparaissait après le dîner pour venir, en cachette, passer la bassinoire dans mon lit.

La vie passait et les jours se ressemblaient. Je n'allais pas à l'école. J'étais inscrit aux cours Hattemer par correspondance. J'apprenais les mathématiques avec ma grand-mère, le français et l'histoire avec Maman. Le matin, je coupais du petit bois et des bûches, et allumais le poêle de la chambre de ma grand-mère. Après, c'était la gymnastique. Par tous les temps, il fallait que je sorte devant le château et que je fasse quatre fois le tour de la pelouse centrale devant le perron. Elle surveillait de sa fenêtre. Après, je devais remonter et faire des abdominaux, les pieds calés sous le rebord de son lit. Ensuite, commençait le cours de mathématiques. Elle était très forte dans les histoires de baignoires qui se vidaient, de trains qui partaient chacun de leur côté à différentes vitesses et qui se rencontraient à une heure qu'il fallait deviner. Et puis, c'était les cours de français et d'histoire dans la chambre de Maman. Maman n'était pas patiente et les coups de règle arrivaient vite. J'étais terrorisé et je ne me souvenais plus de rien. Le cerveau bloqué. Ce qui mettait Maman encore plus en colère.

Début 1944, Papa avait été libéré avec les pères de familles nombreuses. Nous étions six maintenant, avec ma petite sœur qui venait de naître.

Un jour, une myriade d'avions recouvrit entièrement le ciel. Cela faisait trembler la terre. Un spectacle incroyable. On ne pouvait pas les compter. Ils lâchaient des nuages de rubans d'aluminium qui scintillaient dans le soleil, afin de tromper les radars, paraît-il. Pour les enfants c'était la fête, c'était à qui en ramasserait le plus. Quelques jours plus tard, nos vieux boulangers allemands ont voulu me montrer des photos de leurs familles : des mamans, des enfants. « *Kaput* ! » répétaient-ils. Sûrement la conséquence de cette myriade d'avions que j'avais trouvée extraordinaire. Certains pleuraient, je m'en souviens.

Il y avait de plus en plus de bombardements. Quelquefois, une escadrille se détachait et piquait sur nous. À cause des troncs d'arbres entourés de feuilles, qui ressemblaient à des canons camouflés. Nous nous précipitions dans la cave.

Un matin, nous avons entendu des explosions sourdes, lointaines. Papa a tout de suite reconnu le canon de marine. Mon grand-père et Papa discutaient tout bas. J'ai su, après, qu'ils écoutaient secrètement la radio dans un petit coin de l'immense grenier. Ils nous ont expliqué un peu le débarquement en nous disant de ne pas en parler.

Le soir, dans un vacarme assourdissant, des nuages d'escadrilles sont encore passés. Tout le ciel est devenu rouge, impressionnant. C'était Saint-Lô qui brûlait.

À partir de ce jour, tout est devenu anormal. J'aimais ces périodes de désordre où on oubliait les devoirs, les leçons, les punitions. Les Allemands s'agitaient. On sentait qu'il allait se passer quelque chose. Nos vieux soldats boulangers entassaient le matériel dans leurs grands camions. Celui qui était devenu un peu mon ami est venu me dire au revoir, les yeux mouillés. Puis ils sont partis. Le soir même, on a vu arriver d'autres soldats, des jeunes qui criaient beaucoup. Ils tiraient en l'air, on les sentait très nerveux. Maman nous a dit que c'était des SS, qu'ils étaient très dangereux et qu'il ne fallait pas les approcher. En plus ils étaient saouls. J'ai su, après, qu'ils venaient d'Oradour-sur-Glane où ils avaient tué tout le monde. Et ici, ils avaient ordre de mourir sur place. S'ils reculaient, ils étaient fusillés à l'arrière.

Avec les fermiers, Papa a commencé à creuser un grand trou carré, bien profond. Puis, il l'a recouvert du grand billard, de sacs de sable, et de fagots de bois. Un abri pour la famille. Il avait choisi un endroit caché entre deux arbres, au milieu de l'allée des tilleuls.

Maintenant nous étions bombardés tous les jours. On voyait qu'ils cherchaient à détruire la DCA qui était dans le jardin derrière, et les deux ponts de l'avenue. On n'avait pas le droit de jouer loin de l'abri. Dès qu'on entendait le bruit d'un avion, on se précipitait dedans. On en ressortait pleins de terre. Avec le même réflexe militaire que Papa, les Allemands avaient aligné leurs tranchées de chaque côté de notre abri.

Et puis un jour, sans bruit d'avion, sans le temps de fuir, sans rien, une énorme explosion. Notre premier obus, devant le château. Les Américains tiraient d'une colline au loin. Les parents ont décidé qu'on s'installait dans l'abri. Plus question de sortir. Une famille amie est arrivée, réfugiée, en catastrophe.

On s'est tous entassés comme on pouvait, assis genoux contre poitrine.

La nuit, on a entendu l'arrivée de plusieurs véhicules, puis des manœuvres, des ordres secs. Un soldat a passé la tête à l'entrée de notre abri, ahuri de nous trouver là. Il nous a dit de nous boucher très fort les oreilles si on ne voulait pas devenir sourds. Ils allaient tirer des V2 sur l'Angleterre, juste en face de l'abri. Un bruit assourdissant, une énorme flamme qui a éclairé tout l'abri et puis, ils sont repartis.

Bien sûr, les Américains nous avaient repérés. La réponse a été immédiate. Un déluge de feu s'est abattu sur nous.

Comment dire ces jours d'enfer ?... Cinq ? Six ? On ne savait plus. On ne savait plus ni le jour ni la nuit...

Comment dire les crispations à chaque sifflement ? L'arrivée était-elle pour nous ?

Comment dire les cris, les prières continues, hurlées pour couvrir le bruit des obus ? On se tassait les uns contre les autres, pour mourir tous ensemble.

Comment dire l'angoisse quand Bonne-Maman sortait ? Elle rampait, entre deux salves, pour aller traire une vache blessée et nous rapporter du lait avec du sang.

Comment dire la panique quand des éclats d'obus ont commencé à entrer dans l'abri ? La cuisinière en a reçu un à la taille, et un sang épais coulait sur sa jambe.

Comment dire l'horreur, les nerfs qui ne tenaient plus, la folie qui commençait ? La gouvernante de nos amis qui délirait et se croyait dans un palais. Comment imaginer l'hygiène ?

Et puis, Papa est revenu de l'abri d'à côté, blême. Un obus venait de le détruire. Tout le monde était mort.

Il nous a dit qu'il fallait partir immédiatement.

J'avais 10 ans. Jamais, je n'oublierai cette vision d'apocalypse. Pour m'en souvenir toujours, j'ai pris une photo dans ma tête : les Allemands dans leurs tranchées, morts, accrochés à leur fusil, certains avec la tête éclatée... ; les grands arbres déchiquetés... ; les vaches mortes, gonflées... ; des cadavres partout, d'hommes et d'animaux... ; et puis, au fond, le château qui brûlait... ; une épaisse fumée noire qui couvrait tout le ciel...

Je ne pensais pas que c'était possible. Pour moi, ce château était éternel, indestructible. Il nous représentait, il était nous. Si lui disparaissait, cela voulait dire que rien n'était vraiment solide. Ou du moins, pas cela. On ne pouvait pas s'appuyer là-dessus. Je crois qu'à ce moment-là, je suis devenu nomade. Jusqu'à notre arrivée ici, au Cambodge, nous n'avons jamais acheté de maison.

Dans ce décor de folie, nous formions une étrange troupe. Mes grands-parents soutenaient la cuisinière blessée. Une de mes sœurs, pieds nus, avait laissé ses chaussures dans l'abri. Papa, avec notre bébé sur le dos, hurlait « À plat ventre, debout, à plat ventre, debout... », en fonction des sifflements.

Juste derrière le château, il y avait un centre de première urgence pour les blessés. Ils ont mis un pansement à la cuisinière et nous ont proposé de nous reposer là un moment. Papa a voulu continuer. Cent mètres plus loin, derrière nous, une énorme explosion : le centre de premiers secours n'existait plus...

Les Allemands que l'on rencontrait étaient stupéfaits de nous voir là : il y avait longtemps que les civils avaient été évacués de la zone. Nous continuions à marcher dans le vacarme et l'enfer. Tout d'un coup, un avion a piqué au bout de notre petite route, devant nous, pour nous mitrailler en enfilade. Papa nous a hurlé de nous jeter dans le fossé, puis est resté sur la route, agitant un mouchoir blanc. Suspense terrible. J'ai cru que l'avion allait le toucher, tellement il était bas. Mais il n'a pas tiré. Papa a toujours été un héros pour moi. Il nous a appris le courage, le panache.

Puis, sur la route, une ambulance allemande s'est arrêtée à notre hauteur. Le chauffeur nous a regardés, ébahi. Il a hésité et nous a dit de vite monter à l'arrière et, surtout, de ne pas parler, de ne pas faire un bruit. Si on nous découvrait, il serait tout de suite fusillé. Et nous sans doute aussi.

Nous étions dans le noir. Tout était gluant de sang, le sol, les bancs. De temps en temps il y avait des arrêts, des contrôles, des échanges secs. Il ne fallait pas bouger. Papa mettait la main sur la bouche de ma petite sœur. Notre sauveur nous a lâchés plus loin du front, chez un ami.

Cet événement m'a beaucoup marqué. Nous venions d'être sauvés par un ennemi qui avait risqué sa vie pour nous ! Et il ne fallait pas en parler car on nous aurait traités de collaborateurs.

Je ne raconterai pas la suite, pleine d'aventures bien sûr, mais pas dans mon sujet. Cette dizaine de jours m'avait changé, un peu vieilli, traumatisé aussi. Pendant plus de deux ans, après, je ne supportais pas une porte qui claquait.

À partir de ce moment-là, nous sommes devenus des réfugiés. Nous sommes devenus un peu pauvres aussi : il n'y avait plus de fermages, ce revenu que les fermiers vous donnent pour la location de vos terres. Nous avons été reçus chez les uns, chez les autres, jusqu'au jour où les parents ont loué une maison à Courseulles-sur-Mer, petit port de Normandie.

Mes collèges d'après-guerre

Après, ce furent les années de pensionnat, ces affreuses années de pensionnat de province. Ces pensionnats d'après-guerre, tristes, sinistres. Tout était gris, les soutanes, les classes, nos blouses, les livres... Nous étions gavés de latin, de grec, de messes, de confessions et de prières... Et puis, nous ne dormions pas assez, nous mangions mal, nous avions froid, nous étions couverts de furoncles, d'engelures. Comme distraction, le dimanche, nous avions le choix entre une promenade en rangs et en silence, avec les galoches en bois qui nous écorchaient les pieds, ou la « colle » pour recopier des centaines de fois les punitions.

Je me sentais tout le temps en faute. Une version pas terminée, une leçon pas apprise... C'était devenu trop tard pour rattraper tout ça. Alors je m'évadais. À l'étude, j'étais devenu champion pour faire semblant de travailler en lisant un livre sur mes genoux. Je dévorais en cachette *Mémoires d'outre-tombe* que j'avais trouvé dans une bibliothèque poussiéreuse à la maison.

Plus tard, j'ai découvert que toutes ces choses que l'on cherchait à nous enseigner étaient passionnantes. Qu'on pouvait les apprendre autrement. Que c'était coupable de dégoûter un enfant de son envie naturelle d'apprendre. D'où ma passion pour la pédagogie.

Vinca

Tout a changé quand la famille s'est installée à Courseulles. La mer, c'était la liberté, c'était des jeux sans fin. L'hiver, au moment des grandes marées, nous adorions nous faire fouetter par les vagues qui débordaient sur la digue ou nous installer au milieu des tempêtes, bien abrités dans les blockhaus.

L'été, c'était l'arrivée des familles parisiennes pour les grandes vacances. C'était le temps des fêtes.

J'avais une petite amie. Oh ! ce n'était pas ce qu'on pense aujourd'hui quand on parle de petite amie. On aimait bien être ensemble, voilà. D'ailleurs ma grand-mère disait en souriant : « Si vous cherchez Christian, cherchez où est Vinca. » Oui, appelons-la Vinca car elle ressemblait à l'héroïne du *Blé en herbe*. Moi, pas du tout à Phil. Nous étions des enfants.

Pourquoi j'en parle ? Parce que parler de ma vie sans en parler ne serait pas honnête. Ce serait ridicule. Ce serait cacher les faiblesses, ces successions d'échecs. Faire croire à une vie entièrement faite de réussites.

J'aimais partir à la pêche avec elle. Chacun son filet. Chacun ses mares. C'était l'âge de la souplesse. Nous sautions comme des cabris sur les rochers glissants d'algues et de mousse verte. J'aimais cette odeur de varech ! On se retrouvait tête contre tête pour comparer nos prises, crabes ou crevettes. On les rangeait vite dans nos paniers où grouillaient nos prisonniers. Le vent poussait sur ma figure ses longs cheveux blonds, humides et salés. J'aimais ses yeux bleus si spéciaux, si bleus et malicieux. On ne parlait pas beaucoup. D'ailleurs, il n'y avait pas besoin de parler. Cela aurait gâché cette plénitude.

Être comblé par la présence de l'autre, tout simplement. J'y pense souvent, quand Marie-France et moi travaillons tard le soir, dans notre centre de Phnom-Penh, chacun à notre bureau.

Chaque année je l'attendais. Ma petite amie commençait à occuper beaucoup mon esprit. Était-ce toujours de la camaraderie ? Alors qu'on commence par coucher ensemble, qui pourrait comprendre, aujourd'hui, les regards complices, les effleurements, les mains qui se cherchent et se serrent à l'insu de tout le monde ?

Et puis est venue l'adolescence, la bêtise de l'adolescence. Les premières surprises-parties, les soirées. L'alcool cachait ma timidité et me faisait jouer à être amoureux, à danser « *cheek to cheek* », à jouer les séducteurs. Vinca l'aurait appris, aurait pleuré, paraît-il.

Deux ou trois ans après, c'est elle qui a eu l'âge des soirées dansantes. Ma petite amie était devenue une jeune fille. Une jeune fille ravissante qui avait beaucoup de succès. Les plus beaux garçons la courtisaient.

Alors que je croyais qu'elle m'appartenait, Vinca m'échappait. Mais je ne pouvais pas concevoir la vie sans elle.

J'ai alors connu l'amour qui obsède, qui rend idiot, qui humilie, qui détruit tout en vous : la dignité, la raison. L'amour qui rend ridicule, tremblant. L'amour qui ne peut pas être aimé.

Un jour que les parents me reprochaient mes résultats scolaires, j'ai quitté la maison familiale d'Enghien, et suis parti vivre à Paris dans une chambre de bonne ; je n'avais pas de quoi manger, ma santé me lâchait. Le matin tôt, je partais comme un mendiant, pour l'apercevoir quelques secondes prendre son bus. J'ai abandonné mes études, résilié mon sursis. Je me faisais honte. Je n'étais plus rien.

J'ai connu cet amour-là. Il m'a annihilé. Je ne l'ai jamais regretté. J'ai eu la chance de connaître cet amour-là.

L'Algérie

Résilier son sursis, c'était écrire qu'on ne voulait plus bénéficier du sursis que l'État donnait aux étudiants pour leur permettre de finir leurs études, et partir au service militaire obligatoire. La réponse de l'armée fut rapide. La guerre d'Algérie battait son plein et il fallait des soldats. Je devais rejoindre le 23ᵉ régiment d'infanterie de marine à Maisons-Laffitte. Quatre mois de préparation avant d'intégrer l'École d'officiers de réserve.

C'est reposant, l'armée. Vous n'avez rien à penser, rien à réfléchir. Tout est prévu, organisé : la nourriture, le coucher, vos horaires. Et puis il y a le sport, l'entraînement, le parcours du combattant, les 40 kilomètres à pied avec 40 kilos de sable sur le dos. Cela apaise les états d'âme. Le soir, épuisé, on ne pense plus. Et ce ne sont pas les blagues de chambrée qui risquent de troubler le sommeil.

C'était ce qu'il me fallait. Je retrouvais la forme.

Cependant, j'avais toujours cette blessure en moi, douloureuse, inguérissable. Je revoyais sans cesse son visage fin et rieur, ses yeux plissés, tout ce temps de complicité enfantine. Mais j'étais plus fort pour y penser. Il fallait réparer tout cela. Elle redeviendrait fière de moi.

Mais il y avait plus important encore. Je voulais mettre ma foi à l'épreuve. Ma foi. Elle n'était pas simple, ma foi. J'avais tout contesté, vérifié la véracité de l'Évangile, vérifié la promesse : « Demandez et vous recevrez. » Bien sûr, j'avais compris qu'il ne fallait pas demander n'importe quoi. Mais ce n'était pas le cas. Bien sûr, je m'imaginais qu'il fallait prier beaucoup : j'allais prier sans cesse. L'enjeu devenait très important : si cette promesse n'était pas vraie, pourquoi le reste le serait-il ?

À l'École d'officiers de Saint-Maixent, l'entraînement était plus dur. Il fallait, nous disait-on, être deux fois plus résistants que les hommes que nous allions commander. À la fin je fus affecté en Algérie, dans les montagnes de Grande-Kabylie.

L'arrivée à Alger m'éblouit. Ce soleil, la blancheur de la ville, cette foule grouillante de petits métiers, cireurs, porteurs, vendeurs de babioles. Et puis la délicieuse odeur des brochettes de mouton. Le lendemain, je devais prendre le train pour Tizi-Ouzou. Il sautait régulièrement sur des mines, m'avait-on dit. L'aventure commençait.

À l'arrivée, des militaires m'attendaient pour m'emmener en convoi, là-haut, dans les montagnes. Je découvrais ces indispensables convois qui pouvaient comprendre une trentaine de véhicules, civils et militaires. En tête et en queue, des véhicules blindés et des mitrailleuses. Car ici, pas question de prendre la route, seul, sans risquer une embuscade. Très vite, nous avons quitté la route pour prendre des pistes qui montaient en lacet à flanc de hautes collines. Loin au fond, les montagnes du Djurdjura.

Perchés en haut de ces collines, des villages de terre aux toitures de tuiles romaines. Et partout un paysage de maquis, d'énormes cactus, de pierrailles et d'oliviers.

Ici, apparemment le moyen de transport était l'âne, ou le mulet.

J'ai découvert une vie très simple, tellement éloignée de ce que je connaissais.

J'ai tout de suite aimé la Kabylie ! C'est là que je suis définitivement tombé amoureux des pays de soleil. Et cette lumière limpide, transparente…

Je me suis assez vite retrouvé, avec ma section, responsable d'une dizaine de villages, à plus de 1 000 mètres d'altitude, sur les flancs du Djurdjura. Pour moi c'était une responsabilité inouïe. J'avais en fait tous les pouvoirs, de police, de justice, de travaux publics, de vie et de mort même. Une sacrée aventure.

L'Algérie française dont on m'avait parlé n'était pas ce que j'imaginais. J'y découvrais des Français qui n'avaient pas les mêmes droits que les autres et qui étaient souvent méprisés. J'y ai découvert, aussi, la colère et le désir de vengeance que l'homme peut éprouver devant l'horreur perpétrée par les gens d'en face… On ne peut pas en parler « dans les salons » sans avoir vécu de telles situations.

Il y avait aussi la guerre. L'horrible guerre, lâche, sournoise. On ne savait pas où était son ennemi. Bien sûr il y avait les maquisards. La guerre avec eux se passait surtout la nuit. C'était les embuscades, les harcèlements. En fait, les maquisards qui contrôlaient cette zone voyaient d'un mauvais œil qu'on s'installe dans leurs villages Mais ce n'était pas tout. L'ennemi pouvait être partout. Dans ma section, la moitié des hommes étaient FSNA. C'est comme cela qu'on appelait les Algériens, Français de souche nord-africaine. Je découvrais que l'Algérie française n'était pas ce que je croyais. Les Français, ici, n'étaient pas français à part entière. En réalité, cette guerre n'était pas vraiment la mienne.

Ce qui me passionnait, c'était la découverte de cette population kabyle, c'était ces familles, ces enfants dont j'étais devenu responsable. J'ai aimé leur dignité, leur courage, leur vie simple, l'espièglerie des enfants. Mon objectif était, surtout, que les villageois et les enfants souffrent le moins possible de cette guerre. Alors, j'ai créé une école, un dispensaire, construit la route d'accès au village… Et puis, j'ai tellement appris de leur sagesse ! Je suis reparti changé.

Les premiers contacts avaient pourtant été violents. Deux femmes m'avaient invité à prendre le café chez elles : le lendemain, on les retrouvait égorgées…

Petit à petit, nous avons fait connaissance, nous nous sommes apprivoisés. Le village a fini par m'adopter.

Les enfants, ici, n'allaient pas à l'école. Il n'y en avait pas à moins de 10 kilomètres, malgré notre présence depuis si longtemps, ni, non plus, de dispensaire. J'ai commencé par cela. Comme d'autres militaires qui essayaient de rattraper ce qui n'avait pas été fait. De mon côté, j'ai donc créé une école dans le village. Je prenais les filles le matin et les garçons l'après-midi. Il fallait bien qu'ils se relaient pour garder les chèvres… « C'est la première fois qu'on s'occupe de nous », me disaient les villageois.

En me souvenant de mes sinistres années de collège, je me suis juré de fermer cette école le jour où cela n'intéresserait plus les enfants. Les Kabyles se revendiquaient kabyles, pas arabes. Ils ne voulaient pas parler l'arabe. Le kabyle ne s'écrivait pas. Je leur enseignais donc le français et ils m'apprenaient leur langue.

J'avais fait inscrire officiellement mon école et demandé des livres. On m'a envoyé des livres de lecture où Claudine prenait le métro pour aller voir sa grand-mère, et faisait du patin à glace le samedi après-midi.

Alors, j'ai inventé ma méthode. Commencer par le quotidien de ces enfants. Ce n'était pas Claudine qui prenait le métro, mais Mékioussa qui allait à la fontaine. Pour l'ouverture à d'autres mondes, on verrait plus tard. Je faisais venir une chèvre dans la classe et tout tournait autour de la chèvre : le vocabulaire, la biologie, le calcul, la géographie… C'est comme ça que je faisais la classe. Et ça marchait. Ça marchait même tellement bien que la punition suprême était la menace d'arrêter l'école pendant trois jours.

J'aimais ces petits bergers vifs, intelligents, chahuteurs, blagueurs. Et je crois qu'ils me le rendaient bien. Je m'étais promis de tout faire pour ne pas casser cette envie d'apprendre, qui est naturelle chez les enfants. Il fallait inventer tous les jours.

Malheureusement, je ne pouvais pas prendre tous les enfants des dix villages qui étaient sous ma responsabilité. Mais je voyais, le soir, ceux de mon village enseigner, de l'autre côté de la vallée, à ceux des villages voisins, ce qu'ils avaient appris pendant la journée. Cela m'émerveillait.

J'étais l'instituteur. Mais, pour les parents, je devenais bien plus que cela. Ils venaient me demander d'intervenir pour les bêtises que les enfants faisaient à la maison…

Comme il n'y avait ni infirmier ni infirmerie, j'ai aussi créé ce que l'on appelait une AMG, une assistance médicale gratuite. Et j'ai fait office de médecin. Je connaissais maintenant toutes les familles. Elles m'invitaient chez elles, ce qui était pourtant interdit, en principe, par les maquisards. J'aidais personnellement certaines familles en difficulté. Je connaissais bien sûr tous les enfants.

Quelques « claques »

Chaque matin, je me réveillais avec une nouvelle idée pour moderniser la vie du village. Avec mon éducation française, mes études, mon intelligence que je croyais forcément supérieure, je voulais tout changer, tout leur apprendre. Mais peu à peu je me suis rendu compte que c'est eux qui m'apprenaient ou, du moins, qu'on apprenait les uns des autres. Combien de leçons j'ai reçues !

Ces leçons m'ont servi toute ma vie. Elles m'ont d'abord appris la modestie.

En voici une première : dans mon village, il n'y avait pas de boucher. Les hommes devaient faire près de 5 kilomètres de piste de montagne, à dos d'âne, pour en trouver un. La solution me parut évidente : je négociai avec ledit boucher. Il viendrait une fois par semaine ici, dans une pièce que j'avais louée au milieu du village. Tout le monde pourrait examiner la bête vivante qu'il amènerait, avant qu'il ne la découpe et la vende. J'étais très fier : j'allais avoir une boucherie au village. Quel progrès j'apportais !... Sauf que le village refusa. Les anciens s'étaient réunis à la *djemaa*. Ils avaient conclu qu'il ne fallait pas exposer de la viande au milieu du village. Cela tenterait les gens qui n'avaient pas les moyens d'en acheter et ce n'était pas bien. Un compromis fut trouvé : le boucher exposerait sa viande accrochée à une branche, loin du village.

Une deuxième leçon. Notre village était perché en haut d'un piton escarpé et la fontaine était tout en bas, au fond. Chaque jour, en longues files, les femmes et les jeunes filles y descendaient, leurs jolies cruches en terre sur la tête et leurs seaux de linge sous le bras. Puis en long serpent, elles remontaient ces minuscules sentiers à pic, taillés par les pas et le temps.

C'était un plaisir de les voir dans leurs robes multicolores. Bien sûr, c'était très joli à regarder, quand elles remontaient avec leur cruche sur la hanche. Mais je trouvais surtout aberrant qu'elles fassent tout ce trajet pour verser l'eau sur les jardins. J'allais moderniser tout cela ! Et j'ai décidé de faire venir l'eau d'un village situé un peu plus haut. J'ai fait analyser les nappes phréatiques, acheté des gros tuyaux, et demandé une participation des villageois pour les installer.

Mais, le temps des travaux, j'ai eu le loisir de comprendre beaucoup de choses. La fontaine, pour les jeunes filles, c'était très important. On se faisait belle, on se montrait, on échangeait des regards furtifs avec un amoureux qui se cachait le long du chemin.

Pour les femmes, c'était l'occasion d'observer les jeunes filles à marier, d'arranger les mariages, de sortir, tout simplement.

La fontaine, c'était la vie sociale. Elle était interdite aux hommes quand les femmes y descendaient. Et moi, j'allais casser tout ça. J'allais enlever aux femmes leur seule occasion de sortir de la maison, d'avoir un moment de liberté entre elles…

Je m'en suis aperçu à temps. J'ai réuni le village et j'ai expliqué qu'en fait, on n'était pas très sûr que cette eau serait potable. On pourrait l'utiliser pour arroser les jardins, mais, pour boire, il vaudrait mieux continuer à aller la chercher à la fontaine.

Maintenant, avant de juger, j'écoutais, je discutais, je respectais. J'avais un peu perdu mon arrogance d'Européen, d'Occidental. Mais cela m'attriste toujours de la retrouver, dans l'humanitaire, chez certains expatriés. Ceux qui viennent d'arriver, surtout.

Encore une autre occasion me fut donnée, de comprendre qu'il y avait d'autres manières de penser que la mienne. Les piqûres des scorpions, dans cette région, étaient très douloureuses. Ceux qui avaient été mordus arrivaient toujours avec le scorpion écrasé sur la plaie, recouvert d'une feuille de vigne. Un jour, j'avais donc réuni le village et expliqué que ce n'était pas la peine, que je ne voulais plus voir le scorpion. Et puis, lors d'une permission, fier de ma décision, j'ai raconté cela à un ami médecin. « Ils ont parfaitement raison ! m'a dit mon ami. Le scorpion a, dans la queue, une poche qui contient son propre anticorps. » Une fois de plus, je comprenais que cette habitude n'était pas de l'obscurantisme, mais une tradition venant d'une expérience séculaire. À mon retour de permission, j'ai dit au village que, OK, finalement, ils pouvaient continuer à venir avec le scorpion écrasé.

C'est ainsi que, peu à peu, tout en devenant plus modeste, j'ai expérimenté que je n'avais pas *LA Vérité*, qu'on pouvait vivre et penser différemment de ce que je croyais, et que ce n'était pas forcément idiot. Sans m'en rendre compte, j'étais en train de changer. Mes idées changeaient. Mes comportements aussi.

Et lorsque, à Alger, je m'entendais dire : « Mais qu'est-ce que vous avez besoin d'aller enseigner et soigner ces gens-là ? », je voyais Mékioussa, Zahra, Ouardia,

Malha, Mohand, Larbi, Sadek... et je ne pouvais plus être d'accord...

Le retour en France

Quand je suis rentré, je n'étais plus le même. J'allais chercher du travail. Mais, surtout, j'allais retrouver Vinca. J'avais changé et pendant ces trois ans d'Algérie, j'avais prié comme un fou, sûr qu'après ça, j'avais bien droit à ce que mon souhait se réalise...

Mais peu de temps après, c'était un 11 avril, lors du mariage d'une amie, Vinca a présenté son fiancé. Incrédule, en colère, anéanti, je suis entré dans l'église pour une ultime prière : « Je ne comprends pas. Depuis toutes ces années que je prie, j'ai bien le droit d'être exaucé. Alors, si je n'ai pas de réponse **ce soir avant minuit**, cela veut dire qu'il n'y a personne là-haut et que tout ça n'existe pas. » Et je suis parti en voiture. Très vite.

Le soir, des amis m'ont entraîné dans une soirée. Il y avait là une jeune fille que personne ne connaissait, qui ne faisait pas partie de notre bande et que nous avions surnommée « la petite en bleu du mariage ». Nous avons un peu dansé, beaucoup parlé. Mais je sentais bien que quelque chose était en train de se passer. Et quand, onze jours plus tard, nous avons décidé de nous marier, j'ai repensé au défi que j'avais lancé au ciel : avant minuit, j'avais reçu une réponse magistrale !

La rencontre (Marie-France)

Mon enfance a été classique, linéaire, sans événement particulier. J'étais « bien dans la ligne ».

En fait, j'en ai peu de souvenirs. Je suis l'aînée de cinq. Ma sœur Marie-Christine, avec qui nous avons toujours partagé la même chambre, me dit que j'étais souvent dure avec elle. Je ne m'en souviens pas. Par contre, je me souviens que lorsque nous devions faire le ménage de la chambre, il y a des choses qu'elle détestait faire. Moi aussi. Mais, pour éviter les drames, je faisais à sa place. En fait, j'ai toujours eu horreur des affrontements.

À la maison, on ne discutait pas beaucoup, on parlait peu de ce qui se passait dans le monde. Mon père était sévère et j'avais peur de lui. Est-ce la raison pour laquelle j'étais si inhibée, si peu sûre de moi ?

J'ai aimé l'école et j'ai été une bonne élève mais, sans beaucoup de mémoire, je devais travailler énormément, ce qui ne me déplaisait pas.

Le dimanche, nous allions nous promener en famille dans les bois autour de Paris. Mais, en grandissant, j'en ai eu assez et j'ai prétexté du travail scolaire – ce qui n'était pas faux, d'ailleurs – malgré la peur, irraisonnée, d'être seule à la maison : notre chambre étant au premier étage, je ne savais pas ce qui se passait en bas... J'imaginais des cambrioleurs, des violeurs... Et, pensant me protéger, je poussais l'armoire pour bloquer la porte de la chambre.

En fait, j'avais peur de beaucoup de choses, à commencer par les araignées. Comment expliquer, alors, la vie qui a été la mienne, la nôtre, avec toutes ses « folies », à partir de la rencontre avec Christian ? Je reste persuadée qu'il a fait advenir une autre personne, celle que j'étais vraiment profondément.

Par ailleurs, lorsque j'étais en classe, en entendant, par les fenêtres, les appels du rémouleur ou du vitrier, je me souviens avoir eu, souvent, une espèce de nausée en m'imaginant mener ma vie future entre marché, ménage, cuisine, vaisselle, lavage et raccommodage... Le futur de ma vie n'était-il pas en germe dans ce dégoût ?

Est-ce pour cela qu'arrivée en terminale (philo), ce fut la première année où j'ai eu un peu de mal, souhaitant même échouer au bac ? Une angoisse devant la suite, une vie de ménagère ?...

Mais je n'ai pas échoué et la vie d'étudiante m'a ouvert les yeux sur le monde. J'y ai découvert, avec passion, des idées différentes de celles de ma famille et quelques séjours linguistiques pour mes études ont aussi contribué à cette « émancipation ». L'échec amoureux qui m'avait fait partir tout un hiver en Allemagne – logique et acceptable, puisque j'étudiais l'allemand – m'a poussée à découvrir encore d'autres choses. J'ai donc commencé, avant même mon retour, à préparer mon départ pour une coopération au Maroc.

Rentrée en France entre-temps, je me retrouve au mariage d'un cousin, à contrecœur, d'autant que mes parents me répétaient *LA* chose que je ne pouvais pas entendre : « Tu vas peut-être y rencontrer quelqu'un... »

À la soirée qui a suivi le mariage, un garçon m'a invitée à danser, une fois, deux fois.

Les quelques mots échangés me l'ont rendu sympathique. Et puis cela s'est arrêté là. J'ai dansé avec d'autres, regrettant un peu qu'il ne me réinvite pas... Mais à l'époque, cela ne se faisait pas, ce n'étaient pas les jeunes filles qui invitaient…

Et puis, plus tard dans la soirée, il est revenu. Nous avons dansé et, surtout, beaucoup parlé, de la vie, de ce que nous aimions, de voyages, de l'envie de découvrir le monde… Christian me parlait de l'Algérie et moi, de mon dossier en cours pour le Maroc. Nous nous découvrions beaucoup de points communs. Nous étions d'accord sur l'essentiel.

À l'époque, j'étais affreusement timide, pas du tout sûre de moi (parcourir un quai de métro devant des gens assis me rendait malade…).

Mais, tout à coup, je me sentais en confiance, délivrée d'une espèce de peur de tout et de tout le monde qui me bloquait, et me gâchait la vie.

Christian était gai, profondément optimiste, attentif, délicat, fort et sensible à la fois, absolument non conformiste, passionné, passionnant…

Puis nous nous sommes revus, tous les jours. Même pas deux semaines plus tard, nous annoncions nos fiançailles.

Et quatre mois après, nous étions mariés.

Les débuts de la vie de famille

Très vite, à l'occasion d'une pierre de ma bague de fiançailles que j'avais perdue, je découvris chez mon jeune mari un total détachement par rapport aux biens matériels, qu'en fin de compte j'avais aussi au fond de moi. En fait, ce « désencombrement » a été une des composantes de notre vie. Décidément, nous étions vraiment faits l'un pour l'autre !

En caravane ou en camping-car, on n'a droit qu'au strict nécessaire.

À la maison, nous avions fini par supprimer tous les lits, et nous dormions par terre.

Une amie s'est toujours gentiment étonnée que nous n'ayons pas de canapé. C'est vrai, nous n'avons jamais eu de canapé et nous n'en avions même pas conscience.

Mais le monde était à nous.

Les trois premiers enfants, sont arrivés vite. Caroline en 1965, Bertrand en 1966, Isabelle en 1969. Christian travaillait à IBM et je m'occupais des enfants. Au moment de la naissance d'Isabelle, je me souviens, j'étais encore à la clinique, Christian m'annonce, un soir, qu'on lui propose un poste au Maroc. Départ six mois plus tard. Une occasion à ne pas manquer, la possibilité de commencer à réaliser nos rêves !... Même s'il fallait, pour cela, abandonner certaines choses, gagner peut-être moins.

Éric est né à Casablanca en 1971. Une caravane, achetée pour ne pas dépendre des hôtels qui n'aimaient voir débarquer une famille avec quatre enfants en bas âge, nous a permis de découvrir un pays fascinant, dès que week-ends et congés le permettaient. L'accueil des pays musulmans n'est pas une légende, surtout quand vous arrivez avec des enfants. Au bout de trois ans, nous avons eu du mal à quitter les amis marocains qui nous avaient ouvert leurs portes et leurs cœurs.

Rentrés en France, tous, nous rêvions de renouveler l'expérience.

La Mélodie du bonheur

À la maison, aller au cinéma, signifiait aller voir *La Mélodie du bonheur* Un jour, en sortant d'une séance, j'ai dit : « Et si nous, nous chantions comme eux ? » C'était un rêve d'un soir, une parole en l'air. Mais Marie-France a toujours pris nos rêves à la lettre, pour les réaliser. Depuis, elle nous attendait tous les soirs pour les répétitions. Elle y mettait un acharnement passionné. Et nous avons fini par avoir une vraie petite chorale qui a eu ses heures de gloire. Cela a créé entre nous une complicité, l'immense plaisir de réaliser quelque chose ensemble.

Et si on partait chanter autour du monde ?

Un autre film nous a beaucoup influencés. C'était une aventure de voyage et de soleil, qui nous avait émerveillés. Alors, j'ai lancé : « Et si on partait chanter autour du monde ? » Les enfants ont sauté de joie, et Marie-France a dit : « Chiche ! » Le soir même, elle téléphonait à toute la famille. Décidément, nous et les films… Heureusement qu'il ne s'agissait pas d'*Apocalypse Now* !…

« On n'a qu'à vendre »

Les enfants avaient décidé d'ouvrir une cagnotte pour le voyage, où chacun mettrait ses économies. Au bout de trois mois, on a l'a ouverte, pour voir. Il n'y avait même pas de quoi aller jusqu'à la frontière allemande… Déception générale ! Alors Caroline, absolue comme savent l'être les enfants, a proposé que l'on vende les meubles, les tableaux, la tapisserie, tout ce qu'on pouvait… Belle leçon ! Les enfants avaient raison : on ne pouvait pas, à la fois, vivre comme des sédentaires, et vouloir être nomades. Alors l'appartement s'est vidé.

Nain-Bus

Nous n'avions pas les moyens d'acheter un camping-car et avions envoyé notre projet à des centaines de fabricants. Après des mois d'attente et de déceptions, nous en ramenions enfin un tout neuf, tout mignon. Tout le monde s'est mis d'accord pour l'appeler « Nain-Bus » ! « Nain », parce qu'il était petit, un peu nain, et « Nain-Bus » comme le professeur Nimbus parce qu'il était rigolo, bardé de ses grillages pare-bêtes, de ses plaques de désensablement, de ses jerrycans à l'arrière, et de sa carte du trajet peinte sur le côté…

En camping-car dans les rues de Meudon

Il fallait trouver de l'argent car nous étions encore loin d'avoir de quoi aller au bout du voyage. Alors les enfants ont proposé que nous nous installions dans Nain-Bus pour économiser quelques mois de loyer. « Et puis comme ça, on s'habituera », disaient-ils. Nous voilà donc garés dans une rue de Meudon. Nous allions chercher l'eau chez des amis.

Le camping-car pendant les vacances ou en voyage, c'est génial. Mais quand il faut trouver de quoi s'habiller pour aller au bureau ou à l'école, ce n'est pas du tout la même chose…

Le grand départ

Juillet 1977. C'est le grand départ. Dix-huit mois devant nous. Dix-huit mois de liberté pour aller à la rencontre du monde avec les enfants. Pour vivre avec eux à plein temps et, avec eux, rencontrer d'autres familles, découvrir ensemble d'autres manières de vivre, de penser, de manger, d'aimer, de chanter, ou de mourir… Nous n'avions pas l'intention d'aller vite, ni de tout voir. Nous voulions surtout connaître ces familles qui vivent en même temps que nous sur cette terre et, peut-être, devenir amis.

Et l'école ? nous demandait-on… Mais qu'est-ce que l'école, sinon apprendre le monde ? Apprendre l'histoire sur les lieux où elle s'est passée, la géographie en dessinant les itinéraires et en les parcourant pour ne plus les oublier, les maths en calculant les changes d'un pays à l'autre, ou le prix de l'essence, l'anglais parce que c'est nécessaire, le français en rédigeant son journal de bord… En fait, j'avais envie d'apprendre, avec les enfants, de manière passionnante, tout ce qu'on m'avait enseigné de façon sinistre dans mes collèges d'après-guerre.

L'inattendu

Le voyage, pour moi, c'est l'inattendu, l'excitation de ne pas savoir ce que l'on va vivre le lendemain, qui on va rencontrer. Les jours qui sont semblables, s'empilent comme des poupées russes pour n'en faire qu'un seul. Ils ne comptent pas dans le temps. Mais les jours différents vont chacun laisser un souvenir. Dans nos mémoires, ils rallongent la vie.

Quand nous parlions de notre projet, des gens nous disaient : « Pourquoi vous partez ? » Je ne comprenais pas la question. Cela me paraissait tellement naturel… Les hommes vivent une aventure incroyable, en tournant tous ensemble, à une vitesse prodigieuse, sur cette terre, et on n'aurait pas envie d'aller voir qui tourne avec nous ?

La Chèvre de M. Seguin

Je n'ai jamais aimé la fable *La Chèvre de M. Seguin.* La chèvre ne reste pas à l'étable avec les autres ; elle décide de découvrir des choses extraordinaires et elle meurt, mangée par le loup. Comment peut-on enseigner aux enfants qu'il ne faut prendre aucun risque, qu'il ne faut pas sortir des sentiers battus, qu'il est dangereux de vouloir vivre ses rêves ? C'est leur couper les ailes… On ne meurt pas toujours mangé par le loup.

Quatre Enfants et un Rêve

Je ne m'étendrai pas sur ces fabuleux dix-huit mois de vie de famille en camping-car, depuis Paris jusqu'à Katmandou avec un retour par l'Afrique du Nord, puisque nous les avons contés dans un livre écrit tous ensemble, ***Quatre Enfants et un Rêve*** (on le trouve encore sur Amazon...).

Si je n'aimais pas « tenir » la maison, mon grand bonheur, par contre, c'était de vivre avec nos enfants. Et cette aventure familiale me fut une joie quotidienne. Même si, les premières semaines, moi qui étais habituée à gérer seule le quotidien, j'ai eu un peu de mal à accepter qu'un mari et quatre enfants veuillent s'en mêler aussi... Mais cela n'a pas duré bien longtemps et, très vite, chacun a trouvé sa place et son rôle. Et, au bout des dix-huit mois, j'aurais bien continué l'aventure !

Seules les réunions quotidiennes du matin, organisées par Christian pour planifier la journée, m'ont pesé un peu plus longtemps. Mais, après les avoir un peu boudées au début, j'ai vite trouvé un truc pour ne pas avoir l'impression d'y perdre mon temps : le raccommodage, que je n'aimais pas trop mais qui, du coup, se faisait sans y penser. Il a fallu quand même convaincre Christian qu'avoir les mains occupées n'empêche nullement de réfléchir et de discuter.

Quelques années plus tard, avec des enfants devenus ados, nous sommes repartis pendant un an jusqu'en Chine avec un retour par le Trans-mongolien. Dix jours de trains : Hong Kong-Shenzhen ; Shenzhen-Canton ; Canton-Pékin ; Pékin-Moscou ; Moscou-Berlin-Est ; Berlin-Est-Paris gare du Nord. Pendant ce temps, notre Nain-Bus, lui, était gracieusement rapatrié en bateau par les Chargeurs réunis.

Préretraite

À 57 ans, je quittai IBM en préretraite. Les enfants étaient presque tous partis de la maison. Avec Marie-France, après la vie que nous avions menée, nous ne nous voyions pas attendre que les années passent. Nous voulions continuer à découvrir le monde et, en plus, essayer de faire quelque chose d'utile. Déjà dépouillés de beaucoup de choses par nos voyages, nous étions prêts pour de nouvelles aventures. Alors, c'est sans hésiter que j'ai accepté la responsabilité du Sipar, une association chargée d'aider à la reconstruction de l'enseignement primaire au Cambodge.

La pire année de ma vie

Nous avions bien décidé, c'est vrai, de continuer ainsi notre vie mais là, la demande était vraiment trop urgente... Et pour moi, c'était un peu tôt : Éric était encore à la maison, du moins les week-ends car, en semaine, il était étudiant à Dijon ; j'avais un travail à l'archevêché de Paris ; et puis, comment régler, si vite, un départ définitif pour l'étranger, avec tous les problèmes à résoudre, d'appartement, de paperasses, de tout le fatras accumulé depuis trente ans, même si nous avions déjà pas mal élagué ?

Nous avons donc décidé que Christian partirait d'abord seul. Le temps qu'il me mette au courant de certains dossiers, celui des impôts, en particulier (qu'il n'a d'ailleurs jamais récupéré depuis...) et, trois semaines après, en novembre 1993, il partait pour Phnom-Penh.

Tout à coup, plus personne à la maison ! Caroline était déjà partie à L'Arche depuis plusieurs années, pour partager la vie des personnes handicapées ; Bertrand, marié, habitait maintenant à Londres ; Isabelle, mariée deux mois plus tôt s'était installée en Allemagne avec Matthias ; et Wahed, notre fils adoptif afghan, habitait Paris depuis plusieurs années déjà, avec Ehsan, un compatriote.

Le dimanche, je recevais quatre garçons : Wahed, qui venait déjeuner ; Éric, débarquant de Dijon pour le week-end ; Samuel et André, deux jeunes d'un home d'enfants, et dont Isabelle s'occupait depuis plusieurs années. Le soir, je raccompagnais chacun à la gare ou à l'autre bout de Paris pour Wahed et, après toutes ces années d'une maison pleine qui faisait mon bonheur, je me retrouvais brutalement seule, dans un appartement totalement vide et silencieux… Et j'ai vraiment DÉ-TES-TÉ !

De temps en temps, avec Christian, nous nous parlions au téléphone pour quelques nouvelles et quand nous raccrochions… je pleurais… longtemps.

Je réécoutais indéfiniment ses messages, juste pour entendre sa voix. Il me manquait terriblement.

En avril suivant, il est revenu quelques jours, pour l'Assemblée générale du Sipar, et il m'a demandé de venir le rejoindre là-bas. Alors, je me demande encore pourquoi…, malgré le fait que nous étions d'accord pour ce genre d'aventure, malgré le fait que je supportais très mal d'être seule à Meudon, malgré tout ce dont j'avais rêvé…, dit comme ça, à brûle-pourpoint, sur le moment, je ne savais plus.

Mais le lendemain matin, je me suis réveillée avec cette évidence qui ne m'a plus quittée : « **Mais oui, bien sûr** !… » Et, depuis ce moment-là, plus la moindre hésitation, plus la moindre question. C'était tellement clair, que j'ai commencé à préparer un départ total et les choses se sont enchaînées tranquillement, l'une après l'autre.

Simplement, puisqu'il était le seul à n'avoir pas encore complètement quitté la maison, j'ai posé la question à Éric : *« Que dirais-tu si je partais rejoindre Papa au Cambodge ? »* *« Ce serait super ! »* fut sa réponse.

Définitivement libérée par cette « permission », en octobre 1994, après quelques vacances mais, surtout, des tonnes de problèmes à régler, à commencer par un déménagement qui n'en était pas vraiment un, mais plutôt une distribution de tout ce qui avait encore résisté aux différentes purges, et la préparation d'un container avec quelques objets auxquels nous tenions encore, livres, photos, archives de nos voyages, etc. nous nous envolions pour Phnom-Penh, tous les deux, cette fois.

Le Cambodge

Ce pays aurait pu être un paradis. Ç'aurait dû être un paradis, un paradis merveilleux.

Mais, malheureusement, les vingt-cinq années de guerre qu'il avait connues, et surtout la période khmère rouge, qui avait vraiment tout démoli, tout, les repères moraux, qui avait démoli la société, avaient fait que le Cambodge devait repartir à zéro. Il y avait tout à faire. On ne se rend pas compte à quel point ce pays était blessé.

Il n'y avait plus de police, plus de justice, 70 % des instituteurs avaient été tués. Beaucoup de ceux qui avaient accepté d'enseigner n'avaient même pas terminé l'enseignement primaire et savaient à peine lire et écrire le khmer. C'était dramatique, il n'y avait plus rien.

Vision des enfants des rues

Nous voyions dans les rues des petits chiffonniers… C'était terrible à voir, leur maigreur, leur allure… Ils fouillaient dans les ordures qui traînaient dans les rues de Phnom-Penh. Et à ce moment-là, pris par l'association où nous travaillions, nous ne savions pas comment les aider.

Découverte de la décharge

À la fin de notre première mission, nous sommes allés discuter avec eux pour leur demander comment on pouvait les aider. Ils nous ont dit qu'ils travaillaient beaucoup sur la décharge de Phnom-Penh, que je ne connaissais pas et ils m'y ont emmené. Cela faisait à peu près 1,5 kilomètre. Et là, cela a été le choc. C'était indescriptible, c'était terrible à voir, c'était horrible. Je n'oublierai jamais !

Il y avait, à perte de vue, une infection de déchets complètement décomposés, pleins de vers. L'odeur était insupportable. L'odeur donnait envie de vomir. Et puis, surtout, ces centaines d'enfants qui travaillaient là…

Il fallait voir leur allure, il fallait voir les loques qu'ils portaient, il fallait voir leur maigreur, les plaies qu'ils avaient partout sur eux…

Je ne pensais pas que ça pouvait exister. Avec Marie-France, nous avions beaucoup voyagé, nous avions vu beaucoup de misère, nous étions allés dans des bidonvilles en Inde mais ça, nous ne l'avions jamais vu. Je ne pensais pas que ça pouvait exister. Ça donnait vraiment envie de pleurer. Je ne savais pas, je restais là, je regardais, c'est tout ce que je savais faire, mais je savais qu'on n'avait pas le droit de laisser des enfants dans cette situation-là et donc, que notre vie allait changer.

Nous avons pris la décision, sur place, que ce n'était pas possible de repartir et de continuer à vivre comme avant.

Une nouvelle aventure commençait. Une fois de plus, j'avais rêvé tout haut et, une fois encore, Marie-France avait pris mon rêve au sérieux. Comme pour le Maroc, comme pour notre chorale familiale, comme pour nos voyages à la découverte du monde avec les enfants, comme chaque fois… je rêvais et elle réalisait. Nous avions cette immense chance d'être incroyablement complémentaires et cela aurait été vraiment dommage de ne rien en faire… Elle avait l'habitude de me dire que, sans moi, elle n'aurait jamais « fait tout ça ». Mais la réciproque était plus qu'évidente : sans elle, moi non plus, je n'aurais jamais « fait tout ça » !

La première tournée

Quand nous avons découvert la terrible situation des enfants, nous avons commencé par les nourrir avec notre retraite, pour ne plus les voir récupérer leur nourriture dans les ordures.

Mais nous nous sommes très vite aperçus que ça nous dépassait, tous les deux. Il y avait un tel besoin ! Nous avons décidé de repartir en France pour alerter d'abord nos familles, nos amis, et leur montrer, par quelques photos que nous avions prises à ce moment-là, l'insupportable. Leur montrer que ces enfants étaient en danger, qu'il en mourait, sur cette décharge. Et ce qui a été extraordinaire, c'est qu'immédiatement tout le monde s'est mobilisé. Tout le monde a vu la gravité de la situation de ces enfants, le danger dans lequel ils étaient. Nous sommes allés chez les uns et chez les autres, qui ont invité leurs amis. Une petite tournée, la première. Et donc, nous avons pu rapporter, début 1996, de quoi commencer à aider les enfants. C'était fabuleux.

Et, chaque année, depuis, nous sommes repartis pour ces tournées devenues traditionnelles.

Discussion avec les enfants

La première des choses à faire, c'était d'abord de discuter avec les enfants, de savoir quelles étaient les urgences pour eux, quelle était la façon dont on pouvait les aider, quel était leur avis là-dessus. Et la première des choses qu'ils ont demandée, c'était d'avoir un repas par jour. C'était émouvant, qu'ils ne demandent que ça, simplement avoir un repas par jour. Et puis après, bien sûr, ils demandaient d'aller à l'école, « *comme les autres enfants* », ils disaient.

PSE au fil des jours…

Le récit qui suit est basé sur les lettres, devenues peu à peu trimestrielles depuis 2014, qui content l'évolution de cette extraordinaire aventure de PSE. Les dates sont celles de l'envoi de ces lettres et reflètent donc les événements des trois ou quatre mois précédents.

1996

MARS

À vous tous, bravo et merci !

Quand, en octobre dernier, Marie-France et moi avons décidé de revenir en France témoigner de l'urgence de faire quelque chose pour des enfants que nous ne supportions plus de voir fouiller dans les tas d'immondices de Phnom-Penh pour y trouver leur survie, nous ne savions pas vers quelle aventure cela nous conduisait.

Il a d'abord fallu trouver un nouveau Nain-Bus (pour les non-initiés, c'est le nom de notre camping-car) qui serait à la fois notre maison en France et qui pourrait contenir le volumineux matériel du diaporama que nous voulions projeter.

Nous avons alors installé ce Nain-Bus 3 au camping du bois de Boulogne, devenu ainsi notre PC.

Puis, après le tri de nos photos, nous avons attaqué le montage du diaporama, ce qui nous a occupés jusqu'à la mi-décembre.

Parallèlement, il fallait organiser rapidement la tournée de projections pour le mois de janvier car nous avions promis d'être de retour à Phnom-Penh à la mi-février.

Aussi, une fois encore, Marie-France a pris le téléphone pour faire le tour de nos familles et amis. Nous avions peur, cette fois, d'être gentiment éconduits car la période n'était vraiment pas bonne : tellement de problèmes à résoudre en France même, le chômage qui créait de nouvelles pauvretés à nos portes, les gens de plus en plus sollicités et puis, cette affaire de l'Arc qui en avait découragé tant, etc. Alors, ces lointains enfants du Cambodge...

Mais c'était mal connaître l'inlassable générosité de nos concitoyens ! Générosité qui nous a émerveillés, émus et tellement encouragés, tout au long de cette tournée !

Bien sûr, nous risquions de nous répéter en parlant, pour chacune des dix-neuf séances, de la gentillesse et des efforts des organisateurs, de la chaleur de l'accueil, de la participation et de l'engagement du public. Mais chacune d'elles nous a quand même laissé des souvenirs bien particuliers.

Retour à Phnom-Penh

Après cette passionnante et bien sympathique tournée en France, nous étions un peu KO, tous les deux, quand nous nous sommes retrouvés à Roissy après avoir garé Nain-Bus dans une remise, dit au revoir à la famille et à nos enfants, et fait les mille choses indispensables avant le départ ! KO parce que dix-neuf séances en un peu plus d'un mois nous avaient mis sur les genoux, mais heureux, car nous savions que, grâce à vous, nous allions pouvoir mettre en place ce projet pour les enfants.

Vingt-deux heures de voyage via Amsterdam et Bangkok, pendant lesquelles l'impossibilité de dormir nous permettait de penser à loisir…

Puis ce fut l'arrivée à Phnom-Penh et le passage brutal de l'hiver parisien à la chaleur tropicale.

Nous retrouvons Phnom-Penh et sa circulation de plus en plus anarchique de petites motos, cyclo-pousses, etc. Les frangipaniers sont en fleur et les étals des marchands nous rappellent que c'est la saison des mangues. Érick nous prête une chambre en attendant que nous trouvions un logement.

Dès le lendemain, nous nous mettons au travail avec sœur Anne-Marie qui fait partie de l'équipe, en arpentant tout Phnom-Penh à vélo sous un soleil de plomb.

À ce jour, nous avons bien avancé les démarches administratives nécessaires, trouvé une grande maison dans un quartier populaire pour accueillir le Centre, déniché un véhicule d'occasion, embauché l'équipe cambodgienne d'encadrement : M. Pok Chân qui a passé sa vie dans l'enseignement et été directeur d'orphelinat, sa femme qui sera la « maman » et M. S., également enseignant retraité.

En attendant les dernières autorisations d'ouverture, l'équipe prépare d'arrache-pied l'accueil des enfants : réflexion sur les programmes spécialisés, sur le matériel didactique, les problèmes de santé, préparation de la maison, etc. !

AOÛT

Signatures officielles...

Notre président, Bernard Colcomb, en voyage d'affaires dans la région, est passé nous voir et a signé, avec le gouvernement cambodgien, les protocoles d'accord concernant notre action ici. Les ministères des Affaires étrangères, le matin, et de l'Éducation, l'après-midi, avaient bien fait les choses. La présence des secrétaires d'État et la pompe des grandes salles de réception donnaient une véritable solennité à l'événement, tout en montrant l'importance qu'attachent les autorités cambodgiennes à ce programme d'éducation destiné aux enfants les plus défavorisés.

Notre Centre est ouvert !

Début mai

La situation politique est confuse[1]. La coalition au pouvoir risque d'éclater et des bruits de coup d'État courent

1. Après les accords de Paris de 1991 qui ont mis fin à la guerre civile, et les élections de 1993, contrôlées par l'ONU, le FUNCINPEC (parti royaliste), allié aux Khmers rouges, et le PPC (Parti du peuple cambodgien), communiste, sont contraints de partager le pouvoir dans le cadre d'une double organisation gouvernementale comptant deux premiers ministres : Norodom Ranariddh, fils du roi Norodom Sihanouk rétabli sur le trône, et Hun Sen, représentant du PPC. Les tensions sont très vives et les accrochages se multiplient entre les troupes liées aux deux factions. (NdE.)

dans la ville. On nous conseille de faire des provisions car, nous dit-on, il n'est pas agréable de faire ses courses quand les chars tirent dans la rue ! Tout ceci bloque les dossiers dans les ministères, et donc aussi le nôtre…

Lundi 13 mai

Depuis ce matin, toutes autorisations acquises des ministères, nous pouvons ouvrir officiellement notre Centre. Nous partons en ville avec M. Pok Chân, à la rencontre de ces enfants en guenilles qui arpentent les rues, de poubelle en tas d'immondices. Enfin, nous allons pouvoir participer à faire disparaître ces tableaux insupportables !

Plusieurs de ceux que nous rencontrons dans le quartier nous disent habiter dans des baraquements près de la grande décharge de Stung Meanchey. Nous projetons d'aller voir directement sur place.

Au cours des tournées de nuit, le dialogue s'établit aussi avec des enfants qui dorment sur les trottoirs. Mais, hélas, une vague d'agressions nocturnes, dont sont victimes spécialement les étrangers, nous oblige à être prudents.

En attendant, des commerçants du marché ont signalé à M. Pok Chân des familles particulièrement en détresse.

Lundi 20 mai

Notre camionnette pick-up tressaute sur les énormes ornières de la rue 199 qui, comme beaucoup de rues de Phnom-Penh, n'est qu'une succession de gros trous, transformés en mares à cette saison des pluies de mousson et qui obligent à des gymkhanas permanents. Derrière, dix enfants font des bonds au rythme des trous : les premiers accueillis au Centre.

À l'avant, M. Pok Chân et nous. Nous sommes un peu émus et avons en tête la misérable hutte en feuilles de palmier dont le toit fuyait et dans laquelle nous n'avions même pas eu la place d'entrer. C'était là que survivaient sept de ces enfants et leur maman, veuve. L'aîné, dont la jambe est gonflée et rongée par une grosse infection, pédalait péniblement tous les jours pour conduire sa mère au marché où, pour quelques sous, elle faisait la vaisselle dans une gargote. À la « maison », les enfants passaient leur journée à éplucher des oignons, pour quelques autres sous. Aucun d'entre eux n'allait à l'école ni, surtout, ne mangeait à sa faim. La seconde, Srey Chie, qui a 15 ans, en paraît 10 ou 11. Elle n'est pas du tout développée et ne pèse que 25 kilos. Les suivants sont d'une maigreur impressionnante et plusieurs souffrent d'infections diverses. Mais ce qui frappe le plus, peut-être, c'est leur air grave, comme s'ils avaient déjà beaucoup vécu. Et, aussi, leur extrême gentillesse.

C'est notre deuxième visite dans cette famille. Chaque candidature d'enfant fait l'objet d'une enquête préliminaire, puis d'une décision de notre équipe. Là, c'était toute la famille qui appelait au secours, et il n'est pas prévu d'accueillir les mamans. Mais, après tout, nous cherchons une maman cuisinière. Alors, en avant pour toute la famille !

Pour les trois autres, deux garçons de 10 et 8 ans et une rigolote petite fille de 6 ans, bille toute ronde et sourire malicieux, la situation n'est pas plus brillante depuis la mort du papa, malade depuis des mois. Non seulement il n'y avait, brutalement, plus aucune ressource mais beaucoup de dettes contractées pour les soins et la crémation. Ici, pas d'assurance ni de sécurité sociale. Avec un bébé à la maison, la maman ne pouvait pas travailler. Elle se contentait de ramasser quelques plantes sauvages pour les vendre, mais cela ne suffisait pas pour nourrir ses quatre enfants.

Nous arrivons maintenant rue 366 et longeons un énorme tas d'immondices survolé par un nuage de mouches, et qui, sous la chaleur, dégage une odeur infecte. Notre rue est, hélas, à l'image d'une encore trop grande partie de Phnom-Penh, où l'évacuation des ordures n'est pas assurée. Troisième maison à gauche, derrière une grosse bougainvillée rose, c'est là !

Mme PC nous attend avec un grand sourire. Nous sommes émerveillés devant la générosité de ce couple de grands-parents retraités, qui ont tout de suite adhéré à notre projet.

Les enfants sont déjà descendus de la camionnette et partent à la découverte de leur nouvelle grande maison. Nous les observons du coin de l'œil et rions de voir Srey Chie avancer droit devant elle, ébahie comme Alice découvrant le pays des Merveilles.

Au programme, un bon repas (riz indispensable, arrosé d'une soupe de liserons d'eau avec petits morceaux de poisson) et sieste pour récupérer de toutes ces émotions. Mme PC leur a servi à chacun une bonne assiette de riz et ils sont maintenant assis en rond autour du plat de soupe. Mais ils ne doivent pas réaliser que le plat est entièrement pour eux car, d'un coup de cuillère, ils se repartagent sans fin des miettes du même petit bout de poisson, habitués probablement à n'en avoir que l'odeur pour accompagner leur riz (pas toujours assuré d'ailleurs !) Cela nous serre un peu le cœur, de découvrir là l'importance d'un dé à coudre de poisson… Ils paraissent tout aussi incrédules quand on leur explique qu'ils pourront se resservir de riz autant qu'ils le veulent. Au Cambodge aujourd'hui, 40 % des enfants sont en sous-nutrition et encore beaucoup en meurent !

Vendredi 24 mai

Les tournées nocturnes de M. Pok Chân et de M. S., pour prendre contact avec les enfants qui dorment dans la rue, ont commencé à porter des fruits. Beaucoup connaissent maintenant l'existence du Centre. Plusieurs sont déjà venus faire des essais mais les bandes dont ils font partie les en empêchent souvent car, pour les chefs, c'est un manque à gagner quand l'un des leurs s'en va. Mais il en est un qui accepte d'être l'intermédiaire entre notre Centre et les autres.

Mardi 28 mai

Hier, M. Pok Chân a découvert, au bout de la rue voisine, un bidonville où les enfants traînent dans la rue toute la journée car les parents n'ont pas les moyens de les scolariser. Aujourd'hui, après enquête, il est revenu avec une trentaine d'inscriptions d'externes.

Jeudi 30 mai

Visite, avec M. Pok Chân, à la grande décharge de Stung Meanchey, que nous avions découverte quelques mois plus tôt. C'est la même vision insupportable. Dans une odeur pestilentielle et au milieu de myriades de mouches, de gros camions arrivent, surchargés d'ordures en vrac au-dessus desquelles sont juchés des enfants voulant être les premiers au moment de la décharge des camions et de la fouille pour la récupération. Continuant à avancer, ces camions soulèvent leurs bennes pour les vider sur la décharge, suivis par des enfants en loques, pieds nus dans les immondices dans lesquelles ils s'enfoncent jusqu'aux genoux et qui, au risque de se faire recouvrir, restent le plus près possible du camion pour récupérer les premiers le bout de plastique ou de métal qu'ils mettront dans leur sac.

Ici, nous voudrions avoir une camionnette-dispensaire pour nous permettre de soigner les blessures, vacciner contre le tétanos, prêter des bottes, des gants et des masques. Nous vous en reparlerons...

Nous repartons maintenant vers les baraques des chiffonniers, un peu plus loin.

Notre arrivée attire la curiosité et provoque tout de suite un attroupement. Nous nous installons à l'ombre d'un arbre car le soleil tape encore dur. Nous parlons de l'ouverture de notre Centre et de la possibilité d'école gratuite pour les enfants (théoriquement gratuite, l'école d'État coûte en réalité bien cher...) et même de la possibilité de repas le midi. Je suis étonné de voir l'intérêt de tous et le grand désir de voir scolariser les enfants, moi qui pensais devoir faire un discours sur l'importance de l'école. Mais pour beaucoup (surtout pour les familles où il n'y a plus de papa), se passer du peu que rapporte un enfant en fouillant dans les ordures de la ville est impossible.

Nous faisons les comptes avec eux : pour cette femme, veuve et mère de huit enfants, la vente des récupérations de chacun de ses trois aînés rapporte 5 000 riels, soit 10 francs par semaine (1,40 franc par jour !). Évidemment, s'il n'y avait pas, à la maison, le bébé qu'elle allaite, elle pourrait elle-même aller fouiller les ordures et remplacer un ou deux de ses enfants. Elle nous énumère ses pauvres dépenses : il est, évidemment, impossible de supprimer le moindre revenu. Puis, de famille en famille, les récits et les impasses sont les mêmes : on nous montre les quatre planches qui forment la maison, le manque d'eau, la pauvreté extrême. Même l'école gratuite que nous offrons leur reste inaccessible !

Il est plus de 18 heures et le jour baisse. Sur le petit chemin de terre qui amène aux cabanes, des familles entières reviennent, poussant des charrettes branlantes, ou traînant de gros sacs qu'elles laissent tomber d'un air épuisé à côté de leur cabane.

Est-ce la chaleur étouffante ou l'envie de pleurer, mais j'ai la tête qui tourne un peu et souffle à M. PC, qui sert d'interprète : « Nous ne pourrons avoir ces enfants à l'école que si nous compensons le manque à gagner, mais c'est à étudier au cas par cas. » Nous allons réfléchir à tout cela et décidons de revenir pour des enquêtes plus approfondies. Nous serons aidés par un comité des familles, que nous leur demandons de former.

2 juillet

À ce jour, nous avons 98 enfants inscrits au Centre, dont 45 de ce quartier de Stung Meanchey.

Déjà 98 enfants de moins à traîner dans les rues ou à fouiller dans les ordures de Phnom-Penh !

1997

MAI

75 repas sur la décharge et 30 enfants de plus dans le Centre !

Grâce à votre générosité, nous avons eu la joie de pouvoir augmenter le nombre des repas servis sur la décharge pour les enfants chiffonniers les plus nécessiteux. Ce programme avait été lancé quand nous avions constaté que certains d'entre eux se nourrissaient sur les ordures, ce qui est insupportable.

On avait commencé, bien sûr, par faire des repas. C'était la première chose : faire des repas, d'abord, sur la décharge. Et puis, après, on a construit une petite paillote à côté de la décharge pour pouvoir faire ces repas-là. Au début, quand on servait des plats, ils pensaient toujours que c'était à partager à dix. Ils ne pensaient pas que c'était pour eux tout seuls, ils n'arrivaient pas à réaliser. Et puis ici, ils avaient même le droit de jouer. Ils n'étaient plus en danger, ils étaient nourris, ils étaient soignés.

C'était quelque chose de fabuleux à vivre pour eux. Ils n'y croyaient pas.

Nous nous retrouvons donc tous les jours, à 6 h 15 du matin, pour le repas sur cette décharge municipale de Phnom-Penh. C'est l'heure choisie par les enfants eux-mêmes, qui commencent bien tôt leur journée de dur travail !

Ce matin, nous vous proposons donc de nous suivre.

4 h 30 : lever. Il fait encore nuit dans notre maison en bois. Derrière la moustiquaire, le ventilateur ronfle doucement. Il va encore faire chaud aujourd'hui. Douche, petit déjeuner à la mangue, préparation du sac de petite infirmerie.

5 h 40 : départ. Le jour se lève. Nous démarrons notre vieille camionnette en saluant les gardes armés des voisins. La confiance ne règne pas à Phnom-Penh, surtout dans cette période d'extrême tension politique et militaire. Nous sommes presque les seuls de notre rue à ne pas être ainsi gardés !

6 h 10 : nous prenons sœur Anne-Marie qui nous attend sur le bord de la route et, après être passés au marché acheter un régime d'environ deux cents bananes, nous nous dirigeons vers ce quartier de Stung Meanchey.

Nous faisons maintenant des bonds impressionnants, à nous casser la colonne vertébrale, dans les énormes ornières d'un chemin de terre.

De chaque côté, dans un décor de papiers sales et de sacs plastiques, derrière des monceaux de cartons, de canettes de bière et autres bouteilles de plastique, les baraques en bois des « grossistes ». C'est à eux que nos petits chiffonniers revendent leurs récupérations.

Nous arrivons dans la masse grisâtre et fumante de la décharge. L'odeur prend à la gorge et les mouches envahissent la voiture. Partout, des groupes d'adultes et d'enfants s'agglutinent autour des déchargements nouveaux. La saleté leur donne la même couleur que les immondices qu'ils fouillent de leurs crochets.

Nous roulons maintenant en plein milieu des ordures, dans ce décor de plus en plus cauchemardesque.

Un virage à gauche, trois énormes trous à passer, nous nous arrêtons là. (Sans un véhicule 4 x 4, comment pourrons-nous arriver jusqu'ici pendant la saison des pluies qui va commencer ?)

Des enfants reconnaissant notre camionnette (leur camionnette !) se précipitent avec des cris de joie : « *Tchoum rieb sour Papy ! Tchoum rieb sour Mamie* ! » Nous prenant par la main, par les bras, ils nous font une bruyante escorte jusqu'au lieu du repas.

Tous adorables mais dans un état de crasse incroyable, et les mains qu'ils nous tendent sont affreusement sales et collantes car, dans ce coin, dans leurs cabanes alentour, il n'y a pas d'eau pour se laver et quand on vit dans les ordures toute la journée… Mais tant pis pour les microbes ! Ce matin, la tendresse nettoie tout. Et puis, les visages sont ceux de princes et de princesses…

Quelques vieilles nattes sur les détritus, beaucoup de mouches, et toujours cette odeur, c'est là.

C'est vrai que notre lieu de pique-nique est surréaliste ! Mais les enfants tenaient à ce qu'il soit sur celui de leur travail, pour ne pas perdre de temps et, aussi, pour ne pas risquer de rater l'arrivée d'un nouveau camion.

Aujourd'hui, ils sont 80. Au menu, une assiette de riz et un morceau de poisson frit, qu'une femme leur partage à la main.

Le repas est vite avalé. Après, je commence à soigner. C'est effarant, le nombre de pieds écorchés, de blessures infectées, de furoncles. Plusieurs par enfant ! Comment faire un pansement qui résiste à ces pataugeages dans l'infect ? Il y a beaucoup de parasites, de diarrhées… Ce coin-là nous permet de vraiment surveiller la situation des enfants. Et quand il y en a qui sont absents au repas, on se pose la question et on va dans la maison, pour voir ce qui se passe.

Maintenant, la chaleur monte et les mouches deviennent plus agressives. Dans une heure, ce sera intenable ici !

À 7 h 15, les enfants s'en vont, avec leurs gros sacs, vers ces ordures fumantes et on enrage de devoir les laisser faire…

Ils sont venus passer un moment pour manger et pour être soignés. Et puis ici, ils avaient même le droit de jouer. C'était quelque chose de fabuleux à vivre pour eux. Mais les voir repartir sur la décharge… On se dit que ce n'est pas possible, qu'on ne peut pas les laisser là-dedans, qu'ils sont trop en danger. Il faut les sortir de là, et puis il faut les scolariser !

Vous êtes « formidables » !

Nous sommes, une nouvelle fois, très encouragés dans notre action, par l'accueil si généreux que vous nous avez réservé.

Cet hiver, notre tournée « diaporama » nous a fait faire un merveilleux tour de France grâce aux organisateurs des soirées. Tour de France de la famille, des amis, des amis d'amis.

Et même si nous avons parfois eu bien froid dans notre camping-car « Nain-Bus » (- 8 °C à l'intérieur !), la chaleur des rencontres et des soutiens nous a bien réchauffé le cœur.

Un grand merci à tous !

Notre Centre mis à la porte…

Une mauvaise surprise nous attend à notre retour à Phnom-Penh : M. Pok Chân, notre directeur, nous apprend que le propriétaire chinois de la grande maison de quatorze pièces qui nous sert de Centre (et que nous louons 4 800 francs par mois) ne veut plus renouveler le bail ! Et, en attendant, il veut passer le loyer à 5 400 francs.

Prétexte : il savait que nous en ferions un centre pour enfants de la rue mais ne pensait pas qu'ils seraient aussi nombreux ! Aussi craint-il que l'on dégrade sa maison.

Nous devrons donc partir avant le 15 septembre…

Réunion urgente de l'équipe : nous tombons tous d'accord pour essayer de ne plus recommencer de location.

Pour avoir fait de nombreuses visites, nous savons que nous aurons beaucoup de mal à retrouver ce genre de maison, très rare à Phnom-Penh, disposant de nombreuses pièces de taille moyenne pour servir de salles de classe le jour et de dortoirs la nuit. Et puis, dans la ville, on ne trouve jamais de place pour que les enfants puissent jouer et ce n'est pas le moindre défaut de notre Centre actuel.

Enfin, cette location nous coûte trop cher et la tension sur les loyers provoquée par la reprise d'activités à

Phnom-Penh, l'arrivée d'hommes d'affaires étrangers et le manque de logements, risque de provoquer des hausses que nous ne pourrons plus suivre. Chaque année, en fin de bail, une fois bien installés, nous serons toujours à la merci de chantages à l'augmentation. Nous imaginons déjà les déménagements successifs et, à chaque fois, les frais perdus de déménagement et de réinstallation…

Enfin, qui nous accepterait maintenant avec 130 enfants ! L'idéal est donc de pouvoir acheter un terrain proche de la décharge, et de construire. Nous pourrons alors avoir un Centre vraiment adapté à nos besoins, économiser un lourd loyer et ne plus risquer de nous retrouver sur le trottoir avec nos 130 enfants !

Nous avons donc foncé du côté de la décharge pour chercher un terrain à vendre. Dans ce coin pauvre, ils ne sont pas chers. Et, chance inespérée, nous le tenons ! Tout à fait adapté, en bord de chemin, et près de nos petits protégés.

Mais maintenant, il faut trouver rapidement l'argent ! Ce terrain de 2 500 mètres carrés coûte environ 150 000 francs.

C'est une ancienne rizière et, si on ne veut pas y être régulièrement noyés, il faut remblayer. Coût : 27 000 francs.

En attendant de pouvoir construire « en dur », nous envisageons de construire deux grandes paillotes sur pilotis, de 5 pièces chacune (30 000 francs la maison), des toilettes (11 400 francs) et un puits (10 000 francs.).

Nous n'avons pas cet argent mais l'enthousiasme de la foi. Après tout, nous n'avions pas d'argent non plus, l'année dernière, pour ouvrir ce Centre…

1997

Nouvel An insolite !

Le 15 avril dernier, le Cambodge est entré dans l'année du Bœuf. Une nouvelle déesse a remplacé celle qui veillait sur l'année dernière et tout le monde, ici, fête l'événement, une des deux plus grandes fêtes de l'année.

Nous sommes partis à la décharge, où cela risquait d'être un jour comme un autre, avec un énorme curry, des petits pains, du Seven up, des gâteaux, des pastèques et notre appareil à cassettes pour danser.

Quelle fête nous avons faite et que de Sourires d'Enfants !

JUILLET

De tristes journées...

Depuis plusieurs mois, nous sentions la tension monter dans Phnom-Penh. La rupture entre les deux camps au pouvoir (le PPC de M. Hun Sen, et le Funcinpec du prince Ranariddh) devenait évidente et nous allions nettement vers une confrontation. Chaque parti renforçait ses milices particulières et, de plus en plus nombreux, à deux sur de grosses motos, des gardes du corps d'allure patibulaire et armés jusqu'aux dents sillonnaient Phnom-Penh en exhibant leurs fusils lance-roquettes.

Les incidents se multipliaient et devenaient de plus en plus graves : le beau-frère de M. Hun Sen a été assassiné le 30 mars, des grenades ont été lancées sur une petite manifestation pacifique, faisant de nombreuses victimes ; début juin, la garde personnelle du prince Ranariddh a été désarmée. Cette fois-ci, le clash est inévitable.

Le 23 juin, nous décidons, Christian et moi, d'annuler la venue, de France, de deux groupes de jeunes scouts qui se proposaient de venir nous aider auprès des enfants pendant les vacances du Centre.

Samedi 5 juillet, Christian revient du repas que nous servons chaque matin sur la décharge en racontant qu'il a aperçu un char dissimulé à côté du pont qui y conduit.

À 10 h 30, de sourdes déflagrations se font tout à coup entendre du côté de l'aéroport. Les gens sortent dans la rue et discutent par petits groupes à la recherche d'informations. On sent une excitation nerveuse.

En début d'après-midi, nos propriétaires cambodgiens qui habitent en dessous ont quelques renseignements. Ils veulent nous rassurer mais, pendant qu'ils parlent, une très forte déflagration nous fait tous courir à l'abri dans les maisons : cette fois-ci, c'est tout proche ! Juste derrière la rue ! Je panique malgré les efforts peu convaincants de Christian pour me rassurer. Puis c'est une deuxième, et une troisième explosion.

Philippe et Isabelle, des amis tout jeunes mariés qui habitent la rue voisine, sont venus voir ce que nous pensions de tout cela. Ils acceptent tout de suite de rester à la maison.

Puis c'est François qui arrive. Il habite à côté de la maison du prince Ranariddh et cela risque de barder un peu là-bas… (En effet, ce quartier va devenir l'objet de violents combats). Il couchera dans le salon, sous le gros ventilateur.

Notre maison en bois ou, plutôt, le petit premier étage que nous habitons au-dessus d'une famille cambodgienne, se remplit vite : j'ai l'impression que l'on fait confiance aux anciens. Christian me rappelle discrètement que notre rôle d'aînés doit m'empêcher de montrer ma peur, mais je ne peux éviter de trembler intérieurement à chaque nouveau coup. Moi qui aime tant notre maison en bois, je la trouve tout d'un coup bien vulnérable ! Le moindre éclat d'obus traverserait facilement les planches.

Pas moyen de joindre l'ambassade car le téléphone mobile ne répond plus. On essaie sur notre téléphone fixe : ça marche ! Ouf ! N'avoir aucune possibilité de liaison m'aurait encore plus paniquée… Ils sont contents d'avoir des informations sur les tirs dans notre coin car ils essaient de recouper tout cela.

Les consignes impératives sont de ne pas bouger et de rester éloignés des fenêtres.

Il faut s'organiser car on ne sait pas combien de temps tout cela va durer. Les hommes vont chercher quelques provisions, en nous promettant de ne pas s'éloigner. Ils reviennent en nous parlant des chars, des gens qui fuient dans les rues…

Nous essayons d'avoir des nouvelles des uns et des autres, mais pas moyen de joindre ni Érick ni Catherine. Pas moyen, non plus, de joindre la France pour rassurer nos familles. Nous avons l'impression d'être coupés du monde et pris comme dans une nasse, d'autant plus que nous apprenons, par nos voisins cambodgiens, que l'aéroport est fermé et l'objet de durs combats.

Et les enfants, au Centre…

Un samedi, il n'y a que les pensionnaires. Ne sont-ils pas trop paniqués ? Tout est coupé vers le Centre... Et sur la décharge ? Que se passe-t-il là-bas ?

À la nuit, les bruits de coups de feu se calment. Et nous dormons en attendant la suite des événements.

Et, à 5 h 30, le dimanche matin, réveil en sursaut par les tirs qui recommencent. J'avoue avoir eu un coup de découragement. Il paraît que cela se bagarre durement, en plein centre-ville, devant le quartier général du prince Ranariddh.

Nous reprenons les activités de la vie quotidienne, pour tromper le temps, mais personne n'arrive à faire quelque chose de suivi.

Le soir, les choses se calment de nouveau.

Lundi matin : silence ! Christian veut absolument aller au Centre. Nos propriétaires nous disent qu'il ne faut pas y aller parce qu'il y a beaucoup de pilleurs en armes.

Finalement, il part en voiture, avec François. J'ai hâte de les voir revenir...

En rentrant, ils nous racontent que les enfants du Centre vont bien. Notre gentille bibliothécaire, qui était de garde ce week-end, a eu très peur, elle aussi. Ils ont vu des scènes de pillage, des chars et des soldats nerveux qui ont fait exploser une grenade à leur passage.

Mais ils n'ont pas pu aller à la décharge, car le pont d'accès est bloqué par des militaires.

Le mardi matin, arrivent deux mamans et deux enfants de la décharge. Ils nous racontent : l'obus qui est tombé dimanche matin et qui a fait fuir tous les enfants au moment du repas ; le grand détour qu'ils ont dû faire pour arriver ici puisque le pont est toujours bloqué ; les revendeurs qui ne rachètent plus parce qu'ils ne peuvent plus expédier leur marchandise au Vietnam ; l'argent qui manque et, du coup, aussi la nourriture… On ne mange plus que du bobo (soupe de riz) que l'on rallonge tellement qu'elle n'est plus que de l'eau avec quelques grains de riz. Il faut absolument que nous fassions quelque chose pour nos familles de chiffonniers !

Bien sûr, comme d'habitude, ce sont toujours les plus pauvres qui subissent les premiers les conséquences de ces bagarres de chefs. Demain matin, coûte que coûte, nous irons à la décharge distribuer un secours.

Le lendemain, Mme Kheav Chamroeun, notre gentille bibliothécaire nous raconte :

« *Le matin du 6 juillet 1997, j'ai été au service de garde du Centre avec Mme Om, la cuisinière. Il ne reste plus qu'une quinzaine d'enfants avec nous. À chaque coup de canon, je vois des tourbillons de fumée noire à l'ouest du Centre. J'ai peur. Je suis bouleversée. Je récite la prière. Que le Dieu nous aide !*

Je surveille les enfants si bien qu'ils ne sortent ni ne montent et qu'ils se mettent par terre pour éviter les éclats.

Au repas, la cuisinière prépare du riz et donne des boîtes de poisson en conserve aux enfants.

Après le repas, je suis encore dans l'état de prudence.

La nuit arrive. Mon mari, qui s'inquiète de moi, vient au Centre pour m'aider à surveiller les enfants. Il a apporté un bagage avec nos objets les plus précieux.

Dans cette obscurité, le grondement du canon se fait entendre de plus en plus fort et la peur règne jusqu'à demain.

Je me suis dit que si un obus tombe dans le Centre Pour un Sourire d'Enfant je meurs avec tous mes élèves[1]. »

DÉCEMBRE

Le nouveau Centre : c'est gagné !

Pari gagné !

Oui, grâce à vous tous, le pari est gagné et, le 27 octobre, c'est très émus que nous effectuons la rentrée pour plus de 200 enfants chiffonniers dans notre nouveau Centre ! Mais quelle aventure, depuis ce jour d'avril où nous apprenions que le propriétaire de la grande maison que nous occupions l'an dernier ne voulait plus renouveler le bail. Nous nous rendions compte que, maintenant, personne ne voudrait plus de nous avec 200 chiffonniers !...

Aussi, nous avons décidé de tout faire pour être chez nous et vous avons fait part de notre projet, un peu fou, de faire la rentrée dans nos propres bâtiments. Nous n'avions ni terrain ni argent et si peu de temps pour réaliser tout ça...

Mais vous avez tous été formidables, avec vos aides, vos témoignages de soutien, vos prières. Alors, aujourd'hui, c'est gagné !

---

1. Le 5 juillet, les troupes de Hun Sen ont pris d'assaut celles du prince Ranariddh. Les heurts ont fait plus d'une centaine de morts, dont plusieurs cadres du FUNCINPEC. Le surlendemain de ce coup d'État, le calme revient : Hun Sen est parvenu à renverser le prince Ranariddh et à le pousser à l'exil. (NdE.)

Tout avait bien commencé : nous avions trouvé, à un bon prix, une rizière de 2 500 mètres carrés en vente près de la décharge. Parfait. Il n'y avait qu'à l'acheter. Mais c'est là qu'ont commencé les difficultés. Ces terribles années de guerre ont laissé le Cambodge sans cadastre et les mouvements de population qu'elles ont provoqués font que personne n'est plus chez soi. Et, comme il était impossible aujourd'hui de revenir en arrière, on a distribué aux gens des titres d'occupants et personne n'a de réel titre de propriété. Alors, imaginez le nombre de démarches qu'il nous a fallu pour en obtenir un…

Une fois le terrain acheté, nouvelle série de difficultés : les voisins de derrière, de devant, des côtés, en contestaient les limites et avaient arraché, de nuit, tous les poteaux que nous avions mis avec l'ancien propriétaire, ainsi qu'un magnifique arbre sur lequel nous comptions pour faire de l'ombre pendant les récréations. Chacun voulait aussi se tailler, à travers notre terrain, sa propre route de passage. Il risquait de se réduire à une peau de chagrin et nous étions, Marie-France et moi, dans tous nos états.

L'affaire tournait mal. Il faut savoir qu'ici les problèmes se résolvent souvent à coups de mitraillette. S'il n'y avait pas eu les enfants, nos merveilleux enfants et leur sourire dont la vue nous redonnait chaque jour courage et nous rappelait pourquoi nous nous donnions tant de mal…

Enfin, de tractation en concession, et moyennant quelques cadeaux au passage, nous sommes arrivés à une solution honorable. Nous étions maintenant en juillet et il fallait, de toute urgence, attaquer les constructions si nous voulions pouvoir faire la rentrée le 6 octobre.

Ayant appris que vous aviez généreusement répondu à notre appel, nous pouvions faire de beaux plans et lancer un appel d'offres.

L'entrepreneur choisi était, de beaucoup, le moins cher. Le moins cher, mais à quel prix ! Nous nous souviendrons longtemps du matériel non conforme et qu'il fallait faire remplacer, des travaux mal faits et à refaire, du chef de chantier qui ne dirigeait rien, des ouvriers qui se reposaient dès que l'entrepreneur était parti, des priorités non respectées, de nos colères pluriquotidiennes avec cet entrepreneur, des retards qui nous ont fait repousser la rentrée d'abord au 13, puis au 20 et, enfin, au 27 octobre…

Nous qui n'avions jamais eu de maison à nous, nous étions devenus, malgré nous, des spécialistes en bâtiment, discutant ferme la qualité des fondations, du bois, du gravier de remblaiement puis la taille des fosses septiques.

Et pendant ce temps-là, nous ne trouvions toujours pas d'eau sur notre terrain !

Nous avions déjà fait trois forages infructueux et, à deux jours de la rentrée, toujours rien ! La veille, à midi, le quatrième forage bloquait, à 39 mètres, sur de la roche. Et il fallait trouver une nouvelle machine qui permettrait de creuser ce rocher. Imaginez notre angoisse : comment faire, le lendemain, pour la cuisine, les 250 douches, les toilettes, etc. Et finalement, en fin de journée, l'eau jaillissait à 40 mètres !

Mais nous n'étions pas au bout de nos peines : notre pompe ne montait pas l'eau et il fallait acheter une pompe immergée.

Aujourd'hui, ça y est et nous voudrions vous faire partager notre émotion en vous emmenant en faire le tour au milieu des cris de la récréation.

Deux grands bâtiments à la khmère, en bois, sur pilotis, de cinq grandes pièces chacun ; cinq petites pièces en dessous de l'un des deux ; une cuisine et des douches en dur ; trois batteries de deux toilettes et une grande salle polyvalente aux parois faites de croisillons de bois ; et, surtout, un grand terrain de jeu.

Les enfants ont tout de suite adopté ce nouveau Centre et leurs rires en témoignent.

Rentrée 1997 : près de 400 enfants !

Cette année, nous avons décidé d'avoir une action encore plus décisive sur la décharge de Phnom-Penh en essayant de rescolariser systématiquement une partie significative des enfants qui y travaillent. Avec l'aide de M. Meas Chân, Marie-France a profité de l'été pour étudier la situation de chacun de ces enfants afin de trouver une solution adaptée. Beaucoup n'ont jamais été scolarisés par manque de moyens, d'autres ont abandonné l'école. L'échec est presque fatal pour nos petits chiffonniers. Tout d'abord parce que l'école, théoriquement gratuite, coûte cher en compléments officieux mais obligatoires. Ensuite, cette école est à mi-temps et, quand on a travaillé toute la matinée sur la décharge par une chaleur suffocante et avec le ventre vide, on y arrive fatigué, sale et sans avoir pu apprendre ses leçons. On est mal vu de l'instituteur et méprisé des camarades parce qu'on sent mauvais.

Pour rescolariser tous ces enfants chiffonniers, il fallait tout d'abord proposer une compensation financière pour le manque à gagner par l'arrêt de leur travail indispensable à leur survie et à celle de ce qu'il leur reste de famille, quand ils en ont.

Ensuite, trois situations se présentaient :

– L'enfant avait un retard scolaire. Il a été inscrit dans notre Centre de rattrapage (notre ambition est de faire suivre aux enfants trois années scolaires en une seule). C'est le cas des 200 enfants admis cette année. Quand ils auront rattrapé leur retard, l'objectif est de les remettre dans le circuit scolaire normal avec un soutien au Centre à mi-temps, pour éviter le retour dans la décharge et l'échec.

– L'enfant était déscolarisé mais son niveau correspondait à sa classe d'âge. Nous avons proposé de payer tous ses frais de scolarité dans les écoles du quartier et de le faire bénéficier de notre soutien scolaire pour l'autre moitié de la journée. 100 enfants sont concernés par cette solution.

– L'enfant avait déjà 14, 15 ou 16 ans, et il était complètement analphabète. À cet âge-là, bien sûr, il est trop tard pour suivre une scolarité normale. Nous lui avons donc proposé d'acquérir, au Centre, un bagage minimum en khmer et en maths, dans une classe où il serait avec des jeunes de son âge, avant de le mettre en apprentissage professionnel. Et nous avons eu la joie d'accueillir, dans cette classe, un bon nombre de grandes filles autrement souvent sacrifiées. Et quand il le fallait, nous avons pris, dans notre maternelle, les petits frères et sœurs dont elles avaient la charge.

Ça, c'est pour la scolarité. Mais il fallait d'abord que ces enfants soient nourris.

Tous ceux qui viennent au Centre bénéficient de deux repas par jour, matin et midi, et de trois petits goûters dans la journée. Sur la décharge, 100 enfants reçoivent, chaque matin, un repas complet.

Ce sont donc, aujourd'hui, grâce à vous tous, près de 400 enfants qui sont pris en charge d'une manière ou d'une autre.

1998

JUIN

Un merveilleux tour de France…

Pour la troisième fois, Marie-France et moi arrivons de Phnom-Penh pour effectuer notre tournée-diaporama et vous parler de nos enfants chiffonniers.

Nous avons laissé le Centre entre les mains de Jacques, un ami retraité, et de sœur Anne-Marie. Guy et Marie-Christine (sœur de Marie-France) nous accueillent et nous ont même préparé Nain-Bus, notre camping-car indispensable à l'équipée. Le soir même, nous nous installons au camping du bois de Boulogne : ce sera notre PC pour préparer cette tournée.

Comme chaque fois, nous restons quelques jours un peu abasourdis : le choc est quand même grand entre la décharge de Phnom-Penh, le climat tropical, la vie là-bas, et les rues de Paris en hiver.

Et le compte à rebours commence…

D'abord, faire le tour de nos enfants et petits-enfants : pas si facile quand Bertrand vit à Londres, Isabelle en Allemagne et qu'Éric part à Sarajevo. Heureusement que Caroline et Wahed sont en France !

Ensuite, finir d'organiser la tournée, remettre le matériel en état et préparer la nouvelle version du diaporama. Chargement du matériel qui occupe tout l'arrière de Nain-Bus et ce fichu écran que nous allons avoir dans les pattes pendant toute la tournée !

Jeudi 15 janvier

C'est le départ. Direction l'Est. Nous venons tout juste de terminer le montage audiovisuel. Après de multiples courriers, fax et coups de téléphone, la tournée est bouclée. Nos amis ont bien travaillé : nous aurons 50 séances en deux mois et demi ! Cinquante soirées jusqu'à 2 heures du matin, cela nous essouffle quand même un peu à l'avance !

Vendredi 16 janvier

Arrivée à Sarrebruck chez nos amis Jean-Yves et Marie-Noëlle. Jean-Yves est consul général de France. Nous les avions connus à Hong Kong au cours de nos expéditions familiales et ils nous avaient déjà beaucoup aidés à pénétrer en Chine avec notre camping-car. Nous avons droit à un accueil somptueux dans leur magnifique résidence. Ce soir, nous présentons notre premier diaporama dans la paroisse franco-allemande.

Nous nous sentons un peu « enfants de la balle » en recommençant, pour la première fois cette année, la lourde installation de notre spectacle : garer Nain-Bus le plus près possible de la salle, et puis sortir les deux projecteurs Kodak, les paniers de diapos, l'ampli, le gros magnétophone Revox, le synchroniseur, les haut-parleurs, les sacs de câbles et de tracts, le grand écran, etc., jauger la salle pour savoir comment et où installer tout ça, monter au mieux notre écran déglingué qui tient avec des bouts de ficelle, trouver des tables stables à superposer pour mettre les projecteurs à bonne hauteur sans avoir de têtes sur l'écran, trouver les prises, faire tous les branchements, essayer de passer les fils hors des trajets du public, faire les tests et mises au point de l'image et du son, et respirer, enfin, quand tout marche ensemble, ce qui se passe rarement sans un moment de panique pendant lequel, allez savoir pourquoi, l'un des appareils pique sa crise de fantaisie, de préférence au dernier moment.

Et puis c'est l'attente du public. Là, nouveau stress, partagé, cette fois, avec l'organisateur de la soirée qui, après avoir installé avec optimisme un grand nombre de chaises, commence à regarder d'un air inquiet alternativement sa montre et l'entrée de la salle... Il est 8 h 20 et il n'y a encore personne ! Alors, notre ami nous raconte tout le mal qu'il s'est donné !... Plus de 1 000 tracts distribués, un article dans la presse locale, et combien d'invitations personnelles ! *« Je croyais au moins que les Untel viendraient... »*

On se console comme on peut : *« C'est tellement dur, maintenant, de faire bouger les gens et par ce froid, ils n'aiment pas sortir... », « Et puis, il y a ce fameux match à la télévision ou cette autre soirée concurrente... », « D'ailleurs, ce n'est pas la quantité de personnes qui compte, mais la qualité... »*

Mais ce soir, il n'y a pas ce genre de problèmes. La paroisse est là et la soirée s'annonce bien sympathique.

C'est d'abord la présentation : nous voulons faire aimer ce pays comme nous l'aimons mais il n'est pas facile d'expliquer brièvement les conséquences énormes de vingt ans de guerre, les familles détruites, les mentalités cassées, la situation dramatique des enfants…

Ensuite, le diaporama. Pas une fois, nous ne nous lassons de revoir les photos et les sourires de nos enfants qui réussissent, tous les soirs, à nous faire monter les larmes aux yeux et à nous donner le courage de demander pour eux. Et, à chaque fois, nous sommes émerveillés par la générosité de tous ceux qui s'engagent avec nous dans cette aventure !

Et puis, c'est le déménagement dans l'autre sens, aidés cette fois par de nombreux volontaires. Ce matériel ne nous laisse pas beaucoup de place et il va falloir se réhabituer à vivre et dormir dans ce tout petit espace. Nous nous endormons en pensant à la soirée, mais aussi à cette tournée qui va nous faire parcourir 9 000 kilomètres ! Peut-être fatigant mais, surtout, un merveilleux tour de France de la famille et des amis, à la rencontre de ceux qui se sont donné tant de mal pour organiser des soirées, et de leurs amis. Avec toujours cette gentillesse, cette chaleur, cette générosité. On ne sait plus, alors, où nous sommes le plus comblés, là-bas avec les enfants ou ici avec ceux qui leur permettent de vivre.

Vendredi 9 avril 1998

Nous venons d'arrêter la voiture devant le Centre. Quelle chaleur, cette année ! Quelqu'un a dû donner l'alerte : une nuée d'enfants arrive en courant et en hurlant *« Papy ! Mamie ! »*. On s'étreint, on essuie des larmes… « *C'était long !…* » On voudrait avoir des bras plus grands !

Bravo et merci à A.I.M.E.R.A !

Ils ont tout l'air d'une équipe de baroudeurs préparant un raid autour du monde et peaufinant leur 4 x 4 avant le départ…

Pour l'équipe de copains baroudeurs, c'est bien ça. Pour le 4 x 4 aussi, une bonne « occase » achetée par l'association « A.I.M.E.R. Alsace ». Mais ce n'est pas pour eux que les deux Bernard, Alain, Éric, Joseph et d'autres… ont passé, cet hiver, leurs soirées, leurs week-ends et temps libres à s'acharner sur ce Nissan et ceci, par tous les temps ! C'est pour nous l'envoyer à Phnom-Penh et nous permettre ainsi de pouvoir affronter la période des pluies de mousson sans nous embourber partout.

Sympa, non ?

DÉCEMBRE

Une joyeuse rentrée pour 350 chiffonniers

Ouf ! Fatigués, vidés mais heureux, profondément heureux !

Nous avons pu accueillir 100 enfants de plus, les cas les plus urgents de notre longue liste d'attente. Mai 96 : 10 enfants. Rentrée 96 : 60 enfants. Rentrée 97 :

250 enfants. Rentrée 98 : 350. Et tout cela, dans un tourbillon de travaux, de problèmes à résoudre : est-ce que l'équipe de cuisine sera capable de fournir 800 repas par jour ? est-ce que notre puits donnera assez d'eau ? est-ce que les douches seront assez grandes ? la sécurité assurée, pour tous ces enfants ? est-ce que le troisième bâtiment sera terminé à temps ? comment trouver les nouveaux professeurs qui nous manquent pour nos quatorze classes ? etc.

Le défi de cette année était non seulement de construire un nouveau bâtiment, d'augmenter de 100 les effectifs mais, aussi, d'ouvrir des classes de collège.

De temps en temps, comme intermédiaire entre votre grande générosité et les énormes besoins des enfants, nous avons l'impression de ne pas être suffisamment à la hauteur.

Et puis, la Providence est là. La rentrée s'est bien passée, les enfants sont heureux, ils apprennent vite. Et les amis qui nous encouragent : *« Vous avez raison, c'est de cela qu'ils ont besoin : d'abord manger, et puis un bagage pour se défendre dans la vie. Et puis, un peu de bonheur. Alors, allez-y, ce n'est pas le moment de lâcher ! »*

Bravo, les jeunes !

En août, pendant les vacances de notre équipe khmère d'encadrement, un groupe de l'ESC Rouen, puis des compagnons Scouts de France de Bordeaux, sont venus animer un camp pour que les enfants les plus en danger ne retombent pas trop longtemps dans leur vie insupportable. Avec leur gaieté et leur enthousiasme, ces jeunes représentent, pour nos enfants, un modèle rassurant par rapport à ce qu'ils ont autour d'eux.

Sokhoeun, 14 ans

Sokhoeun est chiffonnière. Plusieurs fois, elle nous avait parlé de sa souffrance : sa maman et elle étaient violemment battues par son père. Elle, sous prétexte qu'elle cuisait mal le riz. Pour sa maman, c'était très grave : poussée en dehors de la cabane, elle était tombée d'un étage et s'était cassé le bassin. Le père et le frère l'avaient laissée souffrir toute la nuit dehors. Sans la nourrir. Elle était maintenant mourante et son père continuait à la battre.

Quand Sokhoeun nous a raconté cela, nous sommes allés la chercher pour lui trouver un endroit où elle puisse mourir en paix, entourée de ses trois petites filles. Elle ne parlait plus mais, à certains signes de son visage, nous devinions qu'elle était bien. Puis nous avons organisé la crémation. Sokhoeun était entourée par ses amies du Centre.

Après ce qu'il a fait, Sokhoeun, maintenant pensionnaire au Centre avec ses deux petites sœurs, ne veut plus voir son père. Lui, a juré de la vendre s'il la rencontre…

1999

MARS

Au revoir !
(Christian)

Tu étais une des plus anciennes de nos enfants.

Je vous avais trouvés sous un arbre, tes frère et sœurs et toi, abandonnés à vous-mêmes par des parents inconscients.

Avec quelques planches et des morceaux de carton, nous avions pu vous faire un abri.

Entre ton énième beau-père, ta mère toujours absente et le souci que tu te faisais pour les petits, je sais ce que tu as souffert.

Quelques jours avant ta mort, je t'avais offert ces jolies boucles d'oreilles que tu aimais et qui t'allaient si bien.

Tu avais voulu être chrétienne, venir avec nous à la messe et prier le soir.

Avec Sarun Chanthy, tu es la première du Centre, là-haut, et nous comptons sur toi.

Gérard à la barre

Dans quinze jours, nous serons partis pour l'Europe. Une tournée de presque trois mois, sans compter le temps d'aller voir nos enfants, petits-enfants, parents, amis… Et, comme chaque fois, va se poser la question de savoir qui pourra veiller que tout se passe bien, pendant ce temps-là, au Centre et à la décharge.

Mais nous n'avons même pas eu le temps de nous poser la question. Au moment voulu, nous est tombé du ciel Gérard, notre ancien voisin, arrivé peu avant notre installation au Centre.

Il est à Phnom-Penh pour plusieurs années avec sa femme Geneviève qui dirige l'Agence française de développement.

Venu voir nos enfants, il a été profondément touché. Aussi nous a-t-il proposé de travailler avec nous. Depuis décembre, il a même déjà eu l'occasion de prendre la barre un moment lorsque Christian m'a accompagnée à Bangkok pour mon opération.

Et le bateau n'a pas coulé.

Gérard aime les enfants, Geneviève aussi. Spontanément, ils ont offert, comme si c'était évident, ce que nous n'aurions pas osé leur demander : ils prendront chez eux, les samedis et les dimanches, les dix pensionnaires qui sont là à temps complet !

Nous sommes d'accord sur l'essentiel. Nous partirons tranquilles : il veillera au grain.

Une fois de plus, la Providence a été là !

Une quinzième classe ouvre au Centre

Le lundi 15 février, nous accueillions 21 nouveaux enfants qui forment la classe 1F. Ce sont tous des enfants complètement analphabètes qui venaient tous les matins au repas sur la décharge. Depuis longtemps, ils nous demandaient de venir étudier.

Malgré la construction du nouveau bâtiment, nous n'avons déjà plus de place pour cette nouvelle classe. Elle sera donc volante, en utilisant les locaux laissés libres par les heures de sport ou de bibliothèque.

Cet inconvénient devrait être temporaire jusqu'à la construction, si le budget le permet, de nouvelles classes sur le nouveau terrain dont l'Association a fait récemment l'acquisition.

Ceci n'empêche pas nos 21 « bleus » de travailler avec ardeur : il y a longtemps, pour certains, qu'ils attendaient leur premier jour de classe.

Un certain nombre, déjà, en peu de temps, ont rattrapé le niveau précédent.

Comme les autres, ils portent leur lot de pauvreté et de souffrances et nous allons apprendre à les connaître.

Nous n'avons pas eu le courage d'attendre la rentrée prochaine, ni de nouveaux bâtiments, pour les prendre au Centre. Surtout les filles, les plus pauvres parmi les plus pauvres, exploitées depuis leur plus jeune âge.

C'est grâce à vous que nous avons pu les prendre. Merci.

Un séjour à Bangkok
(Marie-France)

Lundi 22 février, 14 heures.

Je suis rentrée hier après-midi de l'hôpital de Bangkok et, aujourd'hui, j'ai passé la plus grande partie du temps à me reposer. Par ma fenêtre, je les ai vus vivre toute la journée et, ce soir, j'ai envie d'aller dire bonsoir à nos enfants.

À petits pas de convalescente, je traverse la cour pour rejoindre le rassemblement du baisser du drapeau. J'ai aussi envie de les remercier pour les innombrables petits cadeaux et dessins qui m'attendaient sur mon bureau à mon retour. Et puis, je suis tellement heureuse de les retrouver tous ! Dès qu'ils m'aperçoivent, ce sont des applaudissements, des hurlements de joie qui n'en finissent plus. Alors moi, je craque, bien sûr. J'arrive tout juste, entre deux larmes, à expliquer à M. Meas Chân ce que je voulais leur dire. Et pendant qu'il traduit, cela me permet de récupérer un peu.

En fait, j'ai été absente 22 jours. Plus de 3 heures d'opération, 28 calculs biliaires, 19 agrafes, une cicatrice de 20 centimètres… mais un hôpital excellent, des infirmières adorables, un chirurgien thaï, un médecin sikh au moins aussi bien.

Quand nous nous sommes installés au Centre, à la rentrée dernière, je n'imaginais pas à quel point cela pourrait faciliter une convalescence : pouvoir se reposer tout en étant sur place avec eux.

1999

Au Cambodge, de la décharge au sourire, avec les enfants chiffonniers de Phnom-Penh

C'est le film que nous nous proposons de vous présenter cette année, en lieu et place du diaporama.

Nous arriverons fin mars pour une tournée qui débute le 7 avril ! et n'aurons donc ni le temps ni la possibilité de faire de la publicité pour remplir toutes les salles. Mais nous savons que nous pouvons compter sur vous pour prévenir vos familles, vos amis, les amis de vos amis, vos relations... L'expérience nous prouve que, pour remplir une salle, ni les affiches, ni les tracts, ni la radio, ni la presse ne remplaceront un coup de téléphone à un ami. Il n'y a que cela qui compte.

Grâce à vous tous, nous accueillons chaque jour 350 enfants au Centre, en nourrissons 130 autres chaque matin sur la décharge et en scolarisons 75 dans les écoles publiques du voisinage.

Il est bien évident qu'on ne peut envisager d'arrêter ce programme et de renvoyer sur la décharge tous ces enfants que, grâce à votre aide, nous avons pu en sortir, sans leur donner un bagage minimum qui leur permette de se défendre dans la vie et d'avoir un avenir un peu meilleur que celui de leurs parents !

Sinon, il aurait mieux valu ne jamais commencer...

Nous voudrions vous montrer les résultats merveilleux de vos efforts, vous dire nos joies, nos soucis, nos espoirs pour la suite. Et nous sommes heureux à l'idée de vous rencontrer tous en ces occasions.

Encore merci et à très bientôt.

Nos enfants

Je préfère qu'on ne dise pas mon nom parce que j'ai honte. J'ai maintenant 12 ans et ma maman me vend aux hommes depuis longtemps, sept ou huit ans je crois.

Avant, quand j'étais toute petite, maman ne s'est pas beaucoup occupée de moi. Elle m'avait laissée chez une dame qui était très gentille avec moi. Je l'aime beaucoup et c'est elle ma vraie maman. Je l'appelle ma tante.

Maman m'a reprise quand j'avais à peu près 5 ans, et qu'elle pouvait gagner de l'argent avec moi.

La première fois, c'était avec un garçon de 14 ans. On avait joué ensemble à courir après les papillons et ça m'amusait beaucoup. À un moment, son papa l'a appelé et lui a dit : « N'oublie pas que j'ai payé 30 dollars à sa maman pour que tu couches avec elle ! »

Ma maman travaillait dans un petit hôtel et elle m'a vendue à un vieux monsieur anglais. Elle m'envoyait dans les chambres avec des hommes et ils couchaient aussi avec moi. Je gagnais 10 dollars par jour et je les donnais à maman.

Elle m'emmenait dans les dancings où les gens dansaient tout nus. Je ne voulais pas regarder ce qu'ils faisaient mais maman me tirait l'oreille très fort et me disait de regarder. Moi, j'étais petite et je ne savais pas.

Après, elle a eu un nouveau mari vietnamien et, après encore, un Philippin, Quand ça a commencé avec le Philippin, le Vietnamien me punissait parce que maman allait avec l'autre. Il me laissait sans manger pendant plusieurs jours et, quelquefois, la nuit, il m'envoyait toute seule dans Phnom-Penh.

Maman m'avait appris aussi à jouer aux cartes en trichant, pour gagner de l'argent.

Quand je perdais, elle se mettait en colère et elle m'envoyait toute seule dans la nuit pour aller mendier à la sortie d'une boîte de nuit.

Elle me battait avec un couteau ou avec un bâton. Un jour, c'était très grave, je saignais beaucoup et j'avais très mal à la tête. Je sentais que ma tête était cassée. Et les gens disaient que j'étais folle. Maintenant, j'ai encore le crâne défoncé.

Quelquefois, les voisines me soignaient secrètement parce qu'elles avaient peur de maman. Une fois, maman en a battu une.

Pourtant, quand j'avais 7 ans et demi, maman est tombée malade et est allée dans un petit hôpital. Le docteur ne voulait pas la soigner si elle ne payait pas. Alors, toute seule, je faisais cuire du maïs et j'allais le vendre dans Phnom-Penh avec mon plateau sur la tête, pour payer les médicaments. J'avais très peur. Si maman n'est plus là, je n'ai plus personne. J'avais envie de pleurer mais je me disais qu'il fallait être courageuse.

Un jour, un monsieur « barang » est venu parler avec maman pour aller dans un Centre.

Au début, j'avais un peu peur de Papy. J'allais souvent à l'infirmerie et je racontais plein de choses de ma vie à Mamie mais elle ne comprenait pas ce que je lui disais.

Mais même là, dans l'ancien Centre, maman me vendait à un vieux monsieur instituteur et à un autre plus jeune. Maintenant, Papy les a renvoyés.

Moi, je n'aimais pas ces choses dégoûtantes mais les hommes et maman me disaient que c'était normal, que les petites filles devaient rendre ces services aux messieurs.

Un jour, j'ai raconté tout ça à Papy et j'ai pleuré beaucoup et lui aussi. Il m'a expliqué que c'était une mauvaise vie. Il me disait que ce n'était pas de ma faute parce que j'étais petite et je ne savais pas. Mais quand même, moi j'avais honte parce que j'étais comme une prostituée.

Du coup, Papy a voulu que je sois pensionnaire mais il a quand même aidé maman pour qu'elle soit cuisinière dans le Centre.

J'étais heureuse dans le Centre et je travaillais bien.

Quand je suis arrivée, je ne savais rien et maintenant, j'ai fait beaucoup de progrès, je suis en niveau 5 (CM2). Il n'y a pas longtemps, maman a demandé l'autorisation à Papy que je couche chez elle et elle avait promis qu'il n'y avait plus d'homme à la maison. Papy a dit que j'irais avec une autre fille pour être sûr qu'il n'y ait pas de problème. Mais pendant la nuit, maman est venue me chercher et m'a forcée à coucher avec son Philippin en m'enfermant à clé avec lui. Il lui a donné 200 dollars.

Après tout ce que m'avait expliqué Papy j'étais si triste et j'avais tellement honte que j'ai recommencé à être malade et à vomir plusieurs fois par jour, avec la tête qui tournait. J'ai écrit à Papy pour lui dire au revoir, que j'avais trop de honte et que je voulais partir très loin dans la rue pour toujours.

Alors Papy m'a demandé pourquoi et je lui ai tout raconté. Mais maman l'a su et elle s'est mise très en colère. Elle m'a battue, pincée et fait des menaces terribles.

J'ai beaucoup prié le Dieu aussi parce que je voulais changer de vie et j'étais très triste. J'ai même été malade et manqué la classe.

Et puis, j'avais aussi demandé à Papy de connaître Jésus. Alors, depuis, je vais au catéchisme tous les dimanches. Au

Centre, je parle de Jésus à toutes mes amies. Quelquefois, ça les fait pleurer. Et maintenant, tous les soirs, avant de se coucher, on fait une prière avec Papy et Mamie et toutes les filles qui veulent venir. Et c'est moi qui dirige souvent la prière. Comme Jésus le demande, on aide les camarades les plus pauvres, ceux qui pleurent en se cachant parce qu'il n'y plus de riz à la maison. On se cotise avec l'argent de poche que le Centre donne aux pensionnaires et on achète 2 ou 3 kilos de riz.

Mon amie S. était très triste parce que son papa n'avait plus de travail, buvait et battait sa mère. Je lui ai dit de prier Jésus qu'elle ne connaissait pas. Elle s'est mise à prier deux heures toutes les nuits. Au début, sa famille la traitait de folle mais aujourd'hui, son papa ne boit plus, a retrouvé du travail et sa famille prie avec elle.

Je suis heureuse au Centre. Je veux être une fille comme les autres et étudier beaucoup pour devenir un médecin. Je ne veux pas me marier parce que je veux m'occuper des pauvres.

Je ne veux plus retourner chez maman parce que j'ai très peur qu'elle se venge en me vendant pour toujours dans une maison de prostituées. J'ai peur parce que Papy et Mamie vont bientôt partir en France.

Alors ils m'ont dit qu'ils allaient essayer de m'emmener avec eux, comme ça maman ne pourra pas venir me prendre pendant qu'ils sont partis. J'espère beaucoup mais il paraît qu'il faut la permission de maman…

Cette histoire, hélas, est celle de beaucoup de nos enfants.

Au début, nous pensions que c'était la pauvreté et la décharge qui étaient leur principale souffrance.

Mais, plus nous les connaissons, plus nous approchons de l'enfer. Brutalité, alcoolisme, exploitations de toutes sortes sont leur lot quotidien.

C'est là, la plus grande blessure que cette terrible guerre a laissée au pays. La vie de violence qu'ont vécue leurs parents peut expliquer, s'il est difficile de l'excuser, cette maltraitance reproduite.

Avant d'essayer de se guérir, ces enfants ont besoin de parler. Mais combien de fois avons-nous dû interrompre quelques instants leurs témoignages… pour respirer.

DÉCEMBRE

D'un jour à l'autre…

Phnom-Penh, 29 mars, 10 heures

L'excitation des au revoir est maintenant retombée et c'est un peu impressionnées quand même que Leakhéna et Srey Nga nous suivent vers le contrôle de police. C'est la première fois qu'elles entrent dans les bâtiments de cet aéroport mystérieux où, jusqu'ici, elles n'avaient eu le droit que de regarder partir les autres, le nez collé à la porte vitrée bien gardée par des policiers intraitables.

Dans l'avion, on se cale au fond des fauteuils et on sourit encore aux astuces de Papy qui essaie de détendre l'atmosphère mais, au moment du décollage, plus rien n'y fait, les sourires restent crispés…

Puis, le temps passant, Leakhéna se rassure mais Srey Nga, qui a le mal des transports, gardera, un peu pâle et l'air inquiète, son sac en papier à côté de la bouche jusqu'à Kuala Lumpur.

29 mars, 14 heures

Ah ! l'aéroport de Kuala Lumpur ! Il fallait être bien vieux pour ne pas en avoir découvert plus tôt le côté fascinant !

Mais aujourd'hui, nous nous rattrapons, embarqués tous les quatre dans de folles parties de tapis et d'escaliers roulants, de courses acharnées de « caddies » et dans la découverte de cet extraordinaire magasin de jouets où, comme Alice au pays des Merveilles, nous avançons en poussant des cris de surprise.

Faiblesse de Papy, elles en ressortiront chacune avec un gros nounours qui sera leur ange gardien rassurant tout au long de la tournée. Et quelle rigolade incrédule quand Mamie entre un bout de carton dans le mur et en ressort un paquet de dollars !

« Il faut que tu filmes, Papy, sinon nos copines ne nous croiront jamais ! »

30 mars, 1 heure du matin !

C'est le réembarquement, cette fois-ci pour 12 heures. On ne voit bientôt plus, sous les couvertures, que deux touffes de cheveux et deux paires de bras serrant très fort les nounours, jusqu'à l'arrivée dans le petit matin froid et pluvieux de Paris.

Heureusement, Guy nous attend avec deux bons anoraks et des chaussettes chaudes.

14 heures

Dans notre camping-car Nain-Bus, réinstallé au camping du bois de Boulogne, les filles ont déjà pris possession de la grande couchette arrière qui sera leur domaine pendant ces quatre mois et qui va se remplir, au fil des étapes chez les amis attendris, d'un amoncellement de peluches et poupées en tous genres.

Et quand, après la prière, on fait le câlin du soir, comment ne pas repenser à *Quatre Enfants et un Rêve* ?...

6 avril

Quel stress dans Nain-Bus ! La date de notre première séance arrive et impossible de trouver comment enregistrer le son sur notre film. Impensable, pourtant, d'annuler la tournée !

Et quand, au petit matin du grand jour, nous avons enfin réussi, il fallait encore acheter, à la course, un projecteur, un nouvel écran, etc. Nous nous souviendrons longtemps de cette première séance : les personnes déjà assises à leur place et rien ne marche !

Panique à l'idée de leur expliquer que nous n'avons rien à leur présenter...

Nous nous bagarrons désespérément avec tous ces appareils neufs et compliqués et il est trop tard pour lire les volumineuses documentations, de toute façon totalement incompréhensibles. Comment, à l'heure prévue, tout a quand même démarré ? Si vous ne croyez pas aux miracles, comment vous l'expliquer ?

Un soir comme un autre, 18 heures

Quand nous arrivons près de la place où nous attendent nos amis pour nous conduire à la salle, les filles poussent des hurlements : « On voit Chenda partout ! » Chenda, c'est leur amie chiffonnière, dont le ravissant sourire illumine le côté droit de l'affiche annonçant notre film.

Aidés des filles, nous descendons le matériel. Elles connaissent bien leur rôle, maintenant : pendant que nous superposons les tables destinées aux projecteurs, table de mixage et autres appareils, elles déroulent déjà les câbles des enceintes depuis la scène jusqu'aux tables et commencent à installer les chaises.

19 heures

Tout est prêt. Les filles sont parties chercher les fleurs qu'elles doivent lancer vers le public au cours de leur « danse de souhait ». On préfère ne pas savoir où elles vont les chercher dans le voisinage… mais elles en trouvent toujours !

Elles partent se cacher pour se maquiller et revêtir leur ravissant costume traditionnel mais on a toujours besoin de Mamie pour rattacher une fleur rebelle dans les cheveux ou épingler l'arrière du costume.

19 h 30

Nos amis apportent un petit buffet que l'on mange ensemble sur un coin de table. Comme à chaque fois, on sent l'inquiétude des organisateurs : « Pourvu qu'il y ait du monde, ce soir ! » On sent qu'ils se sont tellement donné de mal pour qu'il y en ait, justement, qu'on panique un peu avec eux.

20 h 15

Les premières personnes arrivent. Un peu émues, les filles commencent leur danse mais, bientôt, la grâce infinie de Srey Nga et la joyeuse malice de Leakhéna font leur effet. Le public est conquis. Elles sont merveilleuses, ce soir…

Elles disparaissent bientôt sous les applaudissements.

Enfin, c'est le film.

Heureusement que le public ne nous voit pas ! Comme tous les soirs, c'est trop bête, nous nous laissons reprendre par l'émotion de revoir les enfants, leurs souffrances indescriptibles et cette joie éclatante retrouvée.

Demain, nous repartirons pour ces découvertes extraordinaires : les moutons et les champs de colza chez Michel, la neige sur les montagnes de Suisse, les cerises dont on se gave dans les arbres, toutes ces choses que nous ne connaissons pas là-bas !

26 juillet

Un peu groggy, nous venons d'arriver au Centre qui nous a préparé une belle fête.

Tous les enfants se précipitent sur nous : Sinoun, Srey Chie, Sophay, Sinè, Pisey… Tous !

Quelle joie de les retrouver !

Pendant notre absence, Gérard a bien tenu la barre.

Mais il n'y a pas de temps à perdre : il faut déjà penser à organiser les camps d'été qui commencent dans trois jours avec 17 jeunes qui arrivent d'Europe.

18 septembre

Le Centre a retrouvé son quotidien. Mais quelle masse impressionnante d'enfants, cette année ! Avec ceux de l'étude, cela fait plus de 500 !

Dans notre bureau, c'est la reprise du tourbillon habituel des visites, des réunions, des entretiens, des dossiers, des problèmes administratifs…

Et puis, nous retrouvons le défilé quotidien des mamans et des enfants avec leur flot de misères.

Combien de fois devons-nous sortir un moment pour respirer ou nous empêcher de hurler ou de pleurer !

Hier, ça a été cette peur insupportable et cette bagarre de deux jours pour retrouver Pheng Ly et Kim Hieng, nos deux fillettes enlevées par une moto, avec la terrible pensée des trafics d'enfants vers la Thaïlande et de ces taudis découverts il y a peu, avec des enfants attachés sur des lits sordides…

Aujourd'hui, ce sont ce sont Srey Nieng et Srey Touch dont on raconte l'histoire plus loin.

Et Dali, poursuivie par son père qui veut la retirer de l'école pour servir d'esclave à sa énième compagne.

Et Srey Leak, vendue par son père dans un karaoké-bordel, et la famille de Srey Mao qui n'a plus rien à manger.

Et puis notre si jolie Kanha Davy, 12 ans, que sa propre mère avait décidé de vendre pour la prostitution.

Et puis Thiery, cette belle fille de 17 ans qui n'en pouvait plus d'être pauvre et qui s'est laissé tenter par les mirages des gains faciles du soir chez de riches clients d'une boîte à la mode et qui, après une longue et difficile discussion avec nous, a fini par s'effondrer : « *De toute façon, maintenant, c'est trop tard, ma vie est fichue.* »

Et puis Samoeun, qui vient de mourir du sida, abandonnée après une pauvre vie d'esclave. Elle avait 25 ans…

Et puis…, et puis…

Alors, on a besoin d'aller faire le tour des classes et de voir tous ces enfants, heureux d'être là et travaillant si bien.

Ceux-là, il faut absolument arriver à les sortir de là !

Sous la paillote de la décharge…

Il a plu cette nuit. La route principale qui mène à la décharge ressemble à un immense bain de boue difficilement praticable, surtout à moto. Les odeurs qui s'échappent sont écœurantes et vous prennent à la gorge Comme chaque matin, M. Meas Chân, le directeur du Centre, et sa femme parviennent à se frayer un chemin en moto pour apporter la viande et les légumes qui seront ajoutés au riz cuit sur place pour le repas du matin. Il est 6 h 15, les enfants sont déjà là et vont, par petits groupes, prendre leur douche à la pompe. Une fois lavés, ils se mettent en file indienne, sagement, du plus petit au plus grand, et attendant la distribution du repas.

« Aujourd'hui, ils sont 205 », annonce le directeur qui vient de les compter.

Parallèlement, les enfants malades ou blessés viennent se faire soigner par l'infirmier présent tous les matins. Les mouches qui envahissent la paillote rendent les soins difficiles.

Un petit gamin cherche en vain une blessure à se faire soigner. En réalité, c'est avant tout un peu d'attention et d'affection qu'il recherche. Il finit par trouver une égratignure sur le bras, que bien sûr nous soignons comme il se doit : le sourire de l'enfant est proportionnel à la taille du pansement qu'on lui mettra !

La paillote est, avant tout, un lieu clef de rencontre avec les enfants, qui nous permet de déceler les problèmes de chacun, qu'ils soient d'ordre familial ou médical.

Aujourd'hui, un nouveau problème se pose : le propriétaire du terrain qui, jusqu'alors, nous prêtait gratuitement la surface nécessaire à l'installation de la paillote, envisage de vendre…

Un an pour les enfants : Marie de la Simone

Il est toujours très réconfortant de voir des jeunes venir se consacrer aux plus pauvres avec la même énergie et la même conscience professionnelle que s'ils étaient salariés.

Ingénieure, Marie est venue apporter sa bonne humeur et sa compétence dans de multiples domaines. Nous en usons et en abusons. Qui doute de la jeunesse de notre pays ?

Journée des familles

La journée des familles a permis de réunir les parents des élèves (ou ce qu'il en reste) pour leur présenter le Centre et ses objectifs, ainsi qu'un certain nombre de thèmes clefs comme les Droits de l'enfant et le rôle de la famille, thèmes trop souvent bafoués au quotidien.

Camps d'été

Comme chaque année maintenant, au mois d'août, ont eu lieu les camps d'été, que nous avons mis en place dès le départ.

Une vingtaine de jeunes et moins jeunes sont venus de toutes les régions de France, pour animer ces camps, organisant, par sessions d'une semaine, des activités très variées : piscine (gratuite pour les enfants), veillées, activités de groupe, fabrication de cerfs-volants, improvisations théâtrales, olympiades, etc.

Le Centre s'est transformé en un immense espace de jeux où les enfants, radieux, n'ont pas quitté leur sourire un seul jour. Un grand coup de chapeau à tous les animateurs !

Ces camps étaient dédiés à Hélène Fagalde, venue en animatrice l'an dernier et qui est sûrement, aujourd'hui, l'ambassadrice des enfants au ciel.

Angkor, voyage de fin d'année

C'est une première cette année : 13 enfants du niveau 9 (équivalent de la 3e en France), sont allés une semaine à Siem Reap, ville voisine des temples d'Angkor, accompagnés de quatre professeurs.

Plus qu'une simple visite des temples, berceau de leur culture, ce voyage a été l'occasion de faire découvrir à ces enfants qui, pour la plupart, ne connaissent du Cambodge que la décharge et ses environs, un certain nombre de programmes qui leur ont ouvert les yeux sur des métiers dont ils n'avaient pas idée (formation des paysans locaux à la diversification de la culture, métiers du bâtiment, métallerie, sculpture sur bois et sur pierre, métiers de la soie, déminage, etc.). Important pour nos grands qui vont bientôt se retrouver dans la vie.

Srey Nieng, 13 ans, Srey Touch, 15 ans

Nous vivons avec notre maman, nos deux sœurs et notre frère dans une paillote près de la décharge. Notre maman est veuve et sans protection. Samedi, un oncle qui habite la cabane d'à côté est rentré saoul. Il était très agressif, a commencé à nous insulter, nous traitant de prostituées. Quand nous avons voulu réagir et nous défendre contre ses insultes, il est rentré dans une énorme colère, a cassé la porte de la paillote et nous a frappées comme un fou : j'ai le visage tout gonflé et tout bleu autour de l'œil ; ma sœur a le bras enflé et maman a été battue à la tête et saigne beaucoup. Notre oncle nous a menacées de nous tuer si nous parlions mais, en nous cachant, nous sommes venues au Centre, voir Papy. Il est tout de suite parti dans le village avec le gardien du Centre mais, bien sûr, notre oncle s'était déjà enfui loin.

Le lendemain, nous avons convoqué toute la famille au Centre et fait promettre par écrit à notre oncle qu'il ne nous frapperait plus, mais nous ne lui faisons pas

> *confiance et n'osons pas ressortir du Centre car il a juré qu'il nous tuerait. Papy et Mamie vont essayer de nous trouver une maison plus loin de lui.*

Nos enfants : Marie

Elle n'avait pas de nom, on l'appelait la handicapée. On ne sait pas son âge. Peut-être 3 ans, ou 4 ?...

Elle a un visage d'ange et un sourire qui est une pure merveille.

Un jour, Leakhéna a rencontré une femme qui voulait la « jeter ». Elle l'avait achetée 10 dollars (pour mendier avec elle ?). Et maintenant, elle n'en voulait plus... Leakhéna, sans même réfléchir, lui a dit qu'elle la prenait. *« Oui, mais maintenant, ce n'est plus 10, c'est 30 dollars à cause de l'argent que j'ai dépensé pour elle... »*

Nous l'avons « achetée » 30 dollars.

Au bout de quelques jours, Leakhéna et son équipe lui ont donné son nom : Marie.

On ne sait pas trop d'où vient son handicap. tentative d'avortement ? prématurité ? maltraitance ?... On sait juste, sans la connaître, que la maman avait 16 ans et que le père l'avait abandonnée. Toujours est-il que Marie a un problème cérébro-spinal et qu'elle ne coordonne pas ses gestes. Elle n'arrive pas à porter quelque chose à sa bouche – et s'en agace – ne se tient pas assise, sa tête dodeline comme celle d'une poupée de chiffon et elle ne marchera probablement jamais.

Notre responsable santé, et vice-présidente, Marie-Annick Maspoli, nous a demandé de filmer Marie dans toutes les positions possibles, afin d'évaluer son handicap. Avec son équipe de spécialistes, elle a étudié attentivement ses mouvements, ce qu'elle pouvait faire et ce qu'elle n'arrivait pas à faire.

Et la vie de Marie a commencé à changer depuis que Marie-Annick, avec son équipe, lui a fabriqué un siège-coquille qui lui permet la position assise. Depuis, Marie peut jouer avec les autres enfants du Centre de nutrition. Elle a même fait des progrès, elle tient mieux sa tête et ses mains arrivent maintenant à sa bouche. Marie-Annick nous a aussi envoyé un film d'une petite Salomé française qui a le même handicap, pour expliquer aux personnes qui s'occupent de Marie comment la tenir, quels exercices lui faire faire pour qu'elle progresse un peu. Mais il ne faut quand même pas se faire trop d'illusions, nous a prévenus Marie-Annick…

Un des grands bonheurs de Marie, c'est, le soir à 5 heures, à l'heure où ferme le Centre de nutrition, de venir, dans les bras de Leakhéna, de Sinoun ou de Sokuntheary, chercher le petit gâteau donné par Papy. Elle ne parle pas encore mais sait très bien montrer le placard où se trouvent les biscuits, avec un sourire à vous faire courir au bout de la terre quand Papy quitte son bureau pour aller chercher ledit gâteau.

2000

MARS

Formation professionnelle : aller plus loin dans notre action

Voici bientôt quatre ans que l'association a ouvert ses portes. Jusqu'à présent, tous les efforts, en dehors des soins élémentaires et de la nourriture, portaient sur le rattrapage scolaire des enfants, première urgence pour donner aux chiffonniers un espoir d'avenir.

Aujourd'hui, le programme ne peut pas être complet tant que les enfants ne sont pas préparés à un métier les tirant définitivement de la misère. En effet, nous nous apercevons que nos jeunes qui ont passé leur brevet, se retrouvent sur la décharge, parce qu'ils ne trouvent pas de travail. La seule solution est de leur enseigner un métier : or, actuellement, il n'existe pas grand-chose dans ce domaine.

Alors, nous décidons de nous y mettre !

Depuis le mois de septembre, la formation professionnelle est donc devenue une priorité.

Pour être sûrs de viser juste, nous effectuons une étude qui permettra de sonder le marché du travail (besoins actuels, besoins futurs, secteurs porteurs, voies saturées, attentes et exigences des industriels), de recenser les formations existantes et d'en déduire précisément les formations manquantes que nous voulons développer.

Un défi complexe qu'il faut relever et faire aboutir très rapidement. De cela dépend l'avenir de nos enfants.

Depuis la rentrée scolaire, une explosion d'activités

Sous le regard attentif des 440 élèves du Centre, le drapeau vient d'être monté. Comment imaginer, derrière ces uniformes bleus et blancs bien rangés, et ces sourires resplendissants, la vie de ces enfants chiffonniers, issus de familles complètement déstructurées par toutes ces années de guerre ? Exploités par leurs parents, souvent violentés et maltraités, ces enfants survivent sans repères. Projetés de force dans le monde des adultes, ils n'ont jamais goûté à l'insouciance de l'enfance.

Leur donner accès à l'éducation, aux soins et à la nourriture ; leur faire rattraper leur retard scolaire grâce à un enseignement intensif et adapté (deux années en une) : c'est la première mission du Centre.

Mais il faut aussi leur apporter ce qu'ils ne peuvent trouver dans leur environnement familial et social actuel. C'est le rôle des activités extrascolaires qui ont une triple vocation :

– éviter que les enfants ne retournent travailler sur la décharge lorsqu'ils n'ont pas cours ;

– favoriser leur épanouissement physique, psychologique, intellectuel et moral au travers de nombreuses activités ;

– par le jeu, promouvoir des valeurs fondamentales telles que le respect de l'autre, l'entraide, la solidarité, le respect des règles.

Depuis plusieurs mois, le nombre des bénévoles qui s'investissent au Centre ne cesse d'augmenter. C'est grâce à leur dynamisme et à leur motivation, qu'un tel panel d'activités existe aujourd'hui :

– les Scouts de 13-14 ans avec François, jeune séminariste dynamique, le mercredi après-midi ;

– les **Scouts de 16-18 ans,** avec Gwénola, François, Yann et Guilhem, le samedi : deux groupes qui, à travers sorties, jeux, sport, moments de discussions…, préparent ensemble leur avenir ;

– basket une fois par semaine : nos filles, entraînées par leur professeur de sport, joueuse de l'équipe nationale, travaillent de nouvelles stratégies pour battre l'équipe du lycée public de Stung Meanchey lors de leur prochaine rencontre ;

– danse : sous l'œil attentif de Mme Keo Chanthân, nos jeunes filles redécouvrent la richesse de leur héritage culturel. Une nouvelle façon de s'exprimer pleinement ;

– guides : un groupe avec Mlle Ny, et l'autre avec Gwénola et Capucine, encadrent une quarantaine de filles – découverte du pays, discussions de groupes, activités artistiques, etc. ;

– volley-ball : un des sports les plus pratiqués au Cambodge… Venez admirer la détente, la maîtrise et la détermination de nos jeunes joueurs lors des rencontres inter-écoles ;

– **théâtre :** avec M. Bak Sambol pour faire passer, par le rire, des messages forts sur les Droits de l'enfant et sur le respect des autres ;

– **arts plastiques :** masques, dessins, découpages et collages, fabrication de marionnettes… Vingt garçons de 12 ans, donnent ainsi vie à leurs rêves, avec Clémentine et Éric ;

– **musique :** musique traditionnelle avec M. Bak Sambol ou découverte du solfège avec le père Omer ;

– **rugby :** grâce à Yann, une vingtaine de garçons se sont lancés dans l'un des sports d'équipe les plus complets.

Kim Hieng, 16 ans, et sa sœur Pheng Ly, 13 ans

Je m'appelle Pheng Ly. Je vis avec ma sœur et mes trois demi-frères et sœurs, chez mon père et ma belle-mère. Nous sommes chiffonnières. Mon père nous frappe parfois brutalement et nous traite plus mal que nos demi-frères et sœurs. Je sais que c'est parce que nous sommes les enfants de son premier mariage et que nous ne faisons pas vraiment partie de sa nouvelle famille. Notre véritable mère est prostituée. Elle a des dettes et ne peut pas les rembourser.

Un jour, elle a décidé de nous enlever toutes les deux. On m'a fait sortir de chez moi en prétextant qu'il fallait que j'aille couper du bois. En fait, c'était un piège et une mototaxi m'attendait pour m'enlever. Il m'a frappée pour m'emmener.

Papy et Mamie étaient très inquiets car ils ne savaient pas où nous étions. Ils ont fait une enquête pour nous retrouver. Le deuxième mari de notre vraie maman leur a dit que nous étions parties pour Poipet, une ville de la frontière nord et que nous allions être vendues en Thaïlande pour la prostitution. Notre mère avait besoin d'argent pour rembourser ses dettes.

Papy et Mamie ont eu très peur et ils ont immédiatement contacté la police en promettant une prime, et une organisation qu'ils connaissaient dans cette ville, pour nous retrouver. Heureusement, la police nous a retrouvées très vite, car nous n'étions pas encore parties. Notre mère nous cachait dans le quartier des prostituées en attendant, mais la police qui avait été prévenue, est venue en pleine nuit nous récupérer.

Depuis, Papy et Mamie nous ont prises comme pensionnaires au Centre.

AVRIL

Trois cents enfants chiffonniers scolarisés par notre Centre dans les écoles publiques de Phnom-Penh

La mission première du Centre est de donner aux enfants chiffonniers accès à l'éducation.

Pour les enfants les plus en retard, le Centre dispense un enseignement intensif et adapté (deux années en une) qui leur permet de combler rapidement ce retard.

Pour ceux qui ont peu de retard, le Centre a mis en place un programme de scolarisation extérieure, dirigé par Mlle Ny, pour les aider à intégrer les écoles publiques.

Ils reçoivent du Centre un soutien financier pour payer leurs frais de scolarisation (inscriptions, cours privés, uniformes, fournitures scolaires, feuilles d'examens, etc.).

Mais l'école primaire cambodgienne étant à mi-temps, les familles renvoient les enfants travailler dans la décharge l'autre partie de la journée. Pour éviter cela, nous compensons le manque à gagner correspondant à une journée complète, mais exigeons la présence de l'enfant au Centre l'autre demi-journée. Il y bénéficie d'un soutien scolaire, de deux repas, de la douche, etc. Il est alors dans des conditions de réussite. C'est ce que nous avons appelé le programme « Étude ».

Nous attachons beaucoup d'importance à ce programme que nous allons chercher à développer dans les mois prochains.

Depuis septembre, les écoles du quartier, déjà surchargées, ont dû ouvrir leurs portes à plusieurs centaines de nos enfants chiffonniers. Or, comment continuer ce programme si les écoles du quartier n'ont pas la capacité d'accueillir les enfants que nous allons leur envoyer ?

Grâce à un don extrêmement généreux d'une personne qui a tenu à rester anonyme, huit nouvelles salles de classe vont être construites dans une école du quartier et quatre dans une autre.

Cela devrait nous permettre de retirer de la décharge encore plus d'enfants chiffonniers et de leur donner accès à l'éducation, première étape pour les sortir de la misère et leur offrir un avenir.

Sideth, 11 ans

Je m'appelle Sideth. Je suis née l'année du Naga. Mon père est un ancien militaire. Après avoir sauté sur une mine, il n'a plus qu'une jambe. Les médicaments pour le soigner étaient très chers et mes parents ont dû vendre leur rizière. On est venus habiter à Phnom-Penh dans une paillote en bois et en carton, juste à côté de la décharge de Stung Meanchey. Dès notre arrivée, mon père m'a envoyée sur la décharge avec mon frère aîné. Mes quatre petits frères, eux, étaient à la maison avec ma mère qui restait presque toujours allongée tellement elle était fatiguée. Pour gagner de l'argent, il fallait travailler très dur, sans s'arrêter et sans se plaindre. Les plus grands chiffonniers me battaient pour me voler les détritus les plus chers que j'avais trouvés, ou pour me chasser de « leur territoire ». Je travaillais le plus possible mais je ne gagnais que 5 000 à 10 000 riels par mois (environ 2 dollars). Avec cet argent, on ne pouvait pas acheter le riz pour toute la famille alors, un jour, mon père a décidé de m'emmener mendier à Phnom-Penh. Il m'a dit de prendre avec moi Rasmey, mon petit frère de 6 mois qui n'a qu'un bras. Une fois arrivés au centre de la capitale, il est parti et nous a laissés tout seuls. Je marchais sans m'arrêter en portant Rasmey sur la hanche et demandais des riels aux personnes qui passaient dans la rue. Rasmey était lourd et, quelquefois, j'étais obligée de le poser par terre tellement je n'avais plus de force, pourtant j'aurais tellement voulu le garder toujours dans mes bras… Nous n'avions rien à manger, rien à boire, juste un peu de riz lorsque j'avais assez d'argent. Mon petit frère avait très faim et n'arrêtait pas de pleurer. Pour le nourrir, je devais mâcher le riz en premier et le lui donner ensuite. On dormait par terre, sans natte, devant les grosses maisons des gens riches. Les moustiques nous piquaient et nous empêchaient de dormir, alors j'enlevais ma chemise pour protéger Rasmey et je le serrais très fort contre moi.

Mon père venait uniquement pour prendre l'argent que j'avais mendié et me donnait des coups quand il n'y en avait pas assez. Il achetait de l'alcool et je sais que, souvent, il rentrait ivre à la maison et qu'il frappait ma mère.

Plusieurs fois, il m'a renvoyée sur la décharge et il « louait » très cher mon petit frère à des personnes qui voulaient mendier avec lui dans la rue parce qu'il n'avait qu'un bras.

Le travail de chiffonnière est fatigant mais, au moins, là, personne ne m'insultait. Dans la rue, les gens étaient méchants, ils ne me disaient que des injures, j'étais très triste.

Aujourd'hui, je vis avec Papy et Mamie au Centre. Ici, j'ai de nouvelles amies, je mange bien et j'apprends plein de choses. Maintenant ma mère est toute seule, mon père est parti depuis dix jours sans nous dire où il allait. Papy et Mamie sont en train de discuter avec elle pour qu'elle quitte la décharge.

Le Centre en perpétuel changement...

Depuis le mois de septembre, les travaux dans le Centre n'arrêtent pas. On a même du mal à le reconnaître avec ses nouveaux bâtiments, sa nouvelle infirmerie et sa superbe salle polyvalente...

Ce ne sont là que quelques exemples de chantiers achevés mais beaucoup d'autres sont en cours ou sont programmés pour les prochains mois. Le Centre accueille aujourd'hui près de 450 élèves et, avec un tel chiffre, c'est son organisation dans sa globalité qu'il faut retravailler chaque jour. Cela signifie construire de nouveaux bâtiments pour pouvoir scolariser le plus possible d'enfants de la décharge en très grand retard scolaire mais, aussi, entretenir, améliorer et agrandir les infrastructures existantes. Les gros chantiers sont effectués par des entrepreneurs professionnels sous le contrôle de notre responsable des travaux, Yvon, arrivé au Centre depuis 1 an.

À la tête de l'équipe Entretien et Gardiennage (8 employés khmers dont 4 permanents et 4 « tournants»), il supervise également tout le travail qui rend le Centre si agréable à vivre au quotidien : peinture des bâtiments, électricité, maintenance des véhicules...

Aucun moment de relâche ne lui est autorisé et c'est toujours en gardant sa bonne humeur qu'il règle avec efficacité les problèmes du jour. Son investissement est loin de se cantonner aux travaux. Passionné de foot, il entraîne chaque semaine une vingtaine de jeunes du Centre.

Présent dans les instants difficiles, acteur des moments de fêtes et de rire, Yvon est autant apprécié du personnel khmer que des 450 enfants du Centre. Bravo Yvon, le Breton !

NOVEMBRE

La tournée

Notre traditionnel tour de France a comporté, cette année, cinquante-deux étapes, avec nos filles Srey Nga et Leakhéna, que vous connaissez, mais, aussi, d'une autre Leakhéna, dite « la Grande ». Pour arriver jusqu'au bout de ce marathon, nos drogues à nous, ce furent le gros travail des organisateurs, la gentillesse de votre accueil et votre générosité. Et puis, c'était tellement bon de vous retrouver tous, et de nous savoir si soutenus à l'arrière.

Le résultat a battu tous les records : plus de 450 parrainages nouveaux, ce qui nous a fait passer le cap des

1 000 ! Quelle merveilleuse nouvelle pour ceux qui participent au programme mais, surtout, quel soulagement pour tous ceux qui, ici, angoissaient pour répondre aux longues listes d'attente !

Dans l'enthousiasme de ces résultats, nous avons même, il faut vous l'avouer, anticipé sur les générosités à venir…

Et la rentrée…

Le 11 septembre, le Centre ouvre ses portes pour une nouvelle année scolaire. Quinze jours sont nécessaires pour être prêts. Du côté des élèves, ils sont consacrés aux révisions et évaluations de niveau ; du côté de la direction, on peaufine les emplois du temps, on recrute les professeurs manquants, on accueille les nouveaux volontaires… Une semaine de vacances accordée aux écoliers pour la traditionnelle Fête des Morts, puis c'est la vraie rentrée, celle où les classes changent et où chaque enfant se sent plus vieux et plus important.

Quelles sont les nouveautés de cette année ?

– La formation professionnelle ouvre déjà une classe de secrétariat bilingue…

– Un bâtiment, que nous finançons, est en construction à l'école publique de notre commune…

– D'ores et déjà, deux nouvelles classes de niveau 1 (CP) vont voir le jour, permettant ainsi l'éducation de 70 enfants supplémentaires…

Et ce n'est qu'un début…

Un mot du Dr Xavier Emmanuelli

Je tenais, à mon retour de Phnom-Penh, à vous dire combien nous avions apprécié les moments inoubliables passés auprès de vous. La découverte de l'œuvre magnifique que vous avez réalisée ensemble, le chemin que vous avez réussi à parcourir, l'étendue de votre action, la justesse de vos réflexions et l'énorme motivation qui vous anime, nous ont tous vivement impressionnés.

Nous avons quitté votre site émerveillés, et je voulais vous le dire.

2001

FÉVRIER

L'association à l'honneur

Il ne viendrait, bien sûr, à aucun d'entre nous, à l'arrière comme sur le terrain, l'idée de travailler pour les enfants afin d'en récolter quelques lauriers que ce soit. Mais nous avons au moins deux raisons de nous réjouir des événements que nous venons de vivre.

Cette reconnaissance officielle du travail que nous effectuons tous devrait nous permettre, en France, de rassurer des financeurs, ou des soutiens éventuels à notre association qui est encore peu connue.

Sur le terrain, où notre lutte pour défendre les droits élémentaires des enfants provoque, bien sûr, de l'animosité et des menaces (de mort parfois), de la part des exploiteurs de ces mêmes enfants, cette reconnaissance nous donnera plus de poids.

20 novembre 2000 :
prix des Droits de l'Homme

Bernard Colcomb, notre président, nous prévient qu'il a reçu un courrier de Matignon lui annonçant la sélection de PSE pour le prix des Droits de l'Homme 2000 de la République française. Ce prix est attribué annuellement à cinq associations dans le monde.

Peu de temps après, notre ambassadeur à Phnom-Penh nous téléphone : *« … ce n'est pas rien, vous savez ! »*

Marie-France ira recevoir ce prix, le 12 décembre, des mains du premier ministre. Voyage éclair à Paris pour une cérémonie quand même impressionnante. Très émue, Marie-France nous a dit avoir pensé, à ce moment-là, à tout le travail fait à l'arrière par vous tous et aussi à toute l'équipe cambodgienne engagée jusqu'au cou, avec nous, dans cette lutte pour les enfants, avec tous les risques que cela comporte.

L'annonce de ce prix est venue jusqu'au Cambodge et jusqu'au couple royal, le roi Sihanouk et la reine Monineath qui, à cette occasion, nous ont longuement reçus au palais royal avec notre ambassadeur. Mais la grande surprise pour tout le Centre est venue après…

Mercredi 10 janvier 2001 :
un conte de fées pour nos enfants

Dans le brouhaha habituel du bureau, Sam Ol, avec son perpétuel et merveilleux sourire, tend le téléphone à Christian : « *C'est le vice-premier ministre qui voudrait vous parler !* »

Réponse goguenarde de Christian, incrédule : « *Arrête de rigoler, qui est-ce ? – Mais si, c'est vrai !* »

« *La reine voudrait visiter votre Centre, demain* », assure notre interlocuteur.

Branle-bas de combat et multiples blagues dans le bureau.

« *Est-ce qu'on dit "Altesse" ou "Majesté" ; est-ce qu'il faut faire la révérence, le baisemain ou le salut khmer ?* » s'inquiètent nos jeunes bénévoles expatriés.

Quelle tenue mettre ? À tout hasard, Christian appelle la chef du protocole au palais royal : « *Non, non, en toute simplicité ! La reine veut voir votre Centre en plein travail.* »

Mais, pour des raisons de sécurité, il faut garder la visite secrète.

Difficile de garder le secret, quand tout un apanage de responsables et une quarantaine de gardes du corps commencent à investir le Centre en fouillant les moindres recoins, en passant à la « poêle à frire » détectrice de mines tous les pots de fleurs de Marie-France et en nous installant un trône et une estrade « de campagne »...

Le lendemain après-midi, malgré une apparence de grand calme, règne une tension perceptible : c'est quand même la reine, avec son incontestable prestige, qui vient nous voir !

Sur notre petite route, dans un tourbillon de poussière, c'est l'arrivée des motards, suivis des voitures officielles. Celle de la reine s'arrête devant le portail.

Nous sommes tous impressionnés par sa beauté et sa prestance, mélange de simplicité et d'une grande dignité.

Faute de pouvoir la lui faire visiter, nous lui présentons d'abord, par un petit film, la décharge et le travail qu'y effectuent les enfants. Elle nous fait part de sa souffrance devant tant de malheur. Consacrant sa vie à l'action caritative, elle ressent une grande impuissance devant l'immensité des besoins, surtout après les graves inondations des derniers mois qui ont jeté tant de familles dans la misère absolue.

Beaucoup de nos enfants la connaissent car, chaque année, elle tient à recevoir, au palais, les enfants les plus défavorisés de Phnom-Penh.

Puis, c'est la visite détaillée de tout le Centre, pendant laquelle la reine nous pose de multiples questions et discute avec les enfants dans leurs classes.

Et maintenant, la réunion avec les 1 400 enfants sous le grand préau. Émerveillés, ils lui font une ovation impressionnante. On sent qu'elle les aime et ils le lui rendent bien.

Pas de discours officiels. Nous avons tenu à ce que les enfants accueillent eux-mêmes leur reine : danse de bienvenue par cinq de nos petites danseuses et mot d'accueil par la grande Leakhéna, exprimant leur émotion de voir qu'elle s'intéresse à eux, les plus petits.

Alors, c'est le vrai conte de fées. La fée est venue avec des cadeaux pour chacun, qu'elle distribue elle-même.

En plus des 15 tonnes de riz données pour le Centre, chaque enfant, chaque membre du personnel et nous-mêmes, recevons un cadeau personnalisé, avec beaucoup d'attention et de gentillesse. En plus de vêtements, les enfants ont, dans leur colis, cahiers, stylos, bonbons et gâteaux.

Au moment de son départ, on réalise qu'incontestablement le Centre vient de vivre une journée de rêve.

Quand on sème...

On pourrait croire que le courant de solidarité qui s'est créé auprès des enfants, c'est un courant à sens unique et définitif. Les enfants reçoivent votre aide à tous, l'affection de beaucoup et y trouvent une grande joie. Il y aurait déjà de quoi tellement se réjouir.

Mais de multiples signes se font jour partout dans le Centre, comme des jeunes pousses d'un champ fraîchement ensemencé.

Il y a ce groupe de jeunes qui vont régulièrement visiter et apporter du réconfort aux mourants du sida chez les sœurs de Mère Térésa ou dans les hôpitaux...

Il y a ces petites filles qui reçoivent, chaque dimanche, un groupe de plus petits de la décharge, pour les faire jouer et leur apprendre à donner, en accueillant parmi eux des enfants avec un handicap mental...

Il y a cette attention extraordinaire et toujours étonnante les uns envers les autres quand l'un d'entre eux est malade. Pheng Ly et Lieng Teng, s'occupant de Sophie, gravement asthmatique ; Srey Nieng veillant sur Srey Nga, momentanément paralysée ; Viesna, tenant la main de Ratha, si malade, et Srey Chie veillant maternellement sur Dana à qui trop de misère et de maltraitance ont fait perdre la tête, etc.

Il y a ces familles que ces enfants qui n'en ont pas se reconstituent ici d'eux-mêmes, en s'engageant, vis-à-vis des plus petits, à les prendre en protection et à être leurs grandes sœurs ou leurs grands frères...

Il y a tout ce souci permanent des enfants d'aider ceux qui souffrent le plus, ou leur famille en détresse...

Il y a toutes ces sommes offertes par le personnel khmer, M. Mo, notre jeune directeur, Mlle Ny et Mme Savy, responsables au Centre, quand on sait les difficultés de la vie ici…

Cette petite fille extrêmement pauvre, qui rapporte au bureau les 72 dollars trouvés par terre…

Il y a ce groupe de réflexion de jeunes de 12-13 ans, tellement désireux de changer ce monde actuellement si cassé…

Il y a aussi cette obstination des enfants à ne pas en vouloir à leurs parents pourtant indignes…

Oui, il se passe vraiment quelque chose dans notre Centre !

Et si notre action, démultipliée, dépassait, de beaucoup, les 1 400 enfants actuellement aidés…

Quand on sème…, quand on s'aime…

MARS

Nos enfants : de victoire en victoire !

Une réussite scolaire étonnante, une santé pleinement retrouvée… Les enfants remportent aussi des lauriers sur tous les terrains de sport, volley, basket, athlétisme, rugby !

Formation professionnelle : le grand chantier…

Sur l'ancienne rizière qui jouxte notre Centre, c'est un défilé de vieux camions qui déversent des tonnes de terre, pendant qu'un bulldozer l'étale. Ici, avant d'envisager la moindre construction, il faut remblayer d'au moins 60 à 70 centimètres.

Après cela, il va falloir penser clôture, empierrement, drainage, écoulement des eaux, forage de puits, alimentation électrique ou générateur, etc.

Pendant ce temps-là, au bureau, sous la direction de Philippe Gautier, on élabore des plans de masse, des bâtiments, des budgets, des dossiers de financement, des cahiers des charges, des appels d'offres…

Le défi de cette année est considérable et urgent. Le nombre d'élèves ayant terminé le cycle prévu de leur scolarité ne fait qu'augmenter. Cela représente déjà un bon nombre d'enfants auxquels il faut absolument donner une formation à un métier.

Avec l'équipe que nous avons ici et votre soutien à tous, nous allons relever ce nouveau défi.

Alors, nous fonçons !

Crime contre l'humanité

Le cerveau humain, ou du moins le mien, est ainsi fait qu'il a du mal à appréhender certaines informations, les plus terribles soient-elles.

Que des milliers d'enfants soient en train de mourir dans tel ou tel pays, pour telle ou telle raison, que des milliers d'entre eux soient réduits à l'esclavage de la prostitution au Cambodge, bien sûr, cette information m'attriste. Mais il m'est difficile de réaliser vraiment ce que cela représente et, hélas, cela ne provoque pas suffisamment en moi l'envie de réagir et de m'engager.

Par contre, si en vivant quotidiennement avec eux, vous connaissez si bien des enfants qu'ils deviennent comme les vôtres, alors les mêmes situations deviennent brutalement insupportables.

Pour les avoir connues simplement un soir où elles ont dansé pour vous, qui d'entre vous ne réagirait pas déjà à l'annonce d'un problème grave chez Srey Nga ou Leakhéna ?

Alors, si vous aviez vécu avec elles depuis cinq ans..., comme nous ici avec les 1 200 autres, comme pour nous, sûrement, vous apparaîtraient des injustices intolérables.

Nous sommes avec eux dans un pays et dans un milieu où leur risque d'attraper le sida grandit de jour en jour.

Après une campagne d'éducation et de sensibilisation que nous venons de faire, nous allons commencer les dépistages.

Mais, déjà, nous savons que Phearom est touchée. Et nous avons peur qu'il y en ait d'autres.

En France, le traitement par la trithérapie leur permettrait d'espérer vivre de 7 à 10 ans de plus, le temps aussi, peut-être, d'espérer que, pendant ces sept à dix ans, les progrès de la médecine autorisent le fol espoir de la guérison totale.

Mais ici, les enfants ont le droit de mourir parce que les médicaments coûtent trop cher.

Oh, il ne s'agit pas du coût de fabrication, puisque l'Inde, le Brésil, l'Afrique du sud commencent à les produire pour quarante fois moins cher, ce qui leur vaut un procès de tous nos grands laboratoires qui risquent de ne pouvoir, alors, toucher tranquillement les royalties de leurs brevets.

Comme s'il s'agissait d'une marchandise ordinaire !

Comme s'il ne s'agissait pas de millions de personnes en danger de mort !...

Et ces laboratoires appartiennent à des pays qui se veulent les défenseurs internationaux des droits de l'Homme, et donneurs de leçons !

Ce sont nos pays qui ont mis sur pied les conventions des Droits de l'enfant, et c'est tout à leur honneur !

Mais parmi ces droits, figure en priorité celui à la vie et à l'accès aux soins !

« Les enfants, comment pourrais-je maintenant vous parler sans honte, de ces droits dont nous discutons si souvent ?

« Phearom, nous aurions les moyens de te soigner mais il paraît qu'il faut attendre tranquillement que nous fassions les fabuleux bénéfices prévus avant que ces médicaments brevetés soient tombés dans le domaine public.

« En attendant, nous n'aurons qu'à te regarder mourir ! »

Vous ne connaissez pas Phearom mais je vous assure que nous, nous ne le supporterons pas.

« Nous n'admettrons pas de ne pas faire pour toi ce que nous ferions pour Caroline chez nous. »

Ne faudrait-il pas tous réagir ensemble, crier, hurler ?

Pour un Sourire d'Enfant, qui a reçu le prix des Droits de l'Homme, ne devrait-il pas être en première ligne dans ce combat ?

J'espère qu'un jour, l'histoire jugera cette attitude comme de la non-assistance à personne en danger. Pis, comme un crime contre l'humanité !

OCTOBRE

Formation professionnelle :
Philippe Gautier à la barre !

Notre grand défi pour les deux années à venir est la suite logique de notre programme actuel de re scolarisation des enfants chiffonniers. En effet, pour les sortir définitivement de la misère et les intégrer dans la société, il faut, bien évidemment, leur donner la possibilité d'avoir un métier. Nous utiliserons d'abord tout ce qui existe dans le pays et ne développerons nous-mêmes, que les formations qui manquent ou qui sont insuffisantes.

Une étude que nous avons effectuée auprès des entreprises et des acteurs économiques du pays, est arrivée à la conclusion que les secteurs où l'on peut espérer un développement rapide, sont ceux qui tournent autour du tourisme et spécialement dans la région des temples d'Angkor. Grâce à vous tous, nous avons déjà pu financer les bâtiments d'un petit hôtel-restaurant d'application, de l'école hôtelière, et du complément de la formation mécanique. Il nous reste encore à financer cinq bâtiments : la formation coiffure-esthétique, l'informatique, l'apprentissage des langues, l'école de secrétariat, la cantine et la cuisine des étudiants, une salle polyvalente, la nouvelle installation électrique. Pour tout cela, nous faisons appel à l'imagination et à la mobilisation de tous.

Philippe Gautier

La présence de Philippe, depuis presque un an au Centre, n'est pas un hasard. Philippe est un ami de longue date, avec qui nous partageons la passion de la découverte des hommes, qui, comme nous, l'a fait bourlinguer aux quatre coins du monde.

Membre du conseil d'administration de PSE dès sa mise en route, créateur, avec un ami, de l'association Solidarité, engagée, entre autres, en Afghanistan d'où vient notre fils adoptif Wahed, passionné par l'Asie du Sud-Est, il a tout de suite accepté de quitter ses fonctions de directeur de production dans l'audiovisuel pour développer ce programme de formation professionnelle à PSE.

Pour eux, c'est presque gagné !

Enfants en formation professionnelle : 28

13 couturières, 7 ouvriers à Caritas (mécanique, climatisation, machines à coudre), 3 à Don Bosco (1 en électronique, 1 en imprimerie et 1 en secrétariat), 2 mécaniciens, 2 soudeurs.

Jeunes en stage : 36 (dont 14 à Siem Reap – Angkor).

10 secrétaires, 6 boulangers-pâtissiers, 6 mécaniciens auto, 5 personnes d'entretien, 3 tisserandes, 2 serveurs, 2 cuisiniers, 1 ouvrier, 1 sculpteur.

Jeunes en phase d'intégration au travail : 7 (dont 6 à Siem Reap).

4 personnes d'entretien, 1 mécanicien auto, 1 en service, 1 ouvrier climatisation.

Jeunes qui ont un travail : 21.

9 ouvriers, 4 couturières, 2 aides institutrices maternelles, 2 puéricultrices, 2 mototaxis, 2 cuisiniers.

Quand on se souvient d'où ils viennent…, quelle joie !

DÉCEMBRE

Joyeux Noël !

Tous, ici, professeurs et enfants, avaient eu l'idée de profiter de cette période de fêtes pour vous envoyer un petit cadeau, un dessin, afin de vous dire comme ils sont heureux de ce que vous faites pour eux, de savoir que quelqu'un les aime, là-bas, et qu'ils font maintenant un peu partie de votre famille.

Ils nous ont apporté, pour cela, des milliers de dessins, tous plus beaux les uns que les autres : de jolies maisons en bois, des cœurs entrelacés, de fleurs, de couleurs…, enfin toutes ces choses dont on rêve et qu'on veut offrir.

Mais cela aurait fait dépasser les 20 grammes fatidiques et doublé le prix des timbres. Nous attendrons le printemps pour vous les apporter dans une de nos valises.

Sachez, cependant, toute l'affection qu'il y a derrière, et dont peuvent témoigner toux ceux qui passent ici.

Grâce à vous tous, l'année s'est bien passée.

Si, au milieu des nouvelles un peu moroses de cette fin d'année, nous pouvons vous apporter un peu de notre grand soleil d'ici, alors nous serons très fiers.

Tous se joignent à nous pour vous souhaiter de bonnes fêtes de Noël et de Jour de l'An.

Le Père Noël de la décharge

Il existe un homme extraordinaire !... Si, un jour, vous vous trouvez sur la décharge de Phnom-Penh au lever du jour, vous l'apercevrez sûrement, au loin, dans un spectacle étrange.

En une marche d'approche digne des plus grands équilibristes, chevauchant une petite mobylette en un incroyable moto-cross, passant des diguettes de rizières aux mares croupissantes, glissant, dérapant, enfonçant jusqu'aux moyeux, tombant parfois, se rattrapant de justesse, arrive un homme qui essaie désespérément de maintenir en équilibre, entre ses bras écartés et son guidon, deux énormes marmites.

Non loin de là, sous une paillote pas bien différente de ce que devait être la crèche de Bethléem, des enfants attendent, cuillère à la main.

Quand l'équipage pétaradant arrive au milieu d'eux, dans le regard des enfants, on voit bien que c'est le Père Noël qu'ils attendaient.

Il a, ici, une fidélité incroyable : 362 jours sur 365, depuis des années qu'il travaille avec nous, malade ou pas, fatigué ou pas, que ce soit samedi, dimanche ou jour de fête, sous le déluge ou la chaleur torride, M. Meas Chân n'a jamais manqué son rendez-vous.

Maintenant, détachant les ficelles qui maintenaient les grandes marmites, comme s'il s'agissait d'ouvrir un paquet-cadeau, il les installe sur la table, tandis que les enfants s'alignent pour la distribution du repas.

Le jour de Noël sera un jour comme les autres, ici, car on travaillera sur la décharge.

Mais, grâce à M. Meas Chân et à vous tous qui nous permettez de distribuer ce repas, comme chaque jour, les enfants auront eu leur Père Noël.

La décharge de plus en plus ignoble

Phnom-Penh grandit et la quantité d'ordures rejetées aussi. Mais pas la décharge, qui devient une horrible montagne de plus en plus haute.

Dès que les ordures arrivent, deux vieux bulldozers russes font de dangereuses acrobaties pour les pousser toujours plus haut.

Elles enserrent maintenant notre paillote, infestant les mares et les puits, amenant de plus en plus de mouches sur le groupe des pauvres paillotes de nos chiffonniers.

Du coup, tout le monde est plus ou moins malade...

Les conditions de vie deviennent tellement épouvantables que nous allons essayer d'aider ces familles à se reloger un peu plus loin.

Il y en a une cinquantaine !

Un nouveau programme

Notre objectif est de scolariser les enfants chiffonniers de la décharge.

Mais comment ignorer la situation de la maman, dont dépendent les conditions de vie des enfants, le repas du soir, ceux du samedi et du dimanche, l'habitat, l'hygiène ?...

Elles sont, en fait, inséparables. D'ailleurs, les enfants qui voient souffrir leur maman dans la misère, épuisée, malade, souvent battue, sont si malheureux qu'ils n'arrivent pas à étudier.

Nous avons donc décidé, cette année, de confier à un bénévole la responsabilité d'aider les mamans à améliorer leurs conditions de vie, en imaginant avec elles de petits métiers.

Benoît, aidé de l'équipe sociale, a accepté de se lancer.

Pas facile, ce programme ! Car ces mamans, trop usées, trop résignées, n'ont plus d'idées ni de courage pour entreprendre quoi que ce soit. Il faudrait déjà qu'elles soient mieux nourries et soignées pour reprendre de l'énergie.

Mais Benoît ne désespère pas et a déjà quelques résultats !

Guilhem et ses secrétaires

Cela fait près de deux ans, maintenant, que Guilhem O'Neill est arrivé chez nous comme coopérant de la DCC.

Depuis la rentrée 2000, il a créé, de toutes pièces, une formation de secrétariat bilingue pour 10 de nos plus grands qui venaient de réussir le brevet mais, aussi, la première équipe PSE de rugby, une des premières du Cambodge.

De la décharge à un métier

Navan est l'aînée de sept enfants. Son père est ouvrier de construction mais, tributaire des employeurs qui l'embauchent ou non, il n'a pas de travail tous les jours. La maman est chiffonnière quand il n'y a pas de trop petits à la maison. Les enfants étaient aussi tous chiffonniers jusqu'à ce qu'ils soient scolarisés au Centre ou à l'école de Stung Meanchey.

Mais la famille a besoin du travail de l'aînée. Navan s'est donc arrêtée en fin de niveau 3 (CE2), pour entrer en formation professionnelle. Après un an d'anglais intensif, en fin d'année, Philippe l'a envoyée en stage dans un hôtel de Siem Reap.

Elle qui gagnait 1 500 riels par jour (soit 11,50 dollars par mois), a été embauchée, à la rentrée, au Sofitel d'Angkor, pour 40 dollars. Elle se donne du mal et vient de passer, récemment, à 65 dollars !

Belle histoire, non ?

Notre responsable santé sur le terrain

Marie-Annick Maspoli, médecin pédiatre et membre de notre conseil d'administration, est venue nous rendre visite pendant deux semaines. Elle n'a pas vraiment eu le temps de chômer !...

De rendez-vous en compte rendu, elle a fait le bilan du pôle santé de notre action et établi des protocoles d'accord avec tous nos partenaires à Phnom-Penh (Kantha Bopha, Médecins du Monde, Médecins sans Frontières, Hôpital national pédiatrique, Hôpital Sihanouk, dispensaire de

Stung Meanchey, etc.) pour nous trouver des solutions de soins en fonction des diagnostics.

Marie-Annick a aussi mis sur pied tout un plan d'action pour le sida qui fait des ravages dans les familles de la décharge.

Cette année, après une campagne de prévention au Centre, comme nous en faisons tous les ans, nous pourrons proposer un dépistage car, enfin, grâce à elle, nous avons maintenant accès à des médicaments génériques aux coûts abordables et, donc, la possibilité de soigner !

Sarân et Sarom, 14 mois

Nous avions été appelés d'urgence sur la décharge à la nuit tombée. L'accouchement s'annonçait difficile. Dans la paillote misérable à la pièce unique, la maman geignait sur sa natte. Il fallait l'évacuer immédiatement. Mais l'ambiance était mauvaise. Le mari refusait de venir. Nous avons improvisé un brancard avec des vêtements et des bouts de bois et traversé la décharge pour aller à l'hôpital.

Pendant la nuit, naissaient Sarân et Sarom.

La maman, trop faible, n'avait pas de lait et tous les jours, le grand frère, avant de quitter le Centre, venait chercher les quatorze biberons d'eau bouillie et les quatorze petits sachets de poudre de lait. On ne peut pas déléguer, sans gros risque, la fabrication des biberons aux mamans trop ignorantes de l'hygiène.

Les bagarres ont repris dans la maison. Un soir, dans sa colère, la maman a chassé tous les enfants de la première femme. La misère est tellement dure, insupportable, que, forcément, les nerfs craquent et l'alcool vient pour faire oublier. Nous avons recueilli les enfants en catastrophe.

Puis très vite, la maman, pourtant bien jeune, est morte. Maltraitance, épuisement ?...

Nous avons « salarié » le papa pour qu'il s'occupe des deux petites qu'il amenait quotidiennement à notre Centre de nutrition.

Peu de temps après, lui aussi est mort... du sida. Heureusement, une analyse nous a vite rassurés sur l'état de santé des petites !

N'étant pas vraiment équipés pour accueillir en pensionnaires des tout-petits, nous avons essayé de convaincre une tante de les prendre en charge moyennant salaire. Mais vu l'état dans lequel nous les retrouvions à chaque fois que nous passions et, surtout, suite à d'épouvantables bagarres chez cette tante, nous avons décidé d'agrandir notre famille, déjà conséquente, de pensionnaires.

Ici, tout le monde est attendri et elles ne manquent jamais de petites mamans pour les bains, les repas, les jeux et les bisous...

Mais nous avons eu beaucoup de mal à les faire sourire. Papy avait beau s'escrimer à faire le pitre, mettre son nez rouge, faire des grimaces, elles le regardaient d'un air triste. Depuis quelques jours, ça y est ! Nous avons même entendu le premier éclat de rire !...

2002

MARS

Et ceux qui ne sont pas encore au Centre ?...

Depuis plusieurs années, grâce à vous tous, nous avons pu nourrir et scolariser un grand nombre d'enfants chiffonniers de la décharge de Phnom-Penh. C'était la priorité : dans quelques années, ces enfants-là pourront, grâce à un métier, venir en aide à leurs parents.

Mais notre programme abandonnait à leur sort, dans des conditions épouvantables de sous-nutrition, de logement, d'hygiène, tous les enfants encore trop petits pour être scolarisés.

Depuis l'année dernière, nous lançons donc plusieurs mini-programmes pour les aider, par l'intermédiaire de l'aide à leurs mères : alphabétisation des jeunes mamans et aide au démarrage d'une activité plus lucrative, soutien alimentaire aux enfants en bas âge et aux mamans enceintes ou qui allaitent, infirmerie ambulante pour permettre un meilleur suivi des familles éloignées et, maintenant, aide au relogement.

En effet, il est insupportable de voir des familles habiter sous quelques bouts de chiffons ou de plastique, bien souvent directement sur les ordures, au milieu des mouches, des rats, des vers, des fumées et des odeurs pestilentielles. Bien sûr, dans ces familles, tout le monde est plus ou moins gravement malade…

Ce programme a permis, l'an dernier, de reloger déjà une douzaine de familles. Oh ! ce n'est pas le grand luxe : une simple paillote d'une pièce unique, sur quatre pilotis. Mais c'est en dehors de la décharge, dans un endroit sain où nous avons foré un puits et construit des toilettes. Le paradis ! Il faut voir les sourires des mamans ainsi relogées…

Mais il fallait, malgré tout, conserver le principe de base que nous appliquons depuis le début : on ne donne rien, on échange. Par exemple, le manque à gagner de l'ancien travail des enfants, contre leur scolarisation ; ou bien, dans certains cas d'urgence extrême, du riz contre du travail, etc.

Là aussi, donc, l'acquisition de ce petit terrain et de sa paillote n'est pas gratuite. Une personne de la famille doit venir travailler au Centre pour que la famille devienne propriétaire : couture, travaux d'entretien, cuisine… C'est, bien sûr, quelquefois, un travail-prétexte quand la maman est trop faible.

Et, bien sûr aussi, les familles ne paieront pas la totalité du coût (qui reste secret pour elles), car cela supposerait de trop longs séjours au Centre, qui bloqueraient tout le système pour d'autres.

Mais ces familles auront quand même la dignité d'avoir acquis leur logement par leur travail.

En 2002, nous voulons faire l'acquisition d'un terrain qui pourra loger une petite cinquantaine de familles.

Un beau projet, pour lequel nous avons à trouver un financement de 650 dollars par installation (achat du terrain, construction des toilettes, aménagements divers et forage du puits compris).

Srey Nieng, 14 ans

À l'âge de 10 ans, Srey Nieng a perdu sa mère qu'elle aimait beaucoup. Son père a tout de suite essayé de gagner de l'argent avec elle et l'a mise au travail. Elle n'avait le droit de dormir que de 3 heures à 5 heures du matin.

Puis il l'a envoyée, avec ses quatre petits frères et sœurs, à Phnom-Penh, chez une tante chargée d'en tirer de l'argent. Elle avait déjà vendu une des sœurs à un voisin quand nous les avons connus. Contre une compensation, nous les avons tout de suite scolarisés tous les cinq.

Un jour, le père les a rejoints. Il battait Srey Nieng pour l'obliger à se vendre à un vieil homme pour 3 francs.

Désormais pensionnaire, elle reste traumatisée. Il faut maintenant la déculpabiliser, la rassurer, l'aider à oublier et à retrouver les rires et les jeux de son enfance. Mais là aussi, il faudra du temps.

JUIN

Un merveilleux tour de l'amitié

C'est devenu un rituel : le 2 avril, nous nous envolions de Phnom-Penh avec Leakhéna, Pisey, Bopha et Srey Srâs. Trois d'entre elles découvrent le France pour la première fois.

À l'arrivée, nous retrouvons Nain-Bus, notre camping-car, tout prêt pour le service grâce aux soins efficaces de nos familles et amis. Et le dimanche suivant, c'est déjà le début de la tournée. Nous reprenons notre vie de nomades pour trois mois.

Pour nous, ce sont des moments importants et émouvants de notre vie. Il y a d'abord la route, si belle au printemps. Et puis, surtout, aux étapes, les retrouvailles avec tous ceux qui nous soutiennent.

Nous sommes toujours émerveillés par ce débordement de gentillesse dans l'accueil et, surtout, par l'immense travail effectué dans l'ombre, pour que les salles soient belles, amicales et bien remplies. Quand on imagine ce qu'il faut d'énergie, d'invention, de ténacité, de courage aussi, car on se fait parfois rembarrer…

Ce sont des rencontres toujours très chaleureuses mais aussi toujours trop courtes car il nous faut reprendre notre bâton de pèlerin dès le lendemain.

Enfin, c'est l'émotion de découvrir tous les nouveaux qui s'engagent à nos côtés par leurs dons ou leurs parrainages car nous pensons, bien sûr déjà, à tous ces enfants à qui nous aurons la joie d'annoncer leur sortie de la décharge…

Alors, en leur nom, un très grand merci à tous et à chacun !…

OCTOBRE

Rentrée : les 700 nouveaux. Quelle joie !

30 juillet

Demain soir, nous repartons pour Phnom-Penh. Déjà quatre mois que nous sommes en France ! Ici, au camping du bois de Boulogne, PC de notre camping-car Nain-Bus, c'est un peu le stress. Marie-France trône au milieu de toutes les valises, aidée par nos quatre filles, Leakhéna, Pisey, Bopha et Srey Srâs. Il y a tellement de choses à emporter : le matériel acheté ici car introuvable là-bas. Et puis les enfants ont été si gâtées par vous tous qu'on n'arrive plus à faire rentrer la moindre peluche !

1er août, 21 h 30

Quand nous arrivons à Phnom-Penh, il fait nuit depuis longtemps. Le voyage, toujours un peu long, nous a achevés et nous arrivons au Centre sur les rotules…

Comment décrire les cris de joie des enfants qui arrivent de partout, les embrassades, les guirlandes de jasmin, empilées autour de nos cous… Pas question d'aller dormir : on nous assied sur des chaises car les enfants nous ont préparé un spectacle d'accueil. Des chants et de ravissantes danses.

Est-ce la fatigue de la tournée ? du voyage ? l'émotion de revoir tous ces visages aimés ? mais les enfants ont quand même dû être étonnés qu'un spectacle aussi joyeux provoque d'aussi grosses larmes.

Le lendemain, le tourbillon du Centre nous a repris. Quarante-quatre de nos enfants sont dans les derniers jours de préparation au brevet et ça stresse un peu partout ! Puis il faut s'atteler à tous les problèmes d'organisation que suppose l'accueil des nouveaux enfants prévus : embauches des nouveaux professeurs, séminaire de rentrée, finalisation du budget, emplois du temps, répartition des classes, entretiens individuels, objectifs et salaires du personnel pour l'année, nouveaux organigrammes, etc.

28 août

Résultats du brevet : 31 reçus sur 44. Plus de 70 % ! Hourrah !

10 septembre

C'est la rentrée. Alignés dans la cour, les enfants sont magnifiques dans leurs uniformes tout neufs, distribués hier. Les sourires sont là, mais le Centre se trouve à l'étroit. Les bâtiments des douches et de la cuisine sont devenus trop petits et il nous manque déjà quatre salles sur les vingt-huit classes du Centre !

30 septembre

450 enfants de plus reprennent, sous l'uniforme PSE, le chemin des écoles de Stung Meanchey, de Phum Russey, de Dombokpos, de Sansamkosal, etc. Il y a donc

maintenant 1 300 enfants en scolarisation extérieure et 2 900 aidés par nos différents programmes !

Pchum Ben

5 octobre

Pchum Ben, c'est la Fête des Morts, la fête la plus importante de l'année. Pendant quinze jours, les âmes des ancêtres vont venir errer parmi les vivants. Il va falloir leur faire des offrandes et des prières par l'intermédiaire des bonzes, afin de leur obtenir des mérites.

Comme tout le monde, nous nous retrouvons à la pagode avec nos pensionnaires, chargés de plats et de riz.

Dans une immense et joyeuse pagaille bon enfant, nous nous mêlons à toute une foule endimanchée et nous affairons à distribuer, dans chacun des bols alignés, une cuillérée des plats apportés pour les bonzes, avant d'aller faire une courte dévotion devant la statue du Bouddha, baguettes d'encens en main, tout en écoutant les sermons des bonzes et en déposant un billet dans le tronc.

Dix minutes après, nous ressortons, la conscience tranquille.

Trouvant nos offrandes, nos ancêtres n'auront, cette année, aucune raison de se fâcher en nous attirant des tas d'ennuis.

Éditorial

Nous savons que, dans beaucoup de régions, vous vous êtes réunis ou vous allez le faire, en début d'année scolaire, pour mettre sur pied une série d'actions au bénéfice des enfants (soirées bols de riz, séances de théâtre, concerts, sensibilisations scolaires et universitaires, manifestations diverses...).

C'est important car il est évident que la recherche de fonds et de parrainages ne doit pas dépendre uniquement de notre tournée, ce qui la rendrait trop fragile.

Mais il faut bien constater que ce genre d'actions, si elles génèrent des dons, nécessaires, n'apportent (sauf en ce qui concerne l'équipe Alsace-Lorraine) que rarement des parrainages, dont la pérennité est pourtant une sécurité pour tous, à commencer pour les enfants.

Ne faudrait-il pas que nous réfléchissions tous au développement de multiples réunions en petits groupes, style « Tupperware », autour de la cassette de notre film, projeté, soit sur un poste de télévision soit sur un écran familial ?

Mais là non plus, cela ne s'improvise pas.

Pour que ces séances soient efficaces, ne faudrait-il pas constituer un « kit » qui donnerait à tous les éléments nécessaires à la réussite de telles rencontres (déroulement, documents à distribuer, connaissance de l'association, points importants à ne pas oublier...) ?

Alors, l'organisation de séances plénières sur grand écran, lors de notre tournée, viendrait comme un point d'orgue, sans la coûteuse multiplication de matériel que supposeraient de nombreuses « grandes » séances.

Chacun peut-il réfléchir, et faire connaître ses idées et propositions à son relais régional ?

Branle-bas de combat à la formation professionnelle

Il n'y a pas de trop de tout l'enthousiasme de Philippe et de son équipe, pour relever les défis de l'année 2002 à la « formation professionnelle ».

Depuis trois ans que ce programme a démarré, les résultats sont déjà là : cette année, ce sont plus de 30 jeunes qui ont trouvé un emploi de 60 à 120 dollars par mois, sans compter notre première promotion de « secrétaires », immédiatement embauchées de 80 à 150 dollars (une ouvrière dans une usine de textile gagne 35 dollars).

Dans un pays où il n'y a ni sécurité sociale ni RMI, vous imaginez notre joie !

C'est, à chaque fois, une famille entière sortie d'une misère indescriptible.

Mais nous étions loin du compte. Il est évident que la mission de Philippe est de faire sortir les enfants de notre Centre vers la vie, à la même cadence que nous les faisons entrer.

Quand vous savez que, grâce à vous, c'est près de 700 enfants de plus que nous avons accueillis cette année… cela vous laisse imaginer le défi à relever par notre formation professionnelle !

Déjà, pour cette année, c'est : l'ouverture de l'école hôtelière avec son hôtel et son restaurant d'application, l'ouverture de l'école de coiffure, 160 élèves dans les trois niveaux des classes préparatoires à la formation, 45 élèves dans les formations extérieures, plus de 25 nouveaux professeurs, la mise en route de l'atelier d'application mécanique, le démarrage de la cantine des étudiants, la construction du centre de Siem Reap (Angkor)...

Vous comprenez pourquoi les deux Philippe, Amélie, Hakara, Sary, Seng, etc. courent dans tous les sens. Mais il y a ici une foi à soulever les montagnes.

Sothie : une belle réussite !

Avec tous ses frères et sœurs, Sothie a fait partie de nos premiers pensionnaires. Touchés par la détresse de sa famille, nous l'avions relogée et avions fait entrer la maman au Centre comme cuisinière.

Après une période difficile, Sothie a réussi son brevet et commencé la formation au secrétariat.

Il y a peu, sa maman a disparu.

Aujourd'hui, en charge de ses quatre frères et sœurs, mariée à un jeune de notre formation professionnelle, elle est devenue une magnifique jeune femme qui parle parfaitement le français et a été embauchée, au début de l'été, au quotidien *Cambodge Soir*. À la fin de ce mois, son salaire va passer à 150 $! Quel chemin !

L'équipe d'assistants sociaux, au cœur du programme...

Autour de Mlle Ny, cinq personnes constituent l'équipe sociale : Channy, Miek, Ly, Vitchir et Nicolas. Cette équipe est vraiment au cœur de notre programme.

Elle est d'abord responsable des enquêtes et de la sélection des enfants. Pour entrer dans nos programmes, ils doivent répondre aux critères suivants : travail de chiffonniers, grande pauvreté, maltraitance, retard scolaire important, plus d'un an de présence sur la commune, etc. Mais les choix sont déchirants : il faut parfois refuser l'aide à des situations pourtant dramatiques.

Cette équipe est aussi responsable du suivi des enfants aidés : à la moindre absence, vite contrôler que l'enfant n'est pas en danger d'être vendu pour rembourser une dette...

Alors, pour les 5 000 familles qui vivent autour de la décharge, petit à petit, on devient un peu les confidents et on doit porter toute cette misère, toute cette désespérance. Tous les jours, ce sont de nouveaux problèmes à résoudre. C'est lourd, parfois.

Que de fois, lors d'un entretien avec un enfant ou une maman, on a envie de sortir pour simplement pleurer...

Mais quel bonheur quand on a réussi à trouver une solution !

Pour admirer, de votre chambre,
les sourires de nos 1 000 enfants !

Pour vos séjours à Phnom-Penh, nos étudiants seront heureux de vous accueillir dans notre petit hôtel d'application : chambres confortables climatisées (minibar, télévision), restaurant. Une raison de plus pour venir au Cambodge et profiter de tous les sourires que vous créez sur les visages de nos anciens chiffonniers.

Le « groupe Leakhéna » sans Leakhéna

Beaucoup d'entre vous la connaissent, d'autres l'ont vue pendant nos tournées et se souviennent peut-être qu'à l'âge de 13 ans, elle avait pris, seule, l'initiative de réunir un groupe d'amies pour recevoir, tous les dimanches, les enfants les plus pauvres, non encore dans notre programme (parce qu'encore trop petits pour être scolarisés), afin de les faire manger, dormir et jouer. Leakhéna est actuellement en France pour une petite intervention chirurgicale.

Elle a le moral, mais sachez qu'elle adore les lettres !

2002

DÉCEMBRE

Très joyeux Noël !

Il s'est passé beaucoup de choses, ici…

Tout d'abord, le mariage de Dana, une de nos anciennes pensionnaires, revenue de si loin et maintenant rayonnante de bonheur. Un très beau mariage, au Centre, avec Chamroeun, ancien élève lui aussi. Tous les deux gagnent maintenant leur vie.

Il y a eu aussi, dans notre formation professionnelle, l'ouverture de l'école hôtelière et de l'école de coiffure. Mais Noël, c'est, bien sûr, l'enfance, la joie, l'espérance.

Et, vous comme nous, avons vraiment toutes les raisons d'être joyeux et pleins d'espoir devant ce que nous avons la chance de vivre ensemble : d'un côté, en France, cette émouvante mobilisation de tant d'enfants pour leurs lointains amis en détresse et puis cette merveilleuse envie des enfants du Centre de ne pas arrêter ici la chaîne de solidarité, mais de vouloir tout de suite tendre la main à d'autres.

Combien d'équipes se sont créées spontanément parmi les enfants, pour en aider d'autres !

Quelle leçon de fraîcheur, de foi en l'avenir, et quelle éclosion de fiorettis !

Côté France, nous pensons aussi à Marine qui, malgré sa part de souffrance dans son handicap, tient à faire sourire un enfant en donnant elle-même un parrainage ; à ces jeunes enfants d'une même famille, qui réunissent régulièrement leurs économies pour parrainer un enfant ; côté

Cambodge, à ce groupe de nos pensionnaires qui, chaque semaine, vont faire jouer les petits enfants abandonnés, recueillis par les sœurs de Mère Teresa ; à Leakhéna, qui met de côté ses économies pour l'agrandissement de la paillote de son amie Sinoun ; aux actions d'autres enfants du Centre pour pouvoir offrir un repas aux enfants des rues, le soir de Noël ; et à bien d'autres encore…

C'est cela, l'espoir : tous ces enfants, ici et là-bas, qui veulent changer le monde, et avec quel enthousiasme ! Et c'est notre émerveillement et cette joie profonde qui en découle que nous voulons partager avec vous en ces fêtes de fin d'année.

Nos jumelles

Nos jumelles, Saran et Sarom, qui complètent si bien notre grande famille de pensionnaires et dont la vie avait si mal démarré avec la mort de la maman, puis du papa, et une primo-infection pour toutes les deux, ont maintenant 2 ans.

Aujourd'hui, elles se portent à merveille, courent partout, commencent à parler le khmer et le français, et adorent jouer et blaguer, comme ce jour où elles se sont fait une magnifique coiffure avec nos pinces à linge, pour faire rire leur public de nombreuses grandes sœurs.

2003

MARS

Nika, 16 ans

Nous savons peu de chose de Nika. Seulement que la vie était si difficile à la maison qu'à l'âge de 9 ans, elle a commencé à boire et à fumer. Puis elle est passée à la drogue, depuis cinq ans. Plusieurs drogues à la fois. Elle a été chef de bande, dure, insensible, avec tout ce qu'elle nous a laissé supposer comme choses horribles…

Pensionnaire depuis qu'elle a voulu arrêter – car elle est, bien sûr, en grand danger à l'extérieur –, c'est une fille très attachante, avec une volonté de fer, qui essaie de se désintoxiquer par ses seules forces.

Elle a décidé de dormir toute seule dans la salle d'étude. Et nous la voyons souvent, tard le soir, réfléchir, lire et écrire…

Et maintenant, avec Sokunthie (encore des étoiles ★), elle a décidé de créer un groupe pour aider les petits enfants qui se droguent ! (Il y en a beaucoup sur la décharge).

JUIN

La tournée

Soixante séances en trois mois… Quelle tournée ! Nous avons survécu mais il faut dire que nous avions une sacrée équipe.

Sinoun, Leakhéna, Srey Nieng et Davy, nos merveilleuses compagnes de voyage, sont particulièrement efficaces. Il faut les voir, à l'arrivée dans les campings, devenues championnes du montage, en quelques minutes, de la tente annexe, nécessaire puisque, cette année, elles sont quatre, du branchement de l'électricité de Nain-Bus, de l'installation des vérins et, surtout, imbattables dans leur manière de voir les choses à faire, sans qu'on ait besoin de les leur expliquer.

Maintenant, le pli est pris : lever (oh, pas très tôt…), douche, petit déjeuner où elles découvrent les bonnes tartines de pain et de confiture, vaisselle, travail scolaire s'il y a du temps (elles sont quand même en 3e, 2nde, et 1re…). Et c'est la préparation du départ.

Il faut ranger Nain-Bus (notre camping-car), débrancher l'électricité et rouler la rallonge, plier la tente, remonter les vérins, enlever et ranger les rideaux de cabine, rentrer le petit séchoir, vérifier que tous les placards sont bien fermés… et, après les au revoir, c'est la route, à nouveau.

Pendant le parcours, tout en admirant les paysages printaniers, on se remet au travail, mais pour le français, cette fois : dictée, vocabulaire, grammaire, petites rédactions, sous la direction de Mamie.

Vers 18 h 30, c'est l'arrivée dans une nouvelle salle.

Après nous avoir aidés à l'installation, elles vont vite s'habiller : 45 minutes de préparation et de maquillage pour 7 minutes d'une danse gracieuse, toujours très applaudie.

Pendant la projection du film, elles se plongent dans leurs cours de maths, de physique ou de khmer pour revenir, à la fin, distribuer les formulaires de dons et tenir les corbeilles à la sortie.

Et puis, on remballe tout et elles vont dormir, soit dans un camping avec nous, soit chez des amis pour de nouvelles découvertes.

Partout, leur gentillesse conquiert tous nos amis qui les gâtent tellement que Nain-Bus est devenue une confiserie.

Elles n'en reviennent pas, de ces grandes maisons si solides, avec tant de pièces différentes pour manger, pour dormir ou pour parler, et de la quantité de plats différents qu'on mange aux repas…

L'école de Stung Meanchey

L'école primaire du quartier de Stung Meanchey accueille 6 000 élèves dont près de 1 000 soutenus par PSE.

Soutenus, cela veut dire qu'ils reçoivent repas, uniformes, matériel scolaire et cours complémentaires. Leurs parents bénéficient d'une compensation en riz, comme ceux des enfants scolarisés au Centre, pour qu'ils acceptent d'envoyer leurs enfants à l'école plutôt que sur la décharge. Les assistants sociaux surveillent les absences.

Malgré la grande volonté de son directeur, et malgré l'aide que nous lui apportons (construction, en 2000, de huit classes supplémentaires, ouverture, en avril 2003, d'une bibliothèque et d'une infirmerie), les conditions de scolarité restent précaires : les élèves ne passent que 3 heures 20 par jour à l'école, chaque salle étant occupée à tour de rôle par trois rotations d'écoliers ; il n'y a pas de cantine, les toilettes manquent d'eau, la pédagogie est basée sur la répétition et le par cœur, rien n'est adapté pour les enfants en grande difficulté scolaire.

Nous réfléchissons aux moyens à mettre en œuvre pour améliorer la situation de ces élèves, avec l'accord du ministère de l'Éducation et de la Jeunesse : construction de classes supplémentaires pour permettre deux rotations au lieu de trois, création d'une filière de rattrapage…

Lorsque cette expérience sera bien rodée, il ne restera plus qu'à la reproduire dans les six autres écoles qui accueillent nos petits chiffonniers…

OCTOBRE

La rentrée en plein chantier

En rentrant de la tournée, fin juillet, c'est à peine si nous avons reconnu le Centre, tellement il y avait de transformations… Deux nouveaux bâtiments de dix classes, un bâtiment de douches et des toilettes pour les garçons, une maison devenue le centre administratif, les pensionnaires installées dans un dortoir bien à elles, une nouvelle cuisine au Centre de rattrapage… Et ce n'est pas fini. Nous sommes encore dans le ciment, les trous, la boue, le bruit, pour la transformation des douches des filles, la construction de nouvelles toilettes, l'agrandissement du magasin de riz. Il faut dire que le Centre de rattrapage a été construit en 1997, à une époque où il accueillait 250 enfants. Ils sont 900 aujourd'hui ! La classe de terminale vient d'ouvrir, complétant le cursus. Et le brevet a eu 67 % de réussite.

Depuis le démarrage de la formation professionnelle, qui a mobilisé toutes nos ressources d'investissement, nos installations étaient progressivement devenues totalement inadaptées : l'an dernier, trois de nos classes n'avaient pas de salle, le temps des récréations ne suffisait pas pour que toutes les filles aient le temps de passer aux toilettes, les armoires des pensionnaires encombraient les classes, et ne parlons pas de la cuisine… Il devenait vraiment urgent de changer tout cela. Et grâce à tous nos amis qui se sont démenés, ce sera terminé. Nous démarrons un nouveau bâtiment à la formation professionnelle car ceux qui y arrivent sont de plus en plus nombreux (400 cette rentrée) et « squattent » déjà les nouveaux bâtiments du Centre de rattrapage. Ils sont 155 dans les classes « prépas », 86 dans les formations hôtelières, 100 en secrétariat, 36 en coiffure, 29 dans les formations extérieures.

Dans les écoles extérieures, les 1 400 enfants que nous scolarisons actuellement sont les petits frères et sœurs de ceux qui sont au Centre, soit en rattrapage, soit en formation. Mais les conditions de travail n'y sont pas correctes. Et, parmi les enfants d'une même famille, les disparités sont beaucoup trop importantes.

Nous n'allons donc pas continuer à agrandir notre Centre de rattrapage. Pour cette rentrée, 50 vrais nouveaux seulement. Les 130 autres, les plus grands parmi ceux que nous scolarisions l'an dernier à l'extérieur remplacent ceux qui sont passés du côté des étudiants. Par contre, 250 nouveaux enfants sont pris en charge dans les différentes écoles de la commune. Après y avoir construit, cette année, une bibliothèque et une infirmerie qui ont ouvert leurs portes à la rentrée, nous allons donc maintenant construire, dans l'école de Stung Meanchey, à la demande du directeur, un autre grand bâtiment de 18 classes, sur trois niveaux, afin que les élèves puissent ne se relayer qu'en deux rotations au lieu de trois.

Puis, nous aiderons l'école à mettre en place des classes de rattrapage pour que les plus âgés des enfants aient la possibilité d'aller plus vite, et d'accéder rapidement à la formation professionnelle.

Mais scolariser ne suffit pas. La moitié des enfants arrivent à l'école sans avoir mangé. Nous avons donc démarré, en trois lieux différents, un programme de sandwichs pour les enfants avant leur entrée à l'école.

Programme modeste pour commencer, en raison de l'étroitesse des budgets, mais que nous voudrions pouvoir étendre.

Les services social (9 personnes) et médical (9 personnes) se sont étoffés de nouveaux collaborateurs pour faire face à l'augmentation du nombre des enfants et des problèmes à gérer (3 400 sont aujourd'hui suivis dans l'un ou l'autre programme).

Nos actions de santé se sont bien diversifiées avec l'infirmerie du Centre, celle de Stung Meanchey, l'infirmerie mobile, la PMI, les partenariats extérieurs, le tout sous la direction de notre médecin Sarath. Quant à l'équipe sociale, elle va devoir marcher sans sa responsable, Mlle Ny, qui part en France pour un DESS d'éducation familiale.

Les programmes des mères deviennent très importants, comme alternatives au travail de la décharge : petits métiers de toutes sortes ; fabrication de sacs et de chapeaux pour le marché local, qui a encore du mal à s'équilibrer ; fabrication de sacs en kramas et autres objets d'artisanat, sous la direction de Leakhéna, Sinoun et sa sœur aînée Sina, par une équipe de « cas désespérés » dont personne ne savait plus quoi faire, et qui sont en train de retrouver leur dignité grâce à ce travail.

Et, pour finir, il ne faut pas oublier de remercier tous les enseignants et l'ensemble du personnel qui font marcher cet ensemble avec cœur et compétence : 191 salariés et 42 emplois « sociaux », ces derniers destinés aux parents parmi les plus pauvres de la décharge, à qui nous donnons un travail provisoire en remboursement d'une maison de nos hameaux de relogement.

Pour info

Leakhéna et Sinoun ont mis en route un groupe des femmes, les plus pauvres des plus pauvres, parmi les mamans de nos enfants, qui fabriquent des sacs et autres objets d'artisanat. Elles cherchent des moyens d'écouler leur production.

Les camps d'été – août 2003

Fernando et Marisa sont venus animer ces camps du mois d'août pour 1 200 enfants (chaque semaine, 150 le matin et 150 l'après-midi) qui ont pu remplacer une semaine dans la décharge, avec ses odeurs inimaginables, le travail de jour et de nuit, les mouches, les pluies diluviennes, l'insécurité... par une semaine de jeux, de douches propres, de repas assurés, de sport, de partage.

Pendant une semaine, ils ont été en sécurité : il y avait à manger pour tout le monde, du temps pour se reposer et dormir dans le silence, des rires et des sourires, le temps de chanter et de danser... Quel bonheur !

Un grand merci aux moniteurs khmers, et européens. Un grand merci à tous.

Des témoignages encourageants

Le **PAM** (Programme Alimentaire Mondial) nous fournit une partie du riz que nous utilisons. Mais la réorganisation de son système nous supprime une part de ce qu'il nous donnait. C'est dur pour notre budget mais nous gardons espoir en lisant des lettres comme celle que son directeur mondial, James T. Morris, nous a adressée : « *It is a wonderful example of creative thinking and stands out as a shining example of what can be accomplished.*

To see so many children learning and being given a real chance for a productive and better life is something very special. I will not forget this visit. »

Ou bien le commentaire qu'il a fait de sa visite, dans le quotidien Cambodge Soir : *« PSE fait un travail formidable ; il y a peu d'endroits au monde où l'on assiste aussi brillamment à la transformation de petits chiffonniers en écoliers… C'est exactement ce que le PAM veut promouvoir. »*

Le **CDC**, qui participe à plusieurs de nos investissements, écrit, de son côté, par l'une de ses responsables, Pascale Serpette, à son retour du Cambodge : « *PSE est l'exemple même d'une association au parcours remarquable. Démarrée par la volonté de deux personnes de ne pas laisser perdurer la situation des enfants chiffonniers sans rien tenter, elle est aujourd'hui devenue au Cambodge une véritable référence pour toutes les associations destinées à l'enfance et aux familles en difficulté.* »

DÉCEMBRE

Bonnes fêtes

Au moment où les fêtes de fin d'année réunissent les familles, voici des nouvelles de votre famille du Cambodge. Elles sont bonnes. Et nous voudrions vous transmettre toutes les joies que nous vivons ici et que vous accrochiez dans votre arbre de Noël une étoile qui vous rappelle vos enfants d'ici.

Grâce à vous, l'école marche bien et les enfants, avec la nourriture qu'ils reçoivent et les soins de l'équipe médicale, récupèrent vite une bonne santé.

Si vous voyiez leur transformation ! Il faut vraiment retrouver les vieilles photos pour se souvenir dans quel état étaient Sokunthie, Chanthou, ou Srey Leak...

Est-il possible que ce soit le même enfant ? L'allure, le visage, la taille, la peau..., tout a changé. Et quels sourires rayonnants !

Ils adoptent tout de suite cette famille de PSE ici et toutes ces personnes qui les aident de loin et à qui ils savent si bien montrer leur affection lorsqu'elles passent les voir.

Et puis, le plus touchant peut-être : beaucoup d'entre eux, après être sortis de leur enfer, se retournent maintenant vers ceux qui y sont encore. Alors, réjouissons-nous !

François et Claude Marion

François et Claude avaient coorganisé, en juin dernier, la magnifique soirée de Neuilly.

Mais nous nous connaissons depuis beaucoup plus longtemps puisque François et ses sœurs ont démarré leur vie sur les bancs de la même école que mes sœurs et moi-même...

François et Claude ont donc fait le grand saut, en décidant de venir nous rejoindre ici.

François, sans compter diverses autres missions, a accepté de mettre sur pied un service administratif central, devenu absolument nécessaire en raison de l'augmentation des effectifs du personnel : entre les professeurs et les formateurs (une centaine de personnes), l'équipe médicale (16 personnes), l'équipe sociale (10 personnes), les administratifs (9 personnes), les cuisinières, les couturières, les ouvriers, les gardiens, le personnel de la décharge, ce sont maintenant 243 salariés qui travaillent à PSE, dont 42 « employés sociaux ».

Claude aide dans l'apprentissage du français et de l'anglais.

Ils ont pris en charge, chez eux, des pensionnaires qui aiment beaucoup leurs Papy et Mamie 2.

Un nouveau programme sur la décharge

Maritchu lance un nouveau programme.

Jusqu'ici, la priorité de nos programmes a été la scolarisation puis la formation professionnelle, seules façons de sortir définitivement les enfants d'une misère intolérable.

Nous ne nous occupions donc que des enfants scolarisables.

Après, devant la constatation des carences et des anémies des bébés, nous avons dû ouvrir un centre de PMI (Protection Maternelle et Infantile) qui a en charge, en permanence, une centaine de bébés sur la commune, sans compter les femmes enceintes et les mamans qui allaitent.

Et puis, peu à peu, nous nous sommes aperçus que la tranche d'âge des 2 à 7 ans, non seulement restait dans une situation catastrophique (travail sur la décharge, etc.) mais récupérait, en plus, tous les travaux qui étaient, auparavant, confiés aux aînés maintenant scolarisés.

On les voit donc tirer d'énormes charrettes, porter de gros seaux d'eau, fouiller dans les ordures…, souvent malnutris et en mauvaise santé, voire maltraités.

D'autre part, les mamans qui avaient trois ou quatre enfants au-dessous de 7 ans, ne recevaient aucune aide.

C'est à Maritchu, qui nous avait déjà montré, l'an dernier, son attachement aux petits, que nous avons confié une mission auprès de cette tranche d'âge.

Son programme commence bien modestement : 90 enfants et une nouvelle paillote à côté de notre grande paillote.

Elle a embauché quelques mamans pour l'aider dans sa tâche.

Il s'agit de prendre en charge ces petits enfants pendant que leurs mamans vont travailler, de les retirer de la décharge, de les nourrir, de les laver, de les éveiller à une préscolarité.

L'équipe sociale a fait ses enquêtes et le programme démarre demain.

Dana, sœur de Ratha

Joli brin de fille de 16 ans, elle est venue au Centre beaucoup plus tard. Chiffonnière et déscolarisée, elle est arrivée chez nous bien après sa sœur Ratha.

Les problèmes et les privations n'ont pas favorisé son développement intellectuel, mais elle est néanmoins très artiste et habile de ses mains. Nous l'avons orientée vers la formation tissage. Elle y était très heureuse et réussissait bien jusqu'au jour où, elle aussi, presque en même temps que sa sœur, ne supportant plus les coups, les hurlements, l'ivresse et probablement bien d'autres maltraitances, s'est évadée dans le monde de l'imaginaire. Après de graves crises de démence et des tentatives de suicide, comme sa sœur et pour les mêmes raisons, nous l'avons prise pensionnaire. Elle a voulu aller à la Pagode, prier de toutes ses forces que le Dieu la guérisse. Après les ablutions rituelles et toutes sortes d'exorcismes, elle se sentait mieux mais n'était pas encore guérie. Ce n'est que peu à peu, à l'aide de médicaments et de beaucoup d'affection, qu'elle retrouve ses esprits.

Elle s'est mariée au Centre, avec Chamroeun, un ancien, lui aussi, qui répétait, heureux : « *Je suis son médicament !* »

2004

MARS

Au fil des jours...

Les jours passent vite, trop vite et nous sommes, de nouveau, à quelques jours du départ.

Le Centre s'est agrandi : nouvelle cuisine du Centre de rattrapage, réserve de riz, aménagement des douches et toilettes des filles, sont terminés. Le drainage et l'aménagement des nouveaux terrains sont en cours, ainsi que le nouveau bâtiment de la formation professionnelle. La dernière maison de la rue, à l'est du Centre de rattrapage, va devenir, avec quelques aménagements, le foyer des plus grandes pensionnaires, un sas entre la vie du Centre et l'indépendance totale.

Une nouvelle formation vient de voir le jour, pour préparer des jardiniers-gardiens. Elle s'adresse à des jeunes gens qui, trop âgés, n'avaient pas été pris en charge et n'ont pas de grandes capacités au niveau scolaire. Ils sont 10, pour commencer, qui reçoivent une alphabétisation, en alternance avec des cours techniques et pratiques en horticulture, petit maraîchage et anglais de base.

Le jardin d'enfants de la paillote se structure doucement.

Une formation en mécanique est en préparation avec Norauto, ainsi qu'une autre dans les branches paramédicales.

Le semestre se termine, le brevet blanc a eu lieu la semaine dernière et, tandis que les managers font passer les entretiens de mi-année, les conseils sont en train de décider des passages de classe et de l'accueil, au Centre, des élèves les plus en retard parmi ceux que nous scolarisons dans les écoles de la commune.

Nos enfants font des merveilles : une première place au concours de mathématiques sur l'ensemble de Phnom-Penh, en rugby et en athlétisme ; une deuxième en volley et en basket.

L'administration centrale devient bien opérationnelle.

Plusieurs embauches de Cambodgiens compétents ont été faites au « Bureau entreprises », qui a pour mission d'étudier le marché et de trouver stages et emplois pour nos étudiants.

Sarah, 15 ans

Elle était scolarisée au Centre depuis plusieurs années et devenue pensionnaire depuis qu'elle avait souhaité arrêter la drogue.

Sarah a un immense besoin d'affection et de ses câlins du soir. À 5 ans, seule au monde, abandonnée, elle dormait sur la décharge, sous les camions, n'importe où. Un jour, une dame lui a proposé de la prendre chez elle et la petite fille perdue a accepté. Mais c'était pour devenir l'esclave de cette famille qui avait fait semblant de l'accueillir. Elle a dû travailler jour et nuit sur la décharge, comme une bête, était battue si elle ne rapportait suffisamment, et assumait toutes les corvées de la maison. Elle ne mangeait qu'après les autres – s'il restait quelque chose. Et puis, pour tenir le coup, elle a commencé à prendre de la drogue… Cela lui permettait de pouvoir travailler sans dormir !

Lorsqu'elle a voulu arrêter, les débuts ont été très durs. Elle avait des crises terribles, des maux de tête affreux, recroquevillée dans un coin.

En septembre, elle était en queue de classe et nous pensions qu'elle n'y arriverait pas. Mais, à force de volonté, avec l'aide de quelques médicaments, elle a enfin trouvé son équilibre et depuis, ses notes remontent régulièrement.

Elle est adorable, affectueuse et douce avec les petits, active dans les groupes d'accueil du dimanche, attentionnée et toujours prête à rendre service.

Nous hésitons toujours à la laisser sortir seule car, après son abandon, la bande n'hésiterait pas à la supprimer…

OCTOBRE

Vos enfants partout à l'honneur !

Rugby : nos chiffonniers, champions du Cambodge !

Ils vivaient sur la décharge, sans avenir.

Champions du Cambodge après une finale disputée aux élèves favorisés du célèbre lycée Sisowath, ils sont aussi, pour trois d'entre eux, devenus bacheliers en cette même année 2004 ; d'autres sont en formation professionnelle (coiffure, cuisine, école hôtelière Paul Dubrulle...) ; d'autres, encore, après leur formation, sont déjà dans la vie active.

Amis d'enfance, ensemble, ils fouillaient les ordures ; ensemble ils ont travaillé, sous la direction de leurs entraîneurs, Philippe Monin et le docteur Jean-Claude Garen ; ensemble, ils sont montés sur le podium, en présence de notre ambassadeur de France.

Ils voulaient gagner « *parce que nous sommes pauvres...* », expliquait Sophiera, au micro d'Antenne 2.

Quel chemin parcouru ! Quelle joie et quelle fierté pour nous tous !

Notre première promotion au bac !

Une magnifique réussite : 18 sur 19, soit 95 % ! Largement au-dessus de la moyenne nationale.

« *Parrains, vous pouvez être fiers de vos filleuls !*

À la rentrée 2003-2004, 19 jeunes ont intégré la classe 12 (terminale). 1 n'est pas allé jusqu'au bout. 18 se sont présentés, en août, aux épreuves du baccalauréat et... 18 ont été reçus. Et dire qu'il y a tout au plus huit ans, ils erraient, crasseux, teigneux, affamés, pieds nus dans les immondices de la décharge, petits chiffonniers ne sachant ni lire ni écrire et à peine compter...

Comment auraient-ils pu, alors, imaginer qu'un jour les portes de l'Université leur seraient ouvertes ?!...

Parrains et donateurs, c'est grâce à votre aide, à votre soutien fidèle, que cette chose incroyable et merveilleuse a pu se réaliser. Et, grâce à vous, d'autres petits chiffonniers pourront devenir des universitaires.

De la décharge à l'école, de la décharge à un métier, de la décharge à l'Université : quels beaux programmes ! »

Nos bacheliers, heureux et fiers (et nous, alors !...) sont en train de s'inscrire en fac : Sciences économiques, Psychologie, Tourisme, Droit, Gestion d'hôtel, Génie civil, Électronique, Français...

Quelle tournée !...

Décidément, vous êtes formidables ! Grâce à vous tous, cette tournée, qui nous emmène chaque année de ville en ville pendant trois mois, a été splendide ! Les soirées, toutes extrêmement chaleureuses et sympathiques, ont provoqué une moyenne de 17,67 nouveaux parrainages par séance ! Grâce à vous, les organisateurs, qui rivalisez d'idées, d'enthousiasme et d'efficacité pour changer les lieux et remplir les salles. Grâce à vous, parrains et donateurs, qui acceptez de monter dans le bateau à nos côtés.

Non seulement votre générosité nous a touchés mais votre accueil, partout, dans tous les coins de France, d'Espagne, de Belgique, de Suisse, d'Allemagne, a fait de cette tournée pourtant bien fatigante une merveilleuse fête de l'amitié.

Nain-Bus, notre camping-car, nous a fait un parcours sans faute. Pas une panne, pas le moindre problème, grâce aux soins vigilants de Joseph.

Nos trois filles ont été des compagnes de voyage délicieuses et sans histoire. Partout gâtées et fêtées, elles sont revenues ravies de leur voyage.

Le film de cette année laissait la parole aux enfants. Elle est dure à entendre mais c'est leur témoignage et il ne fallait pas le trahir. Il nous faisait comprendre l'urgence qu'il y a à les sortir de là.

Faut-il vous avouer que tous les soirs, comme vous, nous avons pleuré ? – car on ne pourra jamais s'habituer. Et, dès notre retour, nous sommes allés à la décharge, vers ces enfants encore trop nombreux dans cette détresse infinie, mais avec cette joie profonde de savoir que nous allions pouvoir en aider encore un bon nombre.

Et comme l'a écrit un ami au lendemain de l'une des séances : *« lorsqu'on voit les visages s'éclairer, on craque et on a vraiment envie d'aimer ces enfants »*. C'est ce que vous faites en les parrainant.

À voir ! DOGORA, ouvrons les yeux

Nous avons eu la joie d'avoir la visite du cinéaste Patrice Leconte avec qui nous avons beaucoup sympathisé. Il a été très touché par tout ce qu'il voyait au Cambodge. De son passage ici et de sa rencontre avec le compositeur d'une musique envoûtante, est sorti un film émouvant. Loin des traditionnels clichés sur le Cambodge, il nous emmène dans la vie quotidienne, palpitante, à fleur de rues, qui nous touche tellement ici. Nous vous le conseillons. Il n'y a pas d'histoire mais c'est un film qu'il faut voir et revoir, comme si vous étiez ici avec nous, dans les rues, dans les campagnes, à la décharge… Patrice Leconte a tenu à ce qu'une partie de bénéfices soit reversée à PSE.

Notre retour à Phnom-Penh

L'arrivée à l'aéroport de Phnom-Penh fut un mélange de larmes et de rires, et nous n'avions pas assez de bras pour nos 60 pensionnaires, toutes là, une rose à la main (une idée de Cheat, sûrement…), sous les regards ébahis des passagers. Quelle joie, de les retrouver tous !

La première émotion passée, nous voulons tout savoir. Comment va chacun ? Y a-t-il des problèmes ?… Depuis le départ de François Marion, début mai, Pich a bien tenu la barre.

Décidément, l'avion ne nous laisse pas le temps de digérer la transition. On a du mal à réaliser… Nous voilà replongés brutalement dans cette circulation totalement désordonnée de motos, de cyclo-pousses, de routes de poussière et de trous… Et la chaleur, et le soleil… La gentillesse, aussi. Sur la route, les gens nous reconnaissent et nous font de grands signes d'amitié.

L'entrée du Centre est réconfortante, avec ses bougainvillées, ses beaux bâtiments en bois – Christian s'est appliqué à faire planter arbres et fleurs, pour redonner aux enfants le goût du beau.

Nous n'avons qu'une envie, après cette nuit d'avion, c'est de nous effondrer sous la moustiquaire… Mais chacun veut nous donner des nouvelles, nous montrer les changements, la nouvelle infirmerie, les murs abattus, le nouveau bâtiment de la formation professionnelle…

Et puis, nous arrivons enfin à nous réfugier dans la pièce du bout du bâtiment C, qui nous sert de maison, pour une longue sieste bienvenue, bercée par le ronronnement du ventilateur.

Mais, dès le lendemain, il faut se remettre au travail : les conseils de classe et d'orientation, tout d'abord, avec les décisions de passages de classe et les examens d'entrée en formation professionnelle ; la mise sur pied des cours de vacances à l'école Stung Meanchey, pour avoir une raison de continuer à distribuer le riz de compensation et, surtout, pour que les enfants passent au moins une demi-journée sans décharge ; les entretiens d'embauche pour la rentrée, car les fonds récoltés pendant la tournée, nous permettant de prendre plus d'enfants, nous obligent à une réorganisation et à des embauches supplémentaires ; la cérémonie de remise des diplômes aux étudiants sortant de la formation professionnelle – une cérémonie impressionnante, en présence du vice-gouverneur de Phnom-Penh, de l'ambassade, des professionnels qui sont les « embaucheurs » de nos étudiants…

Et puis, les camps d'été, réservés en priorité à ceux qui ne bénéficient pas du Centre au cours de l'année.

Les enfants du Centre sont tenus d'assister aux cours de vacances à mi-temps et les autres, ceux qui ne bénéficient pas du Centre, viennent une semaine dans le mois, par groupes de 300, pour profiter d'une détente organisée par une trentaine de jeunes Européens et autant d'étudiants cambodgiens traducteurs. À la place des uniformes et des cours, ce ne sont que jeux, chants, théâtre, danses, ateliers de perles, de dessins, courses en sacs, olympiades, etc. et beaucoup de joie, le tout supervisé et remarquablement organisé par un couple ami hors du commun, Marisa et Fernando Alonso. Quant à sœur Maryvonne, venue avec des jeunes, c'est à notre paillote de la décharge qu'elle a passé ses vacances, auprès des plus petits.

Après tout cela, la rentrée est vite arrivée, précédée des dix jours d'un séminaire devenu traditionnel, qui réunit les 300 professeurs, employés et cadres du personnel. Cette réunion annuelle permet de refaire connaissance, d'accueillir les nouveaux, d'expliquer l'association et son fonctionnement, les nouvelles orientations de l'année, de noter les questions, demande et suggestions…

Nous avons été heureux de revoir arriver tous ces sourires des enfants rentrant en classe.

Cette année, la scolarisation des enfants dans les écoles publiques devenant très importante, nous avons embauché un jeune chef de projet pour ce volet qui devient un programme à part entière.

Pour les plus pauvres, nous allons mettre en route une amélioration conséquente de la nutrition, des soins de santé et de l'éducation dans toutes les écoles extérieures, en lien avec les services de l'éducation municipale.

En ce qui concerne la décharge, qui doit déménager d'ici trois ans, nous avons un gros travail d'évaluation et de « solutionnement » des problèmes qui s'ensuivront au niveau des possibilités de ressources de nos familles, de leur futur logement, des moyens, pour les enfants, de continuer à venir étudier au Centre, etc.

Là aussi, nous venons d'embaucher un jeune ingénieur qui est en train de faire une étude avant de proposer des solutions, en lien avec d'éventuels financeurs et d'autres associations.

Demain, se termine la semaine des vacances de Pchum Ben, la Fête des Morts, la plus importante fête de l'année. Chacun retourne dans la pagode de ses ancêtres, leur apporter des offrandes pour qu'ils ne viennent pas vous ennuyer au cours de l'année. Mais si on n'a pas la possibilité de retourner sur place, n'importe quelle pagode peut faire l'affaire, ce qui nous arrange bien avec nos 60 pensionnaires.

La famille M.

Hier matin, la maman est arrivée en sang : cinq points de suture devant les enfants en pleurs. Une fois de plus, le père était saoul…

Dané, 18 ans, en formation professionnelle, était pensionnaire depuis longtemps. Son beau-père l'avait mise au travail dans un karaoké et quand on sait ce qu'ils cachent ici… Et puis il avait voulu abuser d'elle, déclarant partout qu'il avait épousé la mère pour avoir la fille.

Daline, Dana, Dalis, Daly, quatre adorables petites filles de 13 à 4 ans et David, petit frère de 7 ans, habitaient encore avec les parents, au milieu des disputes, des bagarres et des coups quasi quotidiens, derrière notre ancienne paillote, une cahute en lisière des ordures.

La mère avait toujours refusé de travailler. Le père, saoul dès le matin, ne travaillait pas non plus. Et les violentes bagarres entre les parents étaient quotidiennes, sans compter la maltraitance sur les enfants. Le père dépensait tout l'argent qu'elles peinaient à gagner sur la décharge, pour se saouler avec ses copains de beuveries.

Quand elles avaient travaillé toute la journée et rapportaient les quelques sous de la revente des récupérations, les petites n'avaient même pas le droit de manger et étaient renvoyées sur la décharge où elles trouvaient de la nourriture pourrie qu'elles se partageaient. Au milieu de toute cette violence, elles étaient émouvantes de soumission, de résignation, de douceur…

DÉCEMBRE

Nouveau défi !

Savez-vous qu'une grande partie des enfants que vous parrainez sont scolarisés, quand nous les sortons de la décharge, dans les sept écoles publiques de la commune de Stung Meanchey ?

En accord avec les autorités, notre Centre s'est spécialisé dans le rattrapage scolaire mais nous n'avons pas la prétention de créer un système éducatif parallèle. Aussi, un enfant de la décharge, ne sera orienté vers notre Centre de rattrapage que s'il est très en retard, scolairement, par rapport à son âge. Ainsi, dans une même famille, l'enfant de 7 ou 8 ans sera scolarisé dans une des écoles de la commune, tandis que celui de 14 ans, qui n'a jamais été scolarisé, viendra dans notre Centre.

Mais la commune de Stung Meanchey se trouve sur le quartier le plus pauvre de Phnom-Penh, alors les écoles y sont aussi très pauvres. Par manque de place, les enfants n'y viennent étudier qu'à un tiers de temps et se relaient dans les classes surchargées. La scolarité n'y est donc pas bonne et les enfants y mettent beaucoup trop de temps pour apprendre à lire et à écrire leur propre langue.

Mais il y a plus grave. Dans les écoles publiques, plus de la moitié des enfants arrivent le ventre vide et rien n'y est prévu comme repas, pas plus que comme soins médicaux.

Ainsi, le soir, dans la même famille, quand les enfants rentrent à la maison, celui qui revient de notre Centre aura eu une bonne scolarisation, à plein temps, deux repas et deux goûters, il aura fait une sieste de deux heures et aura été bien soigné.

Sans intervention de notre part, la petite sœur qui est allée à l'école communale n'aurait pas été nourrie, n'aurait eu, au mieux, que trois heures d'un enseignement très médiocre, n'aurait pas eu accès à des soins médicaux et aurait, éventuellement, été envoyée sur la décharge pendant ses heures libres.

Alors, notre défi d'aujourd'hui, c'est de remettre peu à peu tous nos enfants dans les mêmes conditions de soins, de nourriture, de scolarisation, que ceux de notre Centre de rattrapage.

Depuis deux ans déjà, sur la route de l'école, nous distribuons des sandwichs. Et cette année, tout en renforçant considérablement ce programme de distribution, nous étudions les possibilités de vrais repas plus complets.

Pour la santé, après avoir construit et mis en service, avec l'aide de notre équipe de médecins et d'infirmiers, une véritable infirmerie dans l'école de Stung Meanchey, la plus grosse des sept écoles de la commune, nous terminons l'aménagement d'un grand bus de santé scolaire qui assurera des permanences quotidiennes dans chacune des six autres écoles.

C'est l'amélioration de la scolarisation et de la pédagogie qui est la plus difficile. Mais, tout d'abord, il faut construire des bâtiments pour faire passer le temps de scolarisation d'un tiers de temps à un mi-temps. Nous avons déjà commencé la construction d'un premier grand bâtiment de 15 classes, sur trois niveaux, dans l'école de Stung Meanchey et PSE-Aquitaine est en train de bagarrer pour nous trouver le financement d'un deuxième bâtiment équivalent. Mais il faut trouver d'autres financements pour construire aussi dans les autres écoles.

Puis viendront les échanges pédagogiques avec notre Centre qui est reconnu comme pilote par l'Éducation cambodgienne.

Tous vos filleuls seront alors traités à égalité, pour avoir les mêmes chances de sortir de cette misère.

Les familles d'accueil

Comme vous le savez, certains enfants ont besoin, en plus des soins et de la scolarisation, d'une protection particulière contre la maltraitance et doivent être complètement pris en charge par notre association.

Soixante filles sont pensionnaires avec nous au Centre et plus de cent vingt filles et garçons, sont placés dans des familles d'accueil, bien sûr financées et suivies par PSE.

Magnifique coopération avec l'École hôtelière de Lausanne

Grâce à une femme extraordinaire, Clara Blanc, et à l'enthousiasme qu'elle a su susciter chez ses jeunes étudiants, nous avons une coopération exemplaire avec cette école, reconnue comme la meilleure au monde. Avec une merveilleuse générosité, ils nous ont aidés à mettre au point tous nos programmes de formation et nous ont envoyé les personnes compétentes pour les mettre en œuvre. Nous aurons l'occasion d'en reparler plus longuement.

À Phnom-Penh, la barre solidement tenue

Certains s'imaginent qu'à Phnom-Penh, nous sommes seuls, Marie-France et moi, à diriger sur place l'association. Ce ne serait ni possible ni sérieux.

Notre travail s'effectue avec 300 salariés cambodgiens (professeurs, managers, médecins, assistants sociaux, cuisinières, gardiens, ouvriers, couturières, etc.), ce qui suppose une gestion extrêmement vigilante des fonds, des budgets, des dépenses, une comptabilité minutieuse, une gestion du personnel…

Bien sûr, notre structure est encore bien minime par rapport à l'immense besoin des enfants mais elle est suffisamment importante pour ne plus être gérée comme une simple bonne œuvre où la bonne volonté et le bon cœur suffiraient.

Nous nous appliquons, tous, à nous entourer de jeunes cadres cambodgiens car notre idéal est de ne pas faire à leur place mais de travailler, avec les jeunes, à reconstruire leur pays.

Pourtant, dans ce Cambodge où tous ceux qui savaient quelque chose ont été supprimés par les Khmers rouges, il est long et difficile de trouver les personnes capables de prendre en charge cette reconstruction.

Petit à petit, cependant, cette structure se met en place et la machine tourne bien. Notre bateau, qui a embarqué aujourd'hui plus de 4 000 enfants, ne risque pas de sombrer au premier gros temps.

2005

MARS

Notre équipe sociale : une mission capitale

Ils ont en charge, tout d'abord, la sélection des enfants, par des enquêtes approfondies effectuées dans chaque famille. C'est ce service qui garantit notre respect des engagements pris auprès des donateurs, de recevoir les plus misérables.

Ils passent leurs journées sous une chaleur torride, dans des lieux insalubres. Parmi les très pauvres, il faudra choisir les plus pauvres encore. Non sans déchirements et cas de conscience, il faudra éliminer de notre aide des cas pourtant difficiles, mais qui ne rentrent pas dans nos critères. Dans des milieux où la misère entraîne alcoolisme et maltraitance, il faut faire face aux appels au secours permanents d'enfants ou de mamans en détresse, imaginer des solutions, prendre des décisions, graves, de protection. Et être solide !... L'ancien responsable en faisait des cauchemars et n'a pas tenu le coup.

Chaque semaine, une réunion examine les cas les plus complexes.

Et il n'y a pas que la sélection. Il faut aussi gérer tous les enfants que nous avons en charge avec, chaque jour, de nouveaux problèmes…

Mais, pour se remonter le moral, il suffit de traverser la cour et de voir la joie et la réussite de nos enfants et à l'autre bout, déjà des jeunes heureux dans leur métier, et qui peuvent aider leur famille.

Pisey, la petite, 18 ans

Comment oublier son arrivée un soir au Centre ! Pisey est cette petite fille que l'on nous a amenée un vendredi soir, toute recroquevillée dans sa terreur, serrant sur sa poitrine un maigre baluchon, hurlant pour s'endormir le soir. Son corps couvert de cicatrices disait les souffrances endurées depuis qu'à 7 ans elle avait été vendue par sa tante, le jour de la mort de sa maman, pour payer la crémation. Condamnée à laver des assiettes dans une maison de passe, à longueur de journée, elle était torturée si elle ne les lavait pas assez bien, ou assez vite… On l'ébouillantait, on lui tapait la tête contre le mur, on lui donnait des coups de couteau.

Elle mangeait après tout le monde, s'il restait quelque chose, et dormait avec les cochons (elle en avait gardé une terreur de la nuit).

Nous découvrions l'horreur : vêtue d'un semblant de culotte sale, avec deux ou trois loques qu'elle serrait dans ses bras, et un air si misérable de chien battu, elle avait d'innombrables cicatrices de coups de couteau sur tout le corps, l'oreille droite à moitié arrachée, le pouce droit luxé.

Petit à petit, Pisey se reconstruit. Il a d'abord fallu l'apprivoiser. Elle n'a besoin que d'une chose : qu'on l'aime.

Nous ne résistons pas à la joie de vous la présenter aujourd'hui : une jeune fille rayonnante, qui a terminé son niveau 9 (classe de 3e), vient d'entrer en classe préparatoire à la formation de secrétariat et peut discuter avec vous aussi bien en anglais qu'en français.

Elle n'a qu'une idée en tête : aider les enfants pauvres et maltraités, ce qu'elle a déjà commencé à faire depuis plusieurs années, dans ses heures libres, le dimanche ou le samedi après-midi.

Parrains, vous pouvez être fiers et heureux de ce que font vos enfants !...

JUIN

PSE à l'honneur

À l'issue de l'assemblée générale, Bernard Colcomb a remis les insignes de chevalier de la légion d'honneur à Christian des Pallières. Celui-ci a tenu à dire qu'à travers lui, c'est toute l'association qui était honorée. Pourquoi la légion d'honneur a-t-elle oublié Marie-France ?

Formation mécanique

La formation professionnelle de PSE ne cesse de se développer et se lance maintenant, avec l'aide de Norauto, dans **les métiers et services de la mécanique auto-moto-cycle**, un projet évoqué, il y a tout juste un an dans le petit journal de juin 2004.

Les 300 mètres carrés d'atelier et les six salles de formation sont désormais prêts à accueillir les futurs élèves.

Les travaux ont débuté début novembre 2004 et les bâtiments ont été achevés, comme prévu, pour le 15 mars 2005 : un véritable challenge.

Les équipements et outillages sont en place, y compris un atelier spécialisé dans la soudure, l'usinage et l'ajustage.

La formation des trois formateurs khmers responsables a débuté en avril, sous la coordination de Joseph Speisser, président de PSE Alsace-Lorraine, qui a fait le choix de consacrer une année sabbatique au lancement de cette formation.

Le contenu d'une formation, déclinée en une dizaine de modules, est en préparation pour l'enseignement en khmer et en anglais, avec des éléments dynamiques et audiovisuels.

Le cycle de formation est prévu sur deux ans (50 % culture générale, 50 % formation technique).

Une première promotion de 24 jeunes fera sa rentrée dès le mois de septembre 2005.

Une chance nouvelle, pour ces jeunes de 16 à 20 ans, à peine alphabétisés, qui vont découvrir et apprécier de nouveaux métiers.

Pisey, dite « la Grande », 17 ans

Elle vient de nous quitter. Un arrêt cardiaque suite à une intoxication médicamenteuse, elle qui était si pleine de vie, toujours en tête de classe et qui voulait tant sauver le Cambodge.

Beaucoup d'entre vous la connaissaient, puisqu'elle parlait parfaitement le français et prenait tout de suite contact avec tous ceux d'entre vous qui passiez au Centre.

En cette triste occasion, nous avons profondément ressenti combien PSE est une famille unie et solidaire

OCTOBRE

La rentrée 2005

Fin août, les derniers jeunes du camp d'été repartent vers l'Europe par petits groupes, exténués mais ravis et très émus, aussi, de quitter les enfants et ce pays qu'ils viennent de découvrir.

Déjà, avec Pich, notre directeur, nous préparons le séminaire qui réunit, chaque début d'année, l'ensemble du personnel (plus de 300 professeurs, médecins, infirmiers, assistants sociaux, cuisinières, couturières, gardiens, ouvriers...).

Pendant ce séminaire, il s'agit d'expliquer les directives du conseil d'administration, de donner les objectifs de l'année mais, surtout, de se connaître mieux.

Depuis plusieurs mois déjà, l'équipe sociale est sous pression sur tous les terrains. Au fur et à mesure de notre tournée, lui parvenaient les bonnes nouvelles du nombre d'enfants supplémentaires à prendre en charge. Quelle joie pour tout le monde, mais quel travail colossal ! Au milieu d'une grosse population, nos quatorze assistants sociaux doivent ne pas faire d'erreur et, parmi les enfants défavorisés, choisir les encore plus chiffonniers, les encore plus malheureux, les encore plus maltraités, les encore plus pauvres.

Alors, dans les odeurs nauséabondes de la décharge toute proche et sous une chaleur suffocante, sur leurs petites motos qui dérapent dans la boue de la mousson, tombant bien souvent dans les trous des pistes défoncées, ils arpentent inlassablement les bidonvilles, passant d'un taudis à l'autre, remplissant sans fin les questionnaires des fiches d'enquête. Au cours de ces indispensables enquêtes, bien souvent les mamans éclatent en sanglots, de découragement, à l'évocation de leurs terribles situations.

Alors, il faut être solide, pour faire partie de l'équipe sociale. Et, quand on se retrouve en équipe, c'est pour discuter, comparer les malheurs, les priorités, les urgences.

Cette année, nous pourrons encore sortir des centaines d'enfants de cette misère insupportable. Mais quel déchirement de devoir en refuser encore tellement…

Maintenant, ouf, ça y est. Les heureux élus ont été choisis. Ils ont déjà reçu leurs uniformes tout neufs et leurs fournitures scolaires et, même s'ils n'ont pas encore l'allure des enfants bien nourris de notre Centre, quelle émotion de les voir tout beaux, bien lavés et rayonnants de joie !

Sophal, 16 ans

Nous n'oublierons jamais la première fois que nous l'avons rencontrée. C'était dans une petite paillote, au milieu d'un marécage de boue et d'égouts, et à laquelle on n'accédait que par de périlleux équilibres sur de vieilles planches. Il n'y avait qu'une seule pièce, noire, sordide, minuscule. Comme mobilier, occupant presque tout l'espace, un unique lit où geignait et agonisait sa maman que l'on apercevait, squelettique, derrière la moustiquaire. L'odeur était insupportable, à cause de l'hygiène impossible, du manque d'eau par cette grande chaleur. Cette maman nous parlait. Que faire d'autre que de lui tenir la main, de l'écouter et de laisser un peu d'argent pour l'achat de médicaments qui l'aideraient à souffrir moins ?

Peu à peu, nous apprenions que le beau-père tapait et brutalisait encore cette femme, récupérait l'argent que nous laissions mais, le pire, n'attendait pas la mort de sa femme pour vouloir rejoindre la petite Sophal sous la moustiquaire. Alors une immense envie de sortir nous prenait, de fuir, de vomir, d'aller pleurer dehors. Peu de temps après, à la mort de sa maman, Sophal nous a demandé protection.

Elle est aujourd'hui une belle jeune fille épanouie, resplendissante et tous, au Centre, connaissent sa gentillesse. Elle réussit très bien ses études, en est au niveau 8 (4e) et si vous venez nous voir, vous la reconnaîtrez facilement : une petite tache blanche sur la paupière gauche lui donne un charme de plus.

100 % de réussite au baccalauréat !

Pour la deuxième année consécutive, réussite extraordinaire de nos enfants au baccalauréat – le meilleur résultat de tous les établissements du Cambodge. Quand on sait que, jusqu'en 4e, nous faisons deux niveaux scolaires par an, cela prouve l'excellence de nos équipes et de notre pédagogie. Mais cela prouve aussi que l'on ne perd ni son temps ni son argent à se donner du mal pour ces enfants !

Ceux qui viennent de sortir

Cette année, sur 129 étudiants de notre formation professionnelle, 108 ont déjà trouvé du travail.

Ils sont fiers d'entrer dans la vie active. Et nous, donc !

Dom Bauk Phos

Dans cette école très pauvre, les enfants que nous scolarisons ont enfin une école à mi-temps, au lieu d'un tiers de temps, grâce au bâtiment construit par PSE.

2005

DÉCEMBRE

Les chiffonniers en ville

Nous vous avons beaucoup parlé des chiffonniers de la décharge mais beaucoup moins de ceux qui, la nuit, partent fouiller dans la ville.

Vers 5-6 heures du soir, ils se dirigent vers le pont de Stung Meanchey pour aller vers les marchés et le centre de Phnom-Penh. Ils vont à pied, tirant une charrette faite de lattes de bambou montées sur des roues de vélos. Quelquefois des enfants seuls, quelquefois des familles entières, avec les plus jeunes qui dorment dans la charrette encore vide.

Mais les dangers, s'ils ne sont pas les mêmes, ne sont pas moindres que sur la décharge. On ne se fait pas écraser par les bulldozers, mais les filles se font emmener dans des maisons « pour chercher les ordures » et se retrouvent piégées par des hommes dont nous vous laissons imaginer ce qu'ils voulaient… ; on ne tombe pas dans les trous de boue brûlante mais on se fait attaquer et voler par des bandes de voyous, autant que sur la décharge ; quand on est trop loin pour revenir dormir à la maison, on dort dans les marchés, à la merci de tous les rôdeurs mal intentionnés…

Et puis, quand on rentre avec une charrette pleine, pas question de faire le trajet tout seul. Quand vous passez, le soir, vers 11 heures ou minuit, près du marché de gros, vous pouvez voir des files de charrettes alignées le long du trottoir. On attend les autres et puis on repart en convois, pour ne pas se faire attaquer, détrousser, voire tuer. Oui, ça arrive !... Des bandes de jeunes drogués qui attaquent les chiffonniers pour leur voler tout ce qu'ils ont péniblement ramassé.

Le temps de rentrer à la maison, ou à ce qui en tient lieu, il sera vite 1 ou 2 heures du matin.

Une chance encore si vous pouvez dormir jusqu'au matin, sans être envoyé, à 3 ou 4 heures, fouiller sur la décharge avant d'aller à l'école où vous aurez bien du mal à arriver à l'heure, ou si vous ne trouvez pas, en rentrant, un beau-père saoul qui tape sur tout le monde.

La garderie de la paillote

La paillote, c'est un peu le « poste avancé » de PSE. Située à quelques dizaines de mètres de la décharge, elle accueille le repas du matin, qui nourrit 500 à 600 enfants tous les jours de l'année ; le repas des femmes enceintes et des mamans qui allaitent, pour celles qui ont besoin d'un complément nutritionnel ; l'infirmerie qui soigne, chaque jour, les bobos et détecte les problèmes plus graves ; une scolarité d'attente pour les enfants qui ne peuvent pas être pris dans nos programmes scolaires parce qu'ils sont sur la commune depuis trop peu de temps encore ; le soutien scolaire pour les enfants des écoles publiques, scolarisés à mi-temps et qui, l'autre mi-temps, vont fouiller sur la décharge ; l'alphabétisation des mamans et celle des candidats à la formation jardinage-gardiennage ; et la garderie des petits.

De même que la maternelle du Centre est vite devenue une nécessité pour permettre aux sœurs un peu plus grandes – autrefois chargées de s'occuper des petits à la maison – de venir étudier, de même cette garderie a pour but de libérer les mamans chiffonnières pour leur éviter d'emmener leurs petits fouiller les ordures avec elles, ou de les laisser seuls à la maison.

Les enfants y sont accueillis à partir de 1 an jusqu'à l'âge de l'école. Comme au Centre, ils bénéficient de la douche, du repas du matin et de celui de midi. Ils jouent, chantent, font la sieste, dessinent, dansent, glissent sur le toboggan et font de la balançoire dans de grands éclats de rire qui font plaisir à entendre. Et si vous allez les voir, ils vous mimeront une ou deux chansons françaises avec un sérieux désarmant.

Encadrées par nos éducatrices, ce sont certaines des mamans qui s'occupent de ces petits. Cela a le double avantage de leur donner un petit travail et de les éduquer à l'hygiène, à la manière de s'occuper des enfants, aux bases de la diététique, à la manière de soigner les bébés… Cette « paillote » fait partie de nos programmes d'aide aux familles, encore complétés, depuis quelques mois, par l'embauche d'une jeune sage-femme qui suit les mamans et les ouvre à la contraception, sur place et dans les villages, et d'une kiné qui fait merveille, entre autres choses dans les problèmes respiratoires fréquents sur la décharge.

Cette « paillote » rend de tels services que nous sommes en train d'en créer une seconde pour les enfants et les familles habitant près de l'ancienne décharge et qui ne peuvent bénéficier de celle de la décharge actuelle car ils en sont trop éloignés.

De la décharge aux cinq-étoiles

Une chance pour le Cambodge et pour nos enfants, la ville de Siem Reap, grâce à ses célèbres temples d'Angkor, a depuis quelque temps un développement touristique qui s'accélère. Grâce à la formation reconnue, dispensée par PSE, les anciens élèves sont embauchés dans les meilleurs hôtels et entreprises de la ville. En décembre 2005, 100 anciens, jeunes diplômés de PSE, travaillent à Siem Reap : 42 logent au centre d'intégration professionnelle que PSE a ouvert en 2002, et 58 vivent de manière indépendante à l'extérieur. 89 % d'entre eux travaillent dans le secteur de la restauration, de l'hôtellerie ou dans des sociétés directement liées au tourisme. Seulement 5, diplômés il y a moins d'un mois, sont encore à la recherche d'un travail.

Ils sont employés principalement dans les hôtels cinq-étoiles de la ville (9 des anciens travaillent au Sofitel Royal Angkor, 9 au Méridien, 4 au Grand Hôtel Raffles...) mais, également, dans de plus petites structures, guesthouses haut de gamme, restaurants...

Et même s'ils sont loin de leur famille, ils préfèrent souvent cette ville plus sûre, offrant de nombreuses opportunités professionnelles, à leur capitale. Et nombreux sont ceux qui commencent à se marier et à fonder une famille là-bas !

Fête au Centre
(Christian)

Notre président avait regretté que la légion d'honneur ait oublié Marie-France. Oubli réparé puisque, le 30 novembre dernier, devant tous les enfants réunis et en présence de presque tout le bureau de PSE, notre ambassadeur l'a faite chevalier. En préparant cette cérémonie, il m'avait dit : « *J'ai de quoi la faire pleurer* » !

Eh bien oui, rassurez-vous, elle a versé sa petite larme… mais a quand même réussi à dire que cette distinction était à partager avec tous ceux, au Cambodge et ailleurs, qui se donnent du mal pour les enfants.

Nouvelles brèves

Nos pensionnaires

Depuis longtemps, nous étions angoissés que nos 75 pensionnaires dorment sous des moustiquaires, au premier étage, en bois, du bâtiment qui leur est réservé. Nous avons changé les moustiquaires en nylon par d'autres en coton, mais ce n'est pas suffisant. En cas d'incendie, on imagine le piège… Il a donc été décidé de construire un nouveau bâtiment, en dur, et de rendre ce bâtiment à des classes, d'où il est plus facile de sortir avec la lumière du jour et sans être empêtré dans des moustiquaires.

Artisanat

Trente-cinq mamans en grande difficulté fabriquent, sous la direction de six monitrices, les uniformes de tous les enfants mais aussi les jolis **produits d'artisanat** que vous connaissez. Un moyen de nourrir leur famille et, en même temps, de retrouver une dignité par un travail dont elles voient le résultat. Une lourde tâche, pour les monitrices, avec ces femmes dont certaines sont malades du sida, d'autres tout juste capables de coudre des boutons, d'autres, encore, instables ou alcooliques et qui, toutes, ont de très faibles capacités.

2006

MARS

Comment étudier sans manger ?

« *Un repas par jour et aller à l'école* », voilà ce qu'avaient demandé les enfants dès le début de nos programmes. Au Cambodge, 46 % des enfants souffrent de malnutrition, c'est le constat de l'Unicef. 50 % des enfants ne mangent pas avant de venir à l'école, c'est ce que nous dit le directeur de l'école de Stung Meanchey, la plus grande de celles où nous rescolarisons des enfants. Sur la décharge, les enfants mouraient de faim ou des conséquences de la faim…

C'est pourquoi notre première action a été le repas du matin sur la décharge, directement sur les ordures au début, puis en ce « poste avancé » du Centre, que nous appelons la paillote. Ces repas existent toujours, pour une moyenne de 500 enfants chaque jour de l'année.

Mais beaucoup d'enfants du district n'en bénéficient pas parce qu'ils en sont trop éloignés. Nous sommes donc en train d'aménager un nouveau terrain pour installer une deuxième paillote, dans le village de Russey. Ce sera la copie conforme de la première. Comme elle, y seront accueillis les repas du matin pour les enfants, puis pour les femmes enceintes et les mamans qui allaitent, des soins de première urgence, une formation des mamans à l'hygiène et à la diététique, une garderie, un soutien scolaire, pour le deuxième mi-temps des enfants que nous scolarisons dans les écoles publiques et qui, sinon, retourneraient sur la décharge cet autre mi-temps.

Pour les élèves des écoles publiques, nous distribuons sandwichs et fruits, les sandwichs ayant été améliorés sur les conseils d'une diététicienne, afin d'apporter aux enfants une nourriture équilibrée.

Nous ne parlons pas, bien sûr, des repas fournis aux élèves des Centres de Phnom-Penh, de Siem Reap et de Sihanoukville.

Mais nous préparons aussi des repas pour les enfants de la décharge de Siem Reap et pour les enfants très pauvres de la commune, que nous scolarisons dans les écoles publiques.

Cela représente des milliers de repas par jour, beaucoup de cuisinières, de personnes qui transportent et qui distribuent ces repas… Comment s'étonner que le budget nourriture soit notre deuxième plus gros budget ?

Mais la scolarisation et la formation professionnelle, qui sont les objectifs premiers de PSE, y compris pour les adultes, devraient, à terme, permettre que les familles arrivent à se prendre en charge. Pour certaines, c'est déjà le cas mais, en attendant, il faut encore nourrir les autres.

Ça roule, pour la mécanique !

Une nouvelle formation, destinée à des jeunes de 18 à 25 ans, peu alphabétisés (6e, 5e), déjà presque partis dans la délinquance.

Les travaux de construction, financés grâce à tous les donateurs et partenaires qui se sont engagés dans ce magnifique projet, en apportant leur aide matérielle, technique, pédagogique et financière, ont été terminés en mars 2005.

Dans le même temps, Joseph Speisser a élaboré un programme d'enseignement, sous forme de modules, pour les services de mécanique et entretien, autos, motos et cycles, effectué de façon précise et adaptée, avec des supports modernes audiovisuels très performants.

Voici notre première promotion de 25 futurs mécanos, encadrés par trois formateurs khmers, sous la coordination de Joseph. Une promotion qui « tient la route » !!!

En janvier, Jean-Claude Beghin et Tony Vandamme, professionnels de la formation Norauto, sont venus apporter leur savoir-faire auprès des formateurs et élèves, préciser et mettre en main les nouveaux matériels d'atelier. Une première mission appliquée sur les modules des pneumatiques et freins, transmissions et échappement, menée tambour battant… Bravo à tous deux !

La ligne est toute tracée. Bonne route à nos futurs techniciens !

Les Droits de l'enfant

« Que peut égaler la joie, la satisfaction, la plénitude, que l'on reçoit en partage quand on prend soin d'un enfant ? La vie d'un enfant est partout également précieuse, et son prix toujours inestimable. Ayons le courage et la force de faire de notre mieux, un peu plus chaque jour, pour chacun des enfants qui ont besoin de nous. Car nul enfant, jamais, ne doit avoir ni faim, ni peur, ni se sentir triste ou seul. »

Ces vœux de James Morris, directeur exécutif du PAM, dont notre président nous a dit qu'il ne résistait pas au plaisir de nous les envoyer, nous vous les transmettons à notre tour, impressionnés par leur correspondance avec notre Charte.

Sobèn, 15 ans, et Srey Na, 9 ans

Sobèn est une jeune fille adorable, douce et réservée. Elle est pensionnaire pour être protégée de son beau-père qui cherchait à la violer. Difficile de savoir exactement ce qui s'est passé dans son enfance. Seulement qu'elle a passé deux ans à l'hôpital après être tombée d'un hamac et que sa vue a commencé à baisser. Aujourd'hui, elle voit de moins en moins. Nous faisons, bien sûr, tous les examens nécessaires mais le pronostic n'est pas bon… Sa mère l'a toujours traitée d'incapable alors qu'elle a simplement un problème de vue. Un jour par semaine, elle commence à apprendre le braille et nous sommes en train de mettre sur pied une aide personnalisée pour qu'elle avance plus vite, tant qu'elle voit encore, avec l'aide de loupes et autres appareils spécialisés. Avec elle, nous réfléchissons aussi à une formation et à un métier pour son avenir.

Sa petite sœur, Srey Na, n'est pas en retard dans sa scolarité mais elle est aussi pensionnaire depuis la rentrée car nous avons découvert que sa mère envoyait cette petite bonne femme de 9 ans travailler comme chiffonnière la nuit.

Et pour Sobèn, dans ses difficultés, elle est un soutien, bien que plus jeune qu'elle, avec sa vivacité, sa joie de vivre et son affection. Et elle va en avoir de plus en plus besoin…

JUIN

Notre programme de relogement

Quand l'extrême misère vous amène sur la décharge, il n'y a, bien sûr, pas le moindre sou pour louer ne serait-ce qu'une cabane. Alors, avec quelques morceaux de bois et des bouts de chiffon, on s'installe un abri, soit directement sur la décharge, soit tout contre. Il faut imaginer l'air irrespirable, les fumées qui vous prennent à la gorge et attaquent très vite les poumons, les odeurs, les rats, la pluie qui, forcément, transperce tout et transforme le sol en bourbier infect…

Et puis la chaleur suffocante, rien pour se laver et les myriades de mouches qui viennent se coller sur la saleté… Quand nous réussissons à scolariser les enfants dans nos programmes, nous les mettons tout de suite dans de bonnes conditions d'hygiène, en leur permettant de se laver, de boire de l'eau potable, de manger sainement. Mais à quoi bon, si c'est pour que les enfants retrouvent, à la sortie de l'école, ces ignobles conditions de vie ? C'est pour cela que nous avons été forcément obligés d'envisager un relogement pour ces familles. Il s'agit donc de trouver un terrain qui soit à l'écart des fumées, des mouches et des odeurs de la décharge, et d'y construire des maisons toutes simples. Une unique pièce sur pilotis. Une cabane de scout est un palace, ici… Nous avons déjà construit un petit village d'une cinquantaine de maisons et nous commençons une deuxième tranche sur un terrain voisin de notre Centre. Mais nous gardons toujours ce principe de base, qui respecte la dignité : ne rien donner gratuitement. Les familles qui bénéficient ainsi d'une nouvelle maison doivent envoyer le papa ou la maman travailler au Centre pour participer au coût de cette maison, même si les mamans, bien souvent trop fatiguées ou trop faibles ne peuvent faire que des petits travaux-prétextes (peindre les murs du Centre, balayer les cours, coudre les boutons des uniformes…).

Juste avant de venir en France, nous sommes allés voir, le soir même, les familles prioritaires que nous venions d'installer dans dix nouvelles maisons. Comment décrire la joie illuminant le visage des enfants qui pouvaient courir dans un endroit sain, des mamans qui toussaient encore mais qui respiraient un air enfin « respirable » !… Et toute cette reconnaissance et ces applaudissements, que nous voudrions transmettre à tous les donateurs qui ont permis ça.

Le coût du relogement d'une famille, avec le prix du terrain, une jarre pour l'eau et une toilette, revient environ à 1 500 euros. Voici une magnifique action qui change la vie de toute une famille.

Avis aux amateurs !

OCTOBRE

La rentrée 2006 :
le fruit de vos parrainages !

4 mai, 23 h 45. À Mulhouse, la soirée se termine et nous faisons le premier bilan avec Joseph, président de PSE Alsace-Lorraine et son équipe. Trente-deux parrainages ! Encore une fois nos amis se sont surpassés. Nos trois filles, Srey Mey, Davy et Sinieng, sont ravies d'avoir des corbeilles aussi pleines.

1 h 30 du matin. Les filles dorment déjà, chez nos amis, mais dans Nain-Bus, la journée n'est pas finie. Une simple carte dans l'ordinateur et nous pouvons contacter Phnom-Penh pour avoir les dernières nouvelles de là-bas… et annoncer ce si beau résultat : 32 nouveaux enfants ! *« Toute une classe, tu te rends compte ?… »*

À Phnom-Penh, il est 7 h 30 du matin. Les assistants sociaux sont déjà là et vont partir dans les villages autour de la décharge, pour choisir ces nouveaux enfants, parmi les plus pauvres, les plus chiffonniers, les plus maltraités.

Complètement épuisés, saoulés de paroles et de gentillesses, nous avons tout juste encore la force de nous hisser sur le lit-banquette surélevé de notre Nain-Bus. Quelle chance nous avons, de pouvoir vivre cette aventure extraordinaire !…

Aujourd'hui, c'est la rentrée

Comme chaque année, nous sommes toujours aussi émus, devant tous ces nouveaux enfants qui vont pouvoir manger à leur faim, être soignés, étudier…

Et ceci grâce à vous tous, les organisateurs, grâce aux centaines d'heures passées à préparer, à téléphoner, à inviter, à relancer pour que, lors de notre passage, la salle soit pleine et le nombre de parrainages important, grâce à vous tous, les parrains, qui êtes venus nous rejoindre pour faire cesser l'insupportable !…

Cette tournée 2006, nous a conduits dans tous les coins de France, fait traverser quatre fois le Massif central dans tous les sens, menés jusqu'à Londres… Nous nous rappelons toutes ces routes, tous ces paysages éclatants des fleurs du printemps, notre vieux Nain-Bus qui nous a rappelé son âge en nous jouant le mauvais tour de nous laisser en plan dans une trop longue montée d'Auvergne.

Nous nous souvenons de vous tous, qui nous avez si merveilleusement reçus et que nous avons toujours été un peu tristes de devoir quitter si vite.

Nous nous souvenons de toutes ces soirées si belles où tous les enfants que nous avons devant les yeux étaient déjà présents, de ces parrainages que vous augmentiez chaque soir, pour que le rêve devienne réalité.

Une moyenne de près de 18 parrainages par séance et jusqu'à 33 pour la plus fructueuse... Ce fut vraiment une magnifique tournée. Par leurs sourires et par leur joie, tous les enfants vous remercient.

Cette année : 5 400 enfants

D'où viennent-ils ?

Nous donnons toujours priorité aux enfants chiffonniers, qu'ils viennent de la décharge ou qu'ils aillent fouiller dans les rues de la ville. Ils représentent la majorité des enfants pris en charge.

Mais bien sûr, nous ouvrons aussi nos portes aux enfants maltraités, battus, vendus, abusés, forcés à faire des travaux dangereux, aux orphelins, aux enfants extrêmement pauvres et déscolarisés et aux enfants handicapés.

Aujourd'hui, nous sommes présents dans trois villes du Cambodge.

À Phnom-Penh, nous sommes obligés de nous limiter géographiquement à notre district de Stung Meanchey, au sud-ouest de la ville, un des quartiers les plus pauvres de la capitale. En effet, faute de moyens de transport, il faut que les enfants puissent venir à pied à notre école ou, éventuellement, avec des vélos que nous leur prêtons.

À Siem Reap, la ville des temples d'Angkor, à la demande du gouverneur, nous agissons sur la décharge et sur la commune extrêmement pauvre où se trouve notre Centre, en scolarisant, nourrissant, habillant et soignant plus de 400 enfants.

À Sihanoukville, le port du Sud-Ouest, sur le golfe du Siam, nous prenons en charge aussi plus d'une centaine d'enfants de la décharge et d'enfants très pauvres qui traînent dans la ville.

Joseph

Joseph Speisser est un fidèle de PSE depuis la toute première heure. Il habite Mulhouse et, si vous l'avez au bout du fil, son accent ne vous laissera aucun doute sur ses origines alsaciennes.

Peu de temps après avoir découvert la décharge, nous avions monté un petit diaporama sur le Cambodge, avec quelques photos de cette décharge qui nous avait scandalisés et Rouffach faisait partie des quelques séances de notre première tournée.

Joseph avait tout de suite été ému par la situation de ces enfants. Il était venu nous voir à la fin de la séance pour nous proposer son aide *« en France, mais jamais au Cambodge »*, avait-il ajouté, car il craignait l'avion, la chaleur, les moustiques.

Depuis, il n'a effectivement pas cessé de nous aider et d'organiser des séances dans toute son Alsace. Et il est devenu président de PSE Alsace-Lorraine avec Michel Remillon, responsable de la Lorraine.

Et puis, peu à peu, nous avons découvert sa sensibilité, son cœur, ses révoltes devant toutes les injustices. Mais aussi ses compétences techniques dans bien des domaines. Quand nos ordinateurs, le site Internet ou notre camping-car ont un problème, c'est Joseph que nous appelons au secours. D'ailleurs, c'est chez lui que notre vieux camping-car trouve refuge, entre deux tournées, pour s'y faire bichonner et remettre à neuf.

Jamais au Cambodge, Joseph ? Il n'a pas pu s'empêcher d'y venir et y est aujourd'hui pour lancer notre école de mécanique en liaison avec Norauto. Travail fabuleux d'écriture de tous les cours des deux années de formation !

DÉCEMBRE

Se reconstruire une nouvelle famille

En famille d'accueil…

Il y a cette vie, si terrible pour un enfant : le travail sur la décharge, ou dans la rue, le papa, ivre, qui cogne sur la maman et sur toute la famille, les bagarres sans fin, ces scènes insupportables, qui empêchent de dormir et d'étudier, la faim à cause de tous les repas sautés, les coups dont on cache les marques… et puis arrive le jour où on veut abuser l'enfant, le vendre ou le prostituer avec, parfois, la complicité de la maman…

Alors, si on a le courage, on va parler, comme PSE l'a conseillé. Mais on a tellement honte !… Honte d'avoir un papa ou un beau-père comme ça, une maman qui accepte de vous vendre, de vous abandonner…

Parfois c'est un parent qui va parler, ou une amie.

À PSE, il y a un groupe d'écoute, des assistants sociaux, des gens de confiance, bientôt un psychologue.

On vous demande si vous voulez porter plainte. Mais là, ce serait ajouter du terrible au terrible : le papa emmené en prison par les policiers, la honte sur toute la famille définitivement disloquée, peut-être la haine de la maman et des autres, et puis la peur de la vengeance de celui qui a menacé de mort si on parlait, et qui ressortira peut-être bientôt de prison contre un peu d'argent…

On veut surtout partir, se mettre à l'abri des bourreaux.

Notre association offre deux possibilités : soit être pensionnaire au Centre, soit rejoindre une famille d'accueil PSE.

Ces familles font souvent partie du personnel de l'Association mais, n'importe qui, bien sûr, ne peut pas être « famille d'accueil ».

L'assistante sociale responsable (Leakhéna) établit un dossier décrivant l'hébergement, l'hygiène, la sécurité, les possibilités de travail scolaire et surtout l'ambiance familiale. Ce dossier est présenté devant un comité.

Deux fois par mois les familles sont réunies pour des formations et des discussions.

Elles sont rétribuées par l'Association, avec une partie « frais de l'enfant », et une partie « salaire » de la maman.

Le dévouement, la compétence et le cœur de ces familles font vraiment le succès du programme, dont bénéficient près de 150 enfants.

… ou pensionnaires

Le Centre, lui, est réservé uniquement aux filles. Celles qui sont les plus en danger. Il est bien gardé et il est impossible aux bourreaux d'y retrouver leurs victimes. Mais le reste de la famille peut y venir le samedi, voir les enfants. Ici la famille des 70 pensionnaires se compose du grand frère « Cheat », de la grande sœur « Ryna » et de Papy-Mamie.

Parfois, quand les enfants arrivent, ils sont tellement blessés, qu'ils n'ont plus confiance dans les adultes, qu'ils en ont terriblement peur…

Dans ce cas, il faut apprivoiser petit à petit, calmement.

Alors peu à peu, on se sent en sécurité. Finies, cette peur, cette angoisse permanente. Et puis, ici, on peut manger à sa faim, rire, jouer, travailler et dormir en paix, regarder des films, faire du sport, des sorties au restaurant tous les deux mois, des petites vacances au bord de la mer. Et puis on a de l'affection, qu'on n'avait pas avant…

Mais comment éviter qu'un jour, on ne sait pas trop pourquoi (à cause d'une mauvaise note, d'une dispute avec une amie, du reproche d'un professeur, de mauvaises nouvelles de ce qui était la famille apportées par les voisins, de notre amoureux qui ne nous aime pas ?…) on se sente envahi par un grand coup de cafard. On repense à sa maman maltraitée ou qu'on a vu mourir sous les coups, à son petit frère resté, lui, à la maison, à tout ce qu'on a subi… et on ne se sent pas bien. On commence à bouder et à devenir désagréable. C'est la manière de prévenir Papy-Mamie que ça ne va pas.

Alors, après la soirée familiale quotidienne, on se retrouve dans leur chambre pour pleurer et parler de tout ça.

Après, ça va mieux.

Quelquefois ça va mieux simplement parce qu'on a pu parler et d'autres fois, Papy-Mamie vont discuter avec l'équipe sociale pour aider à résoudre certains problèmes à la maison.

C'est ça notre vie de famille. On a des fêtes, des grandes joies, des tristesses, des disputes, mais une chose qu'on sait, c'est que c'est devenu vraiment notre famille et qu'on ne peut plus se séparer.

Et ceux qui ne peuvent pas apprendre ?

Certains de nos enfants n'arrivent pas à étudier. Pas même la lecture et l'écriture khmères ou le calcul. Ils n'ont pas de handicap physique comme ceux de notre petite classe spéciale Ils ont un retard mental dû à de multiples raisons (maltraitance, maladies, malnutrition, traumatismes divers...). Nous avons créé pour eux une nouvelle classe spéciale, animée par deux de nos meilleurs instituteurs. Nous l'avons installée en plein milieu du Centre, dans une maison volontairement typiquement cambodgienne

Le but de cette classe est d'abord de les décomplexer, eux qui étaient toujours les derniers, qui redoublaient sans cesse, qui décevaient tout le monde. C'est aussi de découvrir leurs talents, de leur redonner confiance en eux, de les rendre heureux, tout simplement.

Mais il faut aussi les préparer à l'autonomie, car ici pas de pension pour handicap, ni de sécurité sociale, ni de DASS, rien. Alors, ils doivent apprendre à se débrouiller dans la vie, la vie d'ici.

Se débrouiller d'abord à la maison. Dans le programme il y a donc toutes les activités ménagères : la cuisine cambodgienne, la couture, le lavage et repassage, l'hygiène, etc. On apprendra à cultiver quelques légumes, à élever de la volaille autour de la maison.

Bientôt, on ira parler avec des agriculteurs pour apprendre la rizière.

Il faudra savoir aussi vendre et acheter, rendre ou vérifier la monnaie. Alors dans la classe on joue « à la marchande » avec une pleine cuvette de faux légumes en plastique et de vrais billets.

Les garçons apprendront la menuiserie, comment construire une maison traditionnelle cambodgienne en bois, sur pilotis.

Mais il faudra aussi penser à gagner sa vie. Et là, toutes sortes d'artisanats sont prévus. Entre autres, la fabrication de jolies maquettes de maisons cambodgiennes (avis aux amateurs !). Finies les tristesses et les humiliations des mauvaises notes. On a retrouvé le sourire. Et puis, quelle fierté et quelle joie, quand on vient montrer ce qu'on a réussi !

Et on pourra aussi soigner les blessures du cœur avec l'équipe de psychologues qui se met en place.

Sokneth, 12 ans

Sokneth est une adorable petite fille rieuse et vive. Elle avait un père et une mère qui buvaient, se battaient, battaient leurs enfants et avaient déjà vendu une de leurs filles.

Un jour, le père est parti avec une autre femme. Sokneth avait alors 9 ans et son petit frère, 5 ans.

Les deux petits sont donc allés vivre avec une autre sœur, qui les a exploités, les obligeant à travailler sur la décharge.

Ils sont alors retournés vivre, sur la décharge, avec la maman, qui allait de plus en plus mal et battait ses enfants avec du fil de fer ou un bâton.

Sokneth en garde encore une belle cicatrice sur le nez..., les autres ayant disparu. Complètement ivre dès le matin, la maman a même perdu son petit garçon au marché.

Sokneth aidait sa mère à ramasser les ordures, près du marché Doeum Kor et sous les maisons, dans les eaux croupies pleines de détritus... pour gagner 1 500 à 2000 riels par jour (même pas un demi-dollar).

Elle était devenue une sauvageonne et couchait n'importe où.

Un jour, une famille à qui elle avait demandé de l'héberger, l'a « adoptée ». Mais, comme cela arrive malheureusement souvent, elle s'est retrouvée esclave, battue, mal nourrie, faisant toutes les corvées et, bien sûr, n'allant pas à l'école.

Notre équipe sociale l'a retrouvée mais la famille ne voulait pas la lâcher et, pour la récupérer, il a fallu faire intervenir le chef du village.

Elle est pensionnaire, maintenant, et son petit frère dans une famille d'accueil. Très instable à son arrivée, elle s'est équilibrée et travaille bien. Elle est aujourd'hui en niveau 4 (CM1). Elle est très spontanée et adore « les jeux des petits », dit-elle, comme si elle rattrapait son enfance volée.

Sokneth n'en veut pas à ses parents : son souhait, ce serait que sa maman vienne la voir tous les samedis. Elle voudrait aussi revoir son père, qui a refait sa vie et a d'autres enfants.

Étonnants enfants, qui savent si bien pardonner tout ce qu'on leur a fait subir...

2007

MARS

Nos enfants grandissent… et leur coût aussi !

C'est pour nous un émerveillement continu de voir ces enfants que nous avons connus sur la décharge si maigres, si mal portants, si sales et si tristes, et maintenant magnifiques dans des uniformes impeccables, parlant anglais et souvent français, et préparant avec enthousiasme leur entrée dans une vie qu'ils ne pouvaient même pas imaginer.

À 17 ans, soit ils entrent en formation professionnelle, soit ils continuent vers le bac et l'université.

Notre **formation professionnelle** accueille 600 jeunes dans ses sept écoles actuelles (hôtellerie, secrétariat, mécanique, coiffure et spa, assistantes maternelles, jardinage, pêche) d'où la quasi-totalité, réussissant magnifiquement, sortent avec un vrai métier et un emploi immédiat. ***L'an prochain, ils seront 800.***

Les **collèges et lycées**, entre ceux de notre Centre et ceux du district, reçoivent 600 jeunes qui, sans PSE, n'auraient jamais pu envisager d'études secondaires étant donné le prix de la scolarité (1 500 riels par matière et par jour) totalement inaccessible à nos familles qui n'arrivent déjà pas à payer les 2 ou 300 riels de l'école primaire. Mais, en dehors du Centre, les classes sont surchargées (95 élèves dans certaines classes du lycée Samaki) avec des installations sanitaires inexistantes (à Samaki, pas d'eau potable, huit toilettes pour 5 500 élèves qui doivent se contenter du terrain vague voisin...). Nous allons vraiment devoir les aider. De plus, ***l'an prochain, les effectifs de nos enfants vont doubler dans le secondaire.***

L'**Université**. Soixante de nos jeunes ont déjà réussi le bac et poursuivent des études en psychologie, management, tourisme, informatique, médecine, agronomie, droit, sciences économiques, comptabilité, langues étrangères, etc. Certains ont d'excellents résultats, des troisième, cinquième et sixième places.

Vous savez que notre parrainage est évalué à 36 euros. Pas par hasard, mais en divisant le coût du fonctionnement par le nombre d'enfants pris en charge. C'est donc une moyenne.

Il faut savoir que ce coût comporte l'enseignement, bien sûr, mais aussi la nourriture, les soins médicaux, l'habillement, l'hébergement pour certains, à quoi il faut ajouter les coûts de la compensation pour les familles, ainsi que d'importants programmes d'aide aux familles (une centaine d'emplois sociaux, les soins médicaux, les « travaux/ étudiants » pour les plus grands, la PMI, l'assistance aux femmes enceintes et aux mères qui allaitent, etc.), autant de programmes nécessaires mais qui alourdissent les coûts.

Mais, comme dans toute famille, les aînés coûtent plus cher dès lors qu'ils commencent des études après leur scolarité.

Ainsi, si un enfant dans notre Centre de rattrapage coûte environ 43 € et un enfant dans les écoles publiques environ 23, un jeune en formation professionnelle nous revient à près de 78 €, et un étudiant à environ 117.

Et ces différences sont logiques : dans les écoles publiques, nous ne payons pas tout l'enseignement (cependant, nous sommes en train d'améliorer et d'augmenter la prise en charge des enfants que nous y scolarisons) ; en formation professionnelle, les classes sont beaucoup moins nombreuses et à l'Université, les tarifs sont plus élevés.

Pendant un temps, nous avons pu équilibrer mais, les enfants grandissant et le nombre de grands augmentant, nous n'y arriverons plus longtemps. Nous cherchons une solution…

Quand nos enfants font des miracles

Vous connaissez notre adorable Daline. En 2005, elle a dansé pour vous. Vous l'avez aussi entendue dans le film. Elle y témoigne que son père buvait, les battait violemment, voulait les vendre, ses sœurs et elle, les empêchait de manger, les envoyait sur la décharge où elles s'évanouissaient de faim. Sa mère aussi buvait et les faisait travailler sur la décharge, sans jamais vouloir travailler elle-même… Avec les autorités, il avait été décidé de les protéger et de les prendre pensionnaires. Là, Daline s'était épanouie et continuait ses études sans problème, jusqu'au jour de cette année où, à ses 18 ans, elle est venue nous voir gravement : « *Je veux retourner à la maison. Ici, j'ai tout ce qu'il faut mais mes parents sont malheureux et maman devient très malade.* » Extraordinaire possibilité de pardonner, des enfants, qui réalisent peut-être comment la guerre a profondément démoli leurs parents !... « *Tu sais, ça va être dur...* » Elle sait. Mais elle prie, elle qui est bouddhiste. « *Je lis aussi ma petite bible qu'une amie m'a donnée.* » Ses parents sont émus par son retour volontaire. Son père, tout attendri, l'écoute et essaie d'arrêter de boire, la maman va un peu mieux. « *Mais ce n'est pas gagné*, avoue-t-elle, *je dois l'accompagner dans les cafés pour le raisonner* ». Et ce n'est pas facile, de travailler là-bas. Une faible ampoule pour éclairer le bout de plancher où elle étudie, les myriades de moustiques, la chaleur sans ventilateur, tout l'inconfort qu'elle avait oublié... Courageuse Daline, sainte petite Daline !

Bora

Une mère morte quand elle avait 10 ans, un père qui buvait et ne travaillait pas, une belle-mère qui la maltraitait... Aînée de quatre, c'est elle devait rapporter l'argent de la famille ! Elle cueillait des liserons d'eau, jusqu'à la taille dans une eau infecte qui récoltait les égouts de la ville, et puis les vendait au marché. Des « journées » de travail de 1 heure à 5 heures du matin, puis de 7 heures du matin à

17 heures !… À 12 ans, elle avait arrêté l'école après trois niveaux seulement.

C'est alors que quelqu'un remarqua cette petite fille qui vendait au marché au lieu d'aller à l'école, et qui l'amena à PSE.

Entrée au Centre en niveau 4 à 14 ans, avec cinq ans de retard, Bora est l'exemple même de la réussite de notre rattrapage scolaire, puisqu'elle a passé le bac et fait des études de tourisme à l'Université. Comme son français et son anglais étaient encore un peu justes, nous lui avons demandé de travailler comme guide dans notre magasin. Et elle a fait d'énormes progrès en parlant avec vous tous, qui passiez voir les enfants.

Et puis, au bout de quelque temps, c'est elle qui a pris la direction du magasin de notre Centre. C'est elle, aussi, qui commande et prépare tous les articles d'artisanat que vous emportez pour les vendre chez vous. Elle vous accueillera avec un sourire rayonnant, toujours prête à vous aider et à vous rendre service.

JUIN

2007… Une minitournée

Comme chaque année depuis maintenant douze ans, nous avons débarqué à Paris début avril et retrouvé notre camping-car, Nain-Bus, que nous avons « planté » au camping du bois de Boulogne, pour en faire notre PC.

Cette année, nous avions décidé de ne pas faire la cinquantaine de séances habituelles. Il s'agissait de vérifier que toutes les antennes régionales qui se sont créées depuis plusieurs années, en France ou à l'étranger, étaient capables de remplacer nos soirées de sensibilisation et de recherche de parrainages. Cela nous paraissait sage, vu que nous commençons à prendre de l'âge et qu'il est bien évident que nous ne pourrons pas indéfiniment continuer ces marathons annuels.

Les résultats sont encourageants et la plupart des régions ont pu montrer que PSE est bien solide et ne dépend pas de la présence des fondateurs. Nous allons pouvoir prendre 500 enfants supplémentaires, ce qui portera à 6 000 le nombre d'enfants dans nos programmes.

Nous avons quand même effectué quelques séances, soit dans des lieux en démarrage, soit dans des soirées « regroupées »…

Luxembourg, par exemple, où un jeune couple enthousiaste a constitué une équipe prometteuse et nous avait organisé une très belle soirée.

Londres, où la jeune et dynamique équipe a remué ciel et terre pour organiser deux soirées dont l'une où l'ambassadeur de France nous a lui-même accueillis dans sa résidence, pour nous faire rencontrer plusieurs financeurs possibles.

Lyon, où des amis qui étaient venus sur le terrain s'étaient proposés pour tester un nouveau lieu.

Meudon, Paris (15e) et Saint-Germain-en-Laye, où nous avons été très touchés et admiratifs du mal que se sont donné, une fois de plus, tous ces amis qui ont bien compris que les enfants ont besoin de cette fidélité renouvelée et qui, année après année, sans lassitude, nous organisent des séances où ils amènent toujours de nouveaux parrains.

Il n'est pas question, bien sûr, de ne plus revenir revoir nos amis et tous ceux qui nous soutiennent depuis si longtemps mais peut-être pas tous à la fois à une cadence annuelle.

C'est donc très rassurés et reconnaissants envers tous ceux qui se donnent du mal pour les enfants que nous venons de reprendre l'avion pour Phnom-Penh.

Imaginez l'émotion – et la pagaille dans l'aéroport –, devant nos 80 pensionnaires et une partie du personnel venus nous accueillir… On se serre dans les bras. Quel bonheur !

Pendant notre absence, le Centre a bien marché. Nous découvrons les nouveaux bâtiments qui sortent de terre, deux pour la formation professionnelle et une salle polyvalente, et nous retrouvons, émerveillés, tous ces sourires qui font notre joie et celle de tous ceux qui passent, et qui témoignent que nous ne perdons pas notre temps à aider tous ces enfants.

Srieng
(Christian)

Il y a longtemps que nous connaissons cette petite fille. Quand on la rencontrait, elle nous suivait partout comme si elle était perdue. Elle était si frêle, si petite, que je la pensais trop jeune pour être scolarisée. Elle n'était donc pas encore dans notre programme.

Et puis, en début d'année, Leakhéna, qui a voulu que son « groupe du dimanche » reçoive les enfants les plus malheureux parmi les exclus de notre programme, la prend avec elle. Nous découvrons alors qu'elle a plus de 12 ans ! Elle fouille à longueur de journée sur la décharge, mais si le produit de la revente des déchets est inférieur à 1 500 riels, sa maman ne lui donne rien à manger, et la bat à coups de fil électrique.

Mais quand on est petite sur la décharge, on n'arrive pas à ramasser beaucoup car on se fait bousculer et chasser de partout. Et puis, souvent, des grands garçons vous prennent tout ce que vous avez collecté dans votre sac.

Alors, quand elle n'a pas ramassé suffisamment, elle est terrorisée à l'idée de rentrer le soir à la maison. Elle s'accroche à un camion-poubelle qui part vers Phnom-Penh.

Et là, la nuit, toute seule, elle erre dans les rues de la ville, à la recherche de quelques déchets qui pourraient compléter son sac à ordures. Souvent, morte de fatigue, elle s'endort sur les trottoirs sales.

Quand elle revient le matin, personne ne l'a cherchée, personne ne s'est inquiété…

J'ai demandé à Srieng de m'emmener chez elle. Nous sommes arrivés sous un grand hangar. De chaque côté, contre le mur, un châlit et quelques misérables ustensiles indiquaient l'emplacement d'une famille. Elle m'en a désigné un à droite. Il était 9 heures du matin. Sur le lit, une femme totalement ivre essayait de se relever. C'était sa maman.

OCTOBRE

Que du bonheur !

Très belle fin d'année

Au brevet, 71 sur 74 admis pour le Centre de rattrapage, avec 1 mention B et 20 mentions AB, et 9 sur 99 à la formation professionnelle.

Au bac, 25 sur 25 admis pour le Centre de rattrapage (100 % pour la troisième année consécutive !) et 24 sur 35 à la formation professionnelle (avec seulement le samedi après-midi de préparation spécifique, en plus de leurs études professionnelles).

Un vrai métier pour 120 nouveaux étudiants sortant de la formation professionnelle.

Camps d'été 2007

Marisa et Fernando, avec leur famille et aidés par Christophe et Valentine, ont une nouvelle fois fait de ce camp une magnifique réussite pour 3 600 enfants, encadrés par 49 moniteurs européens et 90 moniteurs cambodgiens.

Rentrée 2007

6 000 enfants, dont 1 000 au Centre de rattrapage, et 1 000 à la formation professionnelle.

... mais pas un long fleuve tranquille !

C'est fabuleux de pouvoir, grâce à vous tous, sortir les enfants de leur terrible misère ! C'est un bonheur de les voir s'épanouir, réussir, avoir un métier, créer une famille. Quelle chance nous avons ! Nous nous en remplissons le cœur tous les jours. Mais faut-il vous cacher qu'il y a aussi quelques rudes coups, quelques profondes déceptions, quelques angoisses ? Par exemple quand on est en train de tirer un enfant de la misère, qu'on s'y est attaché, et qu'on le voit lâcher, soit parce qu'il se laisse entraîner vers une mauvaise pente, soit à cause de la pression de la famille.

Il y a, bien sûr, PSE, qui offre gratuitement école, nourriture, soins et qui permettra, si on va jusqu'au bout, de pouvoir gagner honnêtement sa vie, de créer un foyer. Mais il y a la famille qui reste dans la misère, ou qui n'a pas de scrupule à exploiter l'enfant, et qui fait tellement pression sur lui que, déchiré par la misère de ses parents, il angoisse, n'en dort plus, accepte d'abandonner ses études. Car c'est immédiatement que ces familles veulent gagner, et non pas dans quelques années comme le permet PSE. Alors il y a la terrible tentation de l'argent facile. La prostitution infantile se développe et les gains sont bien supérieurs à ceux qu'offriront les métiers fournis par PSE. Mais nous, nous savons la suite : la déchéance, le sida, fatal ici. Voilà. Certains de nos enfants y sont hélas déjà.

Sa plus jeune sœur était revenue en sanglots, inconsolable, après avoir rencontré, en ville, **Srey Nieng** dans une tenue qui ne laissait aucun doute sur ses activités.

Srey Nieng… nous nous souvenions. Comme ses sœurs, elle avait vécu une terrible enfance de viols et de maltraitances mais, sans doute plus fragile, n'a jamais réussi à surmonter ces traumatismes. Elle n'avait fait ici que de petites études, puis avait disparu.

Elle était aujourd'hui méconnaissable, si pâle et si maigre. Nous l'avons convaincue de venir quelques jours au Centre et nous sommes tous mis à espérer. À dix-neuf ans, elle pouvait reprendre ses études, aller vers une belle vie. Mais, pour elle, c'était trop tard, disait-elle, elle n'avait plus la force de se battre et elle est repartie…

Poussée par sa terrible mère qui avait déjà prostitué sa sœur aînée (disparue avec le sida depuis un an), **Nyrothana** avait fait le mur des pensionnaires… pour se vendre 1 000 dollars à un vieux. Imaginez la nuit d'angoisse ici, à courir partout dans Phnom Penh ! Heureusement nous la retrouvions in extremis. Quel mal pour lui faire admettre que, contrairement à la tradition, elle n'était pas obligée d'obéir à sa mère jusque-là !

Alors, elle a commencé à parler : le viol par son père, à l'âge de 10 ans, les coups reçus, etc. Elle n'est pas encore guérie et, il y a quelques jours, nous a avalé une poignée de médicaments…

Vous vous souvenez sans doute de notre adorable Daline. Elle était venue nous interpréter joliment des danses traditionnelles pendant notre tournée 2005 et nous avions parlé d'elle dans un des journaux. Pour elle, c'est différent : c'est la pression de la famille qui la mine. Elle avait eu l'extraordinaire courage de quitter son confort de pensionnaire (oh bien relatif, mais sans bagarre et avec de quoi manger), pour retourner dans la cabane de ses parents où elle avait tant souffert, afin de les sortir de l'alcool, de la violence, de toute cette misère ! Depuis six mois, elle bagarrait, conseillait, suppliait, priait, suivait son père dans les cafés, s'interposait quand, ivre, il voulait frapper sa mère. Elle avait présumé de ses forces et, devant l'échec, n'en pouvait plus. Il y a quelques jours, nous avons été appelés d'urgence : elle venait d'avaler une poignée de médicaments, heureusement arrêtée ensuite par son père. C'est Joseph qui l'a emmenée au service des lavements d'estomac de l'hôpital voisin. Nous connaissons bien ce service. Nous y avons conduit bien des désespoirs !

À son réveil, Dalin voulait repartir tout de suite au combat. Nous l'avons convaincue de se reposer un moment ici.

DÉCEMBRE

Les coulisses de notre Centre de Phnom-Penh

Non, nous ne sommes pas tout seuls pour faire tourner le Centre !... 360 employés et 120 journaliers, tous cambodgiens, s'investissent avec cœur pour sortir de la misère ces enfants qui sont les leurs. 150 professeurs et instituteurs, enseignent aux 1 000 enfants du Centre de rattrapage et aux 1 000 jeunes de la formation professionnelle. 68 personnes, au département social, suivent 3 000 familles, sélectionnent les enfants les plus pauvres parmi les plus pauvres, pour les faire entrer dans nos programmes et s'occupent des 4 000 enfants que nous avons en charge dans les écoles publiques extérieures. 31 personnes sont en charge de la santé de 20 000 enfants (au Centre et dans les écoles extérieures). Les cuisinières assurent 10 000 repas et casse-croûte par jour. 120 journaliers travaillent à la couture, à l'entretien, à la cuisine. Et il y a encore toute l'administration, avec la comptabilité, les achats, la photocopie, le service du matériel audiovisuel (50 personnes), le département des ressources humaines, responsable des embauches et de la formation du personnel (5 personnes), le service d'orientation, qui aide les jeunes à choisir leur formation et leur futur métier, le département des relations extérieures, qui trouve les stages et aide les jeunes diplômés à chercher leur travail, le département informatique, le département entretien, le département construction… C'est tout cela, PSE, sans oublier les équipes de nos Centres de Siem Reap et de Sihanoukville.

La Volpaïa !

À Phnom-Penh, la place de la Poste est tout à fait charmante. C'est une ancienne place française avec ses maisons de style colonial et, sur cette place, un restaurant italien tenu par un Coréen !

À l'intérieur, la salle est pleine de clients. Et au milieu d'eux, dix jeunes gens et jeunes filles, cinq au service et cinq dans la cuisine impeccable, ouverte sur la salle. Ils sont souriants, accueillants, même polyglottes et s'activent pour vous servir de particulièrement délicieuses pizzas et autres « pastas ». Mais la grande joie pour nous, c'est qu'ils sont tous nos enfants. De notre table, nous les regardons, émus et fiers. Ils font tellement plaisir à voir, bien dans leur métier, beaux comme des as, rapides et compétents !

Nous ne pouvons nous empêcher de nous souvenir d'où ils viennent… Bien sûr, ce miracle, nous le constatons régulièrement, avec nos 800 anciens, appréciés, grâce à vous tous, dans les entreprises du pays. Mais dix d'un coup !… C'est ce bonheur que nous voudrions vous faire partager.

2008

MARS

Nos principes de base à la FP

– La meilleure école pour les plus pauvres.

– Des formations longues et de qualité, même pour de bas niveaux scolaires.

– Pour chacune de nos écoles de formation, un partenariat pédagogique avec des écoles européennes de haut niveau.

– Une année de classe préparatoire, entre la scolarisation et la formation, qui permet aux étudiants, entre autres choses, de découvrir les filières qui leur sont proposées en fonction de leur niveau scolaire, et d'améliorer leurs connaissances en langues (20 heures par semaine pour l'indispensable anglais, et le français pour les plus doués) et en informatique.

– Et une solide équipe de direction.

Ils ont trouvé un vrai travail

110 diplômés cette année... au cours d'une belle fête *... et près de 900 anciens depuis le début de la FP*, qui veulent aider les plus jeunes.

JUIN

Avec les Cambodgiens...

Dès le départ, notre objectif n'était pas de créer, pour ces enfants, un programme isolé de l'ensemble du système cambodgien. Nous voulions, au contraire, **nous intégrer au maximum dans le contexte local**, c'est-à-dire travailler en collaboration avec les autorités de l'Éducation cambodgienne et en liaison avec leurs propres programmes.

En bref, il s'agissait donc de **sauver les enfants et d'aider à redresser ce pays, non pas tout seuls dans notre coin et avec nos propres idées, mais avec les Cambodgiens**. C'était notre objectif, et c'était également une demande expresse des autorités du pays.

Mais la guerre avait laissé une situation d'énorme **carence en personnel qualifié**. On se souvient que les Khmers rouges avaient éliminé systématiquement toutes les personnes qui savaient quelque chose et, pour les remplacer aujourd'hui, le système éducatif n'était pas près de pouvoir fournir les compétences nécessaires.

Il a alors fallu beaucoup d'expatriés (infirmiers, médecins, enseignants, formateurs, administratifs...). Tous ces expatriés étaient chargés, bien sûr, de faire marcher les projets, mais aussi de former des Cambodgiens. Un gros travail de formation a aussi été effectué dans les domaines du management, de la gestion, de la comptabilité...

Aujourd'hui, nous avons la fierté de considérer que cette étape a été une réussite et pouvons annoncer que **notre équipe est maintenant entièrement cambodgienne**.

Nous-mêmes avons passé les rênes de la direction à une belle équipe très motivée et dévouée à la cause des enfants, **sous la houlette de Pin Sarapich**, dit Pich, que beaucoup d'entre vous connaissent.

Cela a pour résultat d'élargir encore les bénéfices de notre action car, dans ce pays si pauvre, en plus des 6 000 enfants pris en charge et des 900 qui ont déjà un vrai métier, nous fournissons du travail à **plus de 400 employés** (instituteurs, professeurs, formateurs, personnel médical, assistants sociaux, cadres, etc.) venant de familles bien modestes aussi et qui, sans nous, n'auraient pas les moyens d'assurer correctement les études de leurs enfants. Cela représente également beaucoup d'enfants...

Le fonctionnement est donc maintenant le suivant : **la direction cambodgienne dépend directement du conseil d'administration de PSE**, qui lui fixe des objectifs, un budget, des indicateurs de contrôle de qualité de la gestion.

Notre application à **respecter le pays et la culture khmers**, et à **employer du personnel local**, a été repérée par les autorités car, dans l'aide aux pays pauvres, bien souvent une grande partie est consacrée aux salaires d'experts expatriés et bien peu reste dans le pays.

Mais nous avons tous une **responsabilité vis-à-vis des donateurs**, sur la bonne utilisation de l'argent qu'ils nous confient. Et notre devoir absolu est de la contrôler.

Dans ce sens, nous avons mis sur pied tout **un système de qualité de gestion, de procédures, d'audits internes et externes**. Le trésorier, le commissaire aux comptes et l'expert-comptable organisent annuellement des audits sur place. Et, **dans chacun des programmes, un expert professionnel** devra aussi venir régulièrement vérifier les niveaux de qualité. Il n'y aura donc plus d'expatriations longues mais il y aura toujours besoin de **missions techniques courtes, par des professionnels**.

Nous-mêmes devenons **davantage Papy-Mamie** et moins opérationnels. Et quand on sait le besoin qu'ont les enfants d'exprimer leurs souffrances, d'être écoutés, de se confier, alors qu'ils ne peuvent le faire dans leurs familles complètement démolies, et quand on se rappelle leur nombre, nous ne sommes pas encore au chômage… Et puis il y a tous ceux qui n'ont pas d'autre famille que nous…

En raison de l'agrandissement de nos implantations, la **petite maison** que nous avions achetée en dehors, se retrouve maintenant **en plein milieu du Centre**.

Quelle joie, d'être entourés de tous nos enfants !

Nous continuerons, bien sûr, à vous envoyer de leurs nouvelles.

Deux magnifiques réussites !

D'une famille très pauvre, aînée de quatre enfants, *Chea Davine (aujourd'hui 22 ans)* ramassait les ordures avec sa mère, le père ayant depuis longtemps disparu en abandonnant tout le monde.

Lorsqu'elle rencontra Papy, à 12 ans, elle lui demanda de pouvoir étudier. Étant donné son grand retard scolaire, Davine fut donc admise au Centre de rattrapage et, six ans plus tard, elle réussissait son bac, dans la première promotion des bacheliers issus de notre Centre. Nous avions déjà remarqué cette jeune fille qui, à 14 ans, lors d'une séance de théâtre qui représentait la vie épouvantable de beaucoup d'entre eux, haranguait ses camarades spectateurs avec une force et une conviction étonnantes pour son âge : *« Est-ce que c'est normal, cette situation ?... Vous êtes d'accord, qu'on doit changer tout ça ?... »*

Déjà, nous nous disions qu'elle irait loin et qu'elle serait sans doute une de celles sur qui nous pourrions compter pour réaliser notre rêve que les enfants reconstruisent ce pays blessé dans son âme.

Davine, logée dans nos foyers des étudiants, termine ses quatre années de licence de droit, ainsi que la fac de lettres françaises, tout en assumant la responsabilité des foyers des filles.

Vous l'avez peut-être déjà rencontrée, si vous êtes venus voir notre Centre car c'est elle la charmante hôtesse responsable des visites le samedi matin.

Aujourd'hui, elle vient de nous apprendre son admission à l'ERA, l'École Royale d'Administration, équivalent de notre ENA ! Nous en avons pleuré d'émotion en revoyant le chemin parcouru... De la décharge aux postes des plus hauts fonctionnaires de l'État !... Nous avons encore de la peine à y croire.

Dans les soirées de nos tournées, vous avez souvent entendu Christian dire : « *Et si l'un ou l'autre de nos enfants devenait secrétaire d'État, par exemple…, cela pourrait changer beaucoup de choses dans ce Cambodge encore si malade…* »

Et voilà que le rêve est en train de se réaliser !

Même parcours brillant pour *Em Srey Thie, 21 ans.*

Deux futures hauts fonctionnaires dans nos premières promotions d'universitaires !… Vous pouvez être fiers de vos enfants et, si vous ne l'étiez déjà, convaincus que votre aide est vraiment bien utilisée !

OCTOBRE

Grâce aux nouveaux parrains

… 500 enfants de plus accueillis dans nos programmes.

Cette année, moins de chiffonniers de la décharge, et davantage de chiffonniers des rues.

Quelle joie d'être nourri, soigné et de pouvoir aller à l'école, ou y retourner quand on a dû abandonner !

Parce qu'on sait bien que c'est la seule façon de quitter les travaux pénibles, la misère, le désespoir et, surtout, de pouvoir commencer à rêver à un avenir.

Droit au cœur !

L'autre jour, Bopha, s'excusant de ne pas avoir d'argent pour nous faire un plus joli cadeau, nous a offert un bouquet, qui vous est aussi destiné, et qu'elle a fabriqué avec… des écailles de poisson !

Quel ravissant et énorme travail !

Sur une des branches, était accroché un petit papier : *« Les écailles de poisson, c'est sale, ça sent mauvais, et tout le monde les jette à la poubelle. C'est comme nous avant. Nous vivions dans les ordures et tout le monde nous méprisait. Mais vous êtes venus nous ramasser dans la décharge pour faire de nous un joli bouquet de fleurs… »*

Nous avons, bien sûr, pensé à ces centaines d'enfants, maintenant magnifiques et bien dans leur vie.

De votre part à tous, nous l'avons embrassée, vous devinez avec quelle émotion…

Bopha vient de réussir son bac et, très artiste, commence une année de prépa pour faire ensuite des études de « design ».

Pchum Ben…, la Fête des Morts

Leakhéna se souvient…

« Nous venons de terminer la fête de Pchum Ben. C'est une des trois fêtes les plus importantes au Cambodge, avec le Nouvel An, en avril, et la Fête des eaux en novembre. Pendant quinze jours, toutes les familles vont à la pagode, en tenue de fête, apporter aux ancêtres du riz et leurs meilleurs plats. On essaie de mettre de la nourriture dans plusieurs

pagodes car les ancêtres vont chercher les offrandes dans sept pagodes et, s'ils n'en trouvent pas, ils sont très fâchés et alors, gare à nous !

Quand j'étais petite, j'adorais cette période. Comme j'avais un oncle qui travaillait dans la pagode, on pouvait « s'empiffrer » après les bonzes. Et puis on pouvait gagner un peu en mendiant car, ces jours-là, tout le monde donne des petits sous. On pouvait aussi garder les chaussures que les gens doivent enlever pour entrer dans la salle de prière.

À l'intérieur, il y a une foule énorme, une épaisse fumée d'encens et un vacarme incroyable car chaque bonze a son propre porte-voix.

Les familles font tout un circuit et déposent leurs plats devant les bonzes qui font une prière pour que la nourriture passe directement aux ancêtres. Après, on va prier devant la statue de Bouddha en brûlant de l'encens. »

DÉCEMBRE

Tenir bon !

Qui aurait pu imaginer que cette crise dont tout le monde parle frappe immédiatement et dramatiquement nos familles les plus pauvres ?

Qui aurait pu faire un rapport entre l'effondrement de l'industrie automobile et la situation de nos chiffonniers ?

Nous-mêmes avons mis du temps à réaliser ce qui se passait. Bien sûr, on entendait dire que cette crise de l'automobile avait provoqué la chute brutale des cours des métaux et des matières premières. Mais cela ne pouvait toucher que les lointains spéculateurs boursiers…

C'est quand les nouvelles alarmantes sont venues de la décharge que nous avons réalisé que le circuit de récupération dépendait directement du cours de ces matières premières. Mais nos familles ne comprennent toujours pas ce qui leur arrive.

Les maigres revenus tirés de leurs récupérations de bouts de plastique, de cuivre, d'aluminium… ont été divisés par deux ou trois depuis trois mois. Le plastique, qui pouvait se revendre, pour le recyclage, 900 riels le kilo (il faut 5 600 riels pour faire 1 euro), n'est plus racheté que 150 riels. Les métaux ferreux sont descendus de 1 200 à 300 riels le kilo ; le carton, de 500 à 150. Les canettes vides ne valent plus grand-chose, les fils de cuivre non plus. Il y a quelques mois, une famille arrivait, en une longue journée de travail, à gagner près de 2 euros pour toute la maisonnée. Aujourd'hui, elle ne peut rapporter que 5 000 riels au maximum (moins de 1 euro). Et quand on sait que le riz, à 2 500 riels le kilo, la viande et le poisson, ont presque doublé, de même que le loyer des terrains où poser leurs pauvres baraques, on imagine le résultat…

Alors les familles n'ont plus les moyens de manger autre chose qu'un peu de riz, avec quelques pauvres tiges de liserons d'eau. Nous avons vu, dans plusieurs maisons, qu'on avait acheté et fait cuire des arêtes de poisson, pour l'odeur. Il n'y a plus de protéines mais un sérieux risque de famine. C'est un défi à relever !

Il faut prendre des mesures d'urgence.

Des défis, avec vous, nous en avons relevé d'autres. Et, tous ensemble, nous relèverons aussi celui-là ! Ce n'est pas le moment de lâcher, mais de bagarrer et de

tenir bon. Et, comme disait sœur Emmanuelle : « Yallah ! En avant ! »

La décharge déménage

C'est une bonne chose et nous devons nous en réjouir car, avec l'extension de Phnom Penh, elle finissait par se trouver presque en centre-ville, polluant tout.

Par contre, la nouvelle décharge, qui doit ouvrir mi-2009, se trouve à une dizaine de kilomètres de chez nous.

Il est prévu que certaines familles aillent habiter là-bas. Et d'autres familles vont être expulsées, quelquefois beaucoup plus loin.

Tout ceci va nous obliger à relever de nouveaux défis. Pour que les enfants puissent continuer leurs études, il va falloir développer :

– des systèmes de ramassage scolaire, car il n'existe aucun transport en commun à Phnom-Penh ;

– des possibilités d'internat pour un nombre d'enfants qui pourra être assez considérable.

(Dans l'urgence, les salles de classe, le soir, se feront dortoirs, et des professeurs se proposent d'être familles d'accueil en attendant la construction d'un vrai internat sur un terrain proche.)

Phirom, 21 ans

Beaucoup d'entre vous le connaissent. Orphelin, il vivait dans la pagode, recueilli, avec ses deux sœurs, par une gentille vieille dame qui leur servait de grand-mère mais qui ne pouvait pas leur payer l'école. Très doué pour le dessin et le théâtre, il faisait rire tout le monde par ses pitreries. Nous l'avons mis en famille d'accueil. Très idéaliste il s'est pourtant, hélas, laissé entraîner dans des bandes et est devenu un adolescent bagarreur qui se mettait toujours dans des situations impossibles, pour finir par devenir un vrai voyou. De fugue en retour, il avait quand même réussi son bac. Puis il a commencé la filière de notre école de management mais n'a pas tenu l'année et a quitté le foyer des étudiants. Manifestement, ce n'était pas son truc.

À notre retour de France, Papy l'a rencontré, traînant dans la rue, maigre et malade. Quand il lui a proposé de faire de la photo et du film avec lui, d'apprendre le métier de cameraman, son regard s'est éclairé et il a tout de suite accepté. Dès le lendemain, il s'était trouvé une chemise correcte, et fait couper les cheveux. Plus rien à voir avec celui de la veille !...

Il fait partie, comme stagiaire, de cette petite équipe que Papy veut former à l'audiovisuel car il y a des débouchés possibles. Il a encore beaucoup à apprendre mais il est passionné, plein d'idées et d'énergie. Ouf ! En voilà un qui revient de loin...

Et quel bonheur de le voir aujourd'hui heureux, ayant trouvé sa voie... et sauvé !

2009

MARS

D'abord les bonnes nouvelles :
la réunion des anciens... un grand moment

Samedi 21 février : une joie que nous voudrions partager avec vous tous !

Cette année, encore, la réunion se fera en deux fois : aujourd'hui à Phnom-Penh, où les anciens sont les plus nombreux et début mars à Siem Reap (Angkor). Ceux de Sihanoukville sont invités ici aussi.

Ils vont venir de partout : des hôtels, des restaurants, des entreprises... où ils sont parfois dix ou douze dans les mêmes compagnies.

Malheureusement, tous ne pourront pas venir car les emplois dans l'hôtellerie et les services ne permettent pas toujours de se libérer facilement, même un samedi.

Nous les attendons avec émotion et curiosité. C'est notre famille que nous recevons. Et nous savons, car ils nous le disent à chaque occasion, que, pour beaucoup d'entre eux qui n'avaient que des familles brisées, PSE représente énormément. C'est leur famille aussi. On a vécu tant de choses ensemble…

Vers midi, ils commencent à arriver, tous plus beaux et souriants les uns que les autres, qui avec un conjoint, qui avec un enfant… Joyeuses et bruyantes retrouvailles.

Ils commencent par visiter le Centre, qui a déjà bien changé pour ceux qui sont sortis les premiers.

Et puis, après quelques mots de Papy et Pich, puis de Sovan, c'est la réunion statutaire de leur assemblée générale. Impressionnant de voir le sérieux et la compétence qu'ils mettent à construire les bases de leur association.

Khun Chantha, le président élu l'an dernier, présente les activités de l'année écoulée et les perspectives pour celle à venir. Il redéfinit les buts de l'association : une entraide entre les membres, mais aussi le projet d'aider les plus jeunes. Avec leurs salaires de début de carrière, inespérés mais quand même bien modestes, ils ne peuvent, bien sûr, pas encore aider financièrement. Il faut d'abord sortir la famille de la misère et, bien souvent, se monter en ménage.

Mais ils ont d'autres manières de le faire. En faisant de la publicité pour PSE par leur conduite modèle, en signalant les postes disponibles dans leur lieu de travail. Et là, ils ont magnifiquement débuté : ils ont déjà trouvé 60 places pour ceux d'entre eux qui cherchaient du travail !

Quelle joie de regarder cette assemblée devant nous ! Ils font tous plaisir à voir, « bien dans leur peau », resplendissants.

Après les réunions formelles, tout le monde se retrouve dans la cour. Quel plaisir d'aller de l'un à l'autre.

« Que deviens-tu ? – Je suis mariée. J'ai un bébé et je travaille dans tel restaurant ».

« Et toi, où en es-tu ? – Je travaille dans telle société. Et je vais me marier l'année prochaine avec une telle, qui est aussi une ancienne de PSE… »

Et tout cela en français ou en anglais, s'il vous plaît !

Défilent dans notre tête les images d'avant, ces gosses affamés et en loques, fouillant dans les ordures. Et de les voir maintenant pleinement heureux, c'est vraiment miraculeux. Nous voudrions que tous les parrains soient là. Comme nous, ils seraient fiers d'avoir participé à cette fabuleuse métamorphose.

… et les moins bonnes

Dans cette petite lettre, nous sommes tellement contents de vous pouvoir vous donner des bonnes nouvelles !

Après tout, vous les méritez. Vous vous donnez du mal, vous sacrifiez de vos revenus et, grâce à vous, nous avons réussi à construire un magnifique outil à sauver les enfants, à leur redonner une chance de vie, une dignité et une possibilité de s'intégrer dans la société.

Au milieu de toutes les mauvaises informations qui vous parviennent actuellement, vous avez le droit de vous réjouir de l'efficacité de votre aide et de ses résultats.

Et c'est ce que nous n'avons pas de mal à faire dans cette petite lettre. Grâce à votre aide, il se passe, ici, des miracles.

Dans cette grande famille qu'est PSE, on partage les joies mais également les difficultés.

Notre association se veut toujours plus efficace. Avec une rigueur et un professionnalisme reconnus de tous, elle transforme toujours mieux les enfants les plus misérables en techniciens compétents pour le marché de l'emploi.

Mais c'est ce marché qui nous inquiète.

Pour créer nos formations, nous avions fait des études sérieuses qui nous avaient donné comme axes de développement le tourisme, les services et le bâtiment.

C'est cela qui nous avait fait créer des formations bien adaptées à la demande, et pour lesquelles nous étions sûrs de pouvoir placer nos enfants : notre école hôtelière, nos écoles de secrétariat et de management, des métiers du bâtiment, d'assistantes maternelles, d'employées de maison, de mécanique, etc. etc.

Nous ne nous étions pas trompés et le résultat était là : près de 100 % de nos enfants placés !

Et c'est là que les mauvaises nouvelles arrivent.

La crise frappe le Cambodge de plein fouet. À ce jour, baisse considérable des arrivées de touristes ; des hôtels remplis à 30 % seulement ; pour beaucoup, aucune réservation prévue à partir du mois de mai prochain, arrêt des embauches pour la plupart, et réduction du nombre des stagiaires ; des usines, des agences de voyages qui ferment ; les grands travaux arrêtés (60 % de baisse dans le secteur)…

Comment allons-nous placer les 200 jeunes qui vont sortir à la fin de l'année ?… Et pourvu que l'on ne nous renvoie pas trop de ceux qui sont déjà en poste…

Ici, pas d'assurance chômage, aucune indemnité. C'est le retour certain à la décharge ou à d'autres endroits de misère.

À PSE, ce n'est certainement pas le moment de se décourager ou de baisser les bras mais de se serrer les coudes et de réagir.

Notre équipe est en train d'étudier des remplacements pour les hôtels, d'envisager de prolonger ou de réorienter certaines formations (mais cela risque d'augmenter les coûts), de voir du côté des restaurants locaux, moins dépendants du tourisme, etc.

Ici, tout le monde est sur le pont.

Plus que jamais, nous avons besoin de tous !

La décharge tue encore...

Sreymao avait 17 ans. Elle est morte sur la décharge, le 13 février à 5 heures du matin, après une nuit de travail épuisant, à ramasser les ordures. Une charrette tombée d'un camion.

À 12 ans, sa famille n'arrivant plus à survivre, elle avait arrêté ses études en niveau 3 (CE2)' pour venir travailler toute seule à Phnom Penh. Elle gardait des enfants pour 15 dollars par mois, qu'elle envoyait à ses parents en province.

Mais la famille s'était endettée à cause des inondations qui avaient anéanti leur petit champ de maïs et à cause de la maladie du papa (personne n'est assuré, ici). Deux ans plus tard, après avoir dû vendre son lopin de terre pour rembourser les dettes, elle est venue rejoindre Sreymao à Phnom Penh. La mère vendait des gâteaux dans la rue, et le père était ouvrier journalier (intermittent) sur les chantiers, mais ils ne gagnaient pas assez pour vivre.

Alors, début 2008, ils ont décidé d'aller tous ramasser les ordures à la décharge de Stung Meanchey. C'est là que, pour Sreymao, s'est arrêtée une vie qui n'aura été que misère.

Le plus triste de cette terrible histoire, c'est que Sreymao et une de ses sœurs étaient tout heureuses d'avoir été sélectionnées, quelques jours auparavant, pour entrer dans notre Centre de rattrapage !

... et la misère aussi !

Encore une fois, une maman vient de mourir sous les coups du papa ivre. C'est le cycle habituel de la misère totale. Ici, pas d'assurance médicale, pas de RMI, rien. Quand il n'y a plus de quoi se nourrir, quand il n'y a plus d'espoir, quand on est rejeté par tous, alors c'est l'alcool qui permet d'oublier, le mauvais alcool des pauvres, celui qui ronge l'estomac et qui rend violent ou fou. Quelle bien triste vie ! Nous avons mis les trois enfants dans une de nos familles d'accueil, une bonne famille.

Des médailles olympiques pour les enfants de PSE avec un handicap

Le Comité des Olympiades spéciales organise, tous les deux ans, des compétitions de football, pétanque et athlétisme pour les sportifs avec un handicap mental, du Laos, de Thaïlande, du Vietnam, de Birmanie et du Cambodge.

Quinze jeunes de la section d'enseignement adapté ont participé, en 2008, à ces épreuves éliminatoires au Cambodge et deux élèves de PSE ont été sélectionnés dans l'équipe nationale qui s'est déplacée en Thaïlande. Les sportifs cambodgiens avec un handicap ont rapporté trois médailles en athlétisme, une d'argent et deux de bronze. Bravo à nos jeunes ! Nous pouvons être fiers d'eux et nous espérons qu'ils feront au moins aussi bien en 2010 en Chine !

JUIN

Pour relever les nouveaux défis…

Nous en avons parlé dans les lettres précédentes mais, pour tous les parrains et donateurs qui nous rejoignent, nous rappelons les défis auxquels PSE doit faire face en raison du déménagement de la décharge, et de la crise.

La crise, c'est un peu comme une échelle qui serait au-dessus d'un plan d'eau, chaque pays occupant un échelon en fonction de ses moyens. Quand l'échelle descend, tout le monde perd, mais ceux qui sont en bas, sont sous l'eau…

1° Le déménagement de la décharge va immédiatement provoquer le déplacement des familles de chiffonniers et une augmentation du coût des terrains avoisinants, que la présence de la décharge dévalorisait énormément. Beaucoup d'autres familles pauvres ne pourront plus louer le petit terrain d'une dizaine de mètres carrés où elles installaient leur cabane en bois, et devront partir aussi.

Pour ceux que nous scolarisons dans les écoles de la commune, nous continuerons à les soutenir en nourriture, en scolarisation et en soins, là où ils iront.

Cela supposera, bien sûr, beaucoup de déplacements de nos assistants sociaux.

Mais, où iront les élèves de notre Centre (rattrapage et formation professionnelle) le soir, après la classe, si leur famille habite maintenant très loin ? Nous avions en effet prévu l'emplacement de notre Centre à proximité de la décharge pour que les enfants puissent y venir à pied.

Allions-nous les voir obligés de quitter notre Centre et leur seule chance de sortir de la misère et de la famine, les uns après les autres ? Allions-nous baisser les bras ?

Certainement pas !

Unanimement la décision suivante a été prise :

Tous les enfants que nous avons en charge devront pouvoir aller jusqu'au bout de leurs études et jusqu'à leur métier.

Belle décision qui nous réjouit jusqu'au fond du cœur mais qui va nous obliger, tous, à redoubler d'efforts et trouver des fonds pour deux sortes de solutions :

– ramassage scolaire : acheter camions et bus pour effectuer ce ramassage si les familles n'habitent pas à plus de 20 kilomètres (ici il n'y a aucun transport public) ;

– création d'un pensionnat : ceci suppose l'achat du terrain qui jouxte notre Centre et la construction de bâtiments « rez-de-chaussée plus deux étages ».

Cela aura l'avantage de nous permettre, à l'avenir, de pouvoir aider de nouveaux enfants en détresse, qui n'habitent pas dans le voisinage.

2° La baisse des cours des matières premières et, en conséquence, celle des coûts des récupérations, a fait chuter de moitié, voire des deux tiers, le revenu des familles des chiffonniers. Ce revenu, qui équivaut maintenant à environ 1 dollar par jour par famille, ne leur permet plus de nourrir les leurs et de payer le petit loyer du terrain où construire leur cabane. En dehors d'un peu de riz, ils n'ont rien pour l'accompagner. Ce manque total de protéines les met en danger et on risque le retour de graves carences, avec les maladies qui en découlent.

PSE suit les familles de très près et a pris déjà plusieurs mesures d'urgence pour pallier ce risque de famine :

– libérer les mamans en prenant leurs jeunes enfants dans les garderies, afin de leur permettre d'ajouter au revenu du papa ;

– surveiller la nutrition de nos enfants en écoles publiques, en nourrissant également le soir ceux qui en ont besoin ;

– augmenter le nombre des emplois sociaux au Centre, afin de fournir travail et revenu aux familles les plus en difficulté.

Nous avons donc besoin de parrainages supplémentaires pour la prise en charge des petits enfants dans nos programmes, même s'ils ne sont pas encore scolarisables.

3° Le tourisme a baissé de près de 30 %. La conséquence est que les grands hôtels, dans lesquels travaillent beaucoup de nos jeunes, ont décidé, pour le moment, de ne plus embaucher. Après études, dans le choix des formations, nous avions misé sur le tourisme, et nous avons eu raison car beaucoup de nos anciens ont actuellement de bons emplois dans ce domaine. Mais la crise nous pose le problème du placement de nos prochaines promotions. Là aussi, diverses mesures d'attente ont été mises en place :

– une recherche vers les hôtels et restaurants locaux, moins tributaires du tourisme étranger, même si les salaires proposés sont moins attractifs ;

– un éventuel prolongement des formations, en attendant la reprise, mais bien sûr cela augmentera les coûts…

Meysang et sa sœur Meyseang

Meysang, 21 ans

Tous les anciens la connaissent. C'est une des premières que nous avons rencontrées, toute petite sur la décharge, une des plus misérables… et des plus maltraitées.

Le mal qu'elle se donnait pour ramasser, dans l'infect, quelques bouts de carton, de plastique, ou quelques canettes, était incroyable. Du matin au soir, elle n'arrêtait jamais, courant là, sautant sur les camions, pataugeant dans le « jus » immonde des déchets pourris.

Son papa refusait qu'elle cesse 10 minutes pour venir manger le repas que l'on offrait le matin car cela lui ferait perdre du temps… et il avait menacé Christian d'un coup de fusil… Elle n'avait pas le droit de s'arrêter et ne connaissait que la décharge.

Jusqu'au jour où Christian, en arrivant un matin, l'a aperçue titubant, tombant dans l'infâme bouillie, et se relevant, dégoulinante, comme un oiseau englué dans une marée noire. Là, pris de rage, il a foncé pour la ramasser et l'emmener au repas.

Après, cela a été une longue bagarre avec le papa, pour essayer de la sortir de là. Même en venant à l'école, bien irrégulièrement, elle a longtemps continué à être chiffonnière.

Partie de la maison pour fuir la violence, la maman est morte peu de temps après et, à la mort du papa, Meysang est devenue pensionnaire.

Aujourd'hui, elle a passé le bac et a fait notre école de secrétariat. Beaucoup de possibilités s'offraient à elle mais nous avons été très émus d'apprendre qu'elle était intéressée par l'aide aux plus pauvres.

Alors, aujourd'hui, Meysang se retrouve… sur la décharge, comme assistante sociale débutante.

Nous sommes sûrs qu'elle comprendra bien les problèmes des familles et saura trouver les solutions.

Meyseang, 18 ans

Beaucoup d'entre vous ont vu, au cours de cette tournée, notre danseuse étoile, resplendissante et si gracieuse !

Le jour où nous avons découvert cette horrible décharge, elle était là, toute petite, presque encore bébé, à fouiller dans les déchets immondes, torse nu et vêtue d'une simple petite culotte, pieds nus, armée de son crochet, avec sa grande sœur qui, elle, devait avoir 7 ans. Toutes les deux étaient dans un état de crasse inimaginable.

Quand nous avons commencé à servir les premiers repas, directement sur les ordures, leur père ivre dès 7 heures du matin nous a menacés, en hurlant que cela leur faisait perdre du temps, de venir prendre une assiette de riz. C'est en cachette que Papy leur glissait un sandwich quand il arrivait à la décharge.

Meyseang s'est mise à grandir sans histoire, effacée et studieuse. On l'aurait presque oubliée, contrairement à sa sœur dont on savait toujours quand elle était là...

À la fois discrète et « bien dans sa peau », elle nous a étonnés le jour où elle est venue accompagner une amie qui voulait nous faire part de ses problèmes.

Nous avons alors pris conscience qu'elle parlait français et anglais et qu'elle réussissait partout dans sa scolarité. En dehors des cours, elle travaille beaucoup toute seule, sans faire de bruit.

Aujourd'hui en terminale, elle est bien décidée à passer son bac au retour de la tournée.

Dans Nain-Bus (notre camping-car), c'est un régal de vivre avec cette petite bonne femme rigolote et pleine d'humour.

Et quel bonheur de la voir danser sur scène, sûre d'elle, et heureuse

2009

SEPTEMBRE

Message de Papy-Mamie

Cette fois-ci, ça y est ! Nous vous en avions parlé dans les lettres précédentes. **Le déménagement de la décharge** sur un nouvel emplacement à 12 kilomètres de l'ancienne est effectif depuis le 20 juillet dernier.

Le résultat, c'est que les maigres revenus de nos familles chiffonnières, qui assurent à peine leur survie, doivent encore être amputés du prix du trajet aller et retour. Et pourtant, si vous saviez le courage de ces familles, de ces mamans déjà exténuées ! Certaines ont bien essayé d'aller habiter près de cette nouvelle décharge, en louant un terrain pour reconstruire leurs pauvres cabanes, mais elles ont été priées (par les autorités) de plier bagages, car leur présence était considérée comme insalubre.

Cette fois-ci, c'était la catastrophe, beaucoup n'avaient plus de quoi manger et il a fallu parer au plus pressé. Devant la gravité de la situation, il a fallu absolument prendre toute **une série de mesures d'urgence** :

– reloger, sur un de nos terrains, des familles qui ne pouvaient plus payer leur loyer ;

– augmenter les capacités des garderies pour prendre en charge les petits, même non encore scolarisables, afin de permettre le travail des mamans ;

– augmenter le nombre des repas distribués ;

– et, surtout, dépanner beaucoup de parents en leur donnant un travail provisoire (même fictif) au Centre.

Il fallait le faire. C'était une question de survie.

Mais tout cela dépassait, bien sûr, nos prévisions et a bousculé notre association. Ces enfants pris en charge en plus font que nous nous retrouvons avec beaucoup **plus d'enfants que de parrainages disponibles.**

C'est une situation qui ne peut pas durer et il faut absolument réagir en trouvant, d'urgence, de nouveaux parrainages.

Nous sommes capables de le faire ! Tout le monde peut participer à ce défi ! Si chacun pouvait trouver simplement ***un*** parrainage en plus du sien (celui d'un voisin ou d'un ami), ce serait gagné.

Mais peut-être avez-vous encore de meilleures idées ?...

Préserver notre meilleur atout :
une gestion rigoureuse !

Chaque année l'association est contrôlée par des audits professionnels :

– **des administrateurs** se rendent régulièrement au Cambodge afin de s'assurer de la conformité des réalisations, sur le terrain, avec l'éthique de PSE et les promesses faites aux donateurs, de contrôler la bonne utilisation des fonds ;

– un contrôle annuel sur l'ensemble de la gestion est effectué par un **commissaire aux comptes** et **l'expert-comptable.**

De plus, PricewaterhouseCoopers, n° 1 mondial de l'audit, a accepté de faire gracieusement une révision générale de l'association, et des recommandations, aussi bien en France qu'au Cambodge.

« Au terme des travaux réalisés, nous sont apparus :

◊ Le dévouement évident et remarquable des principaux acteurs de l'association (qu'ils soient salariés ou bénévoles) et leur engagement pour offrir le maximum de bénéfices aux enfants, avec les moyens disponibles.

◊ La forte focalisation des équipes dirigeantes sur la qualité de la gestion et le strict respect de la conformité de l'utilisation des fonds à l'objet social de PSE.

◊ La volonté de s'améliorer continûment pour sécuriser l'ensemble des processus sous revue ».

(**Bernard Nivollet** – PricewaterhouseCoopers – 17 juin 2009) »

Un nouveau Centre de rattrapage scolaire

Quand on s'adresse à des familles extrêmement pauvres, on y trouve souvent des enfants qui ne sont jamais allés à l'école, ou qui ont dû l'abandonner à cause de la misère. Il n'est pas question de mettre ces enfants de 12, 13, 14 ans ou plus, avec des enfants de 6 ans et de leur faire faire un niveau scolaire par an.

Jusqu'à présent, notre Centre était le seul, dans le secteur, à faire du rattrapage : deux niveaux par an, avec une pédagogie très dynamique et participative et s'adressant à des « grands ».

Nous avions acquis une expérience unique et l'Éducation nationale nous demandait de répandre nos compétences dans l'école publique

Aussi, depuis la rentrée dernière, devant le nombre encore énorme d'enfants ayant plus de trois ans de retard, nous avons mis en place un rattrapage dans une école où il y a beaucoup de nos enfants, celle de Boeung Salang.

Cela a supposé la construction d'un grand bâtiment de 15 classes, un complément de salaire pour les professeurs, ainsi qu'une aide pédagogique.

Et, au bout de la première année de fonctionnement, le pari est gagné : 80 % ont réussi l'examen de passage, les 20 % restant étant des enfants entrés en cours d'année.

Sur le même modèle, nous venons de mettre en route des classes de rattrapage dans trois autres écoles du district, où nous avons des enfants : une belle réussite !

DÉCEMBRE

Une crèche pour Samnang !

Le 6 décembre dernier, nous l'avons trouvée dans le centre-ville de Phnom-Penh, mendiant avec son bébé dans les bras.

Elle paraissait tellement épuisée... Nous nous sommes arrêtés pour parler un peu. Son mari était chiffonnier en ville, pendant que sa mère gardait ses deux autres enfants devant la gare.

Avant, ils avaient un petit terrain à la campagne mais, peu à peu, il s'était effondré dans le fleuve.

« On n'avait plus rien alors on est venus en ville. On a trouvé à coucher par terre, à la gare, en payant 1 000 riels (20 centimes d'euro) par personne et par nuit, ce qui est une grosse somme pour nous. Mais on ne peut pas dormir

beaucoup car on nous chasse à 4 heures du matin ! Et puis on n'a pas d'eau pour se laver, pour laver le linge et se changer. Avec cette chaleur et la poussière, on se sent très sales. »

Au début, elle ne mendiait pas. Ils travaillaient beaucoup, tous les deux, comme chiffonniers, couraient partout avec leur petite charrette, à chercher des récupérations dans les poubelles pendant que la grand-mère gardait les petits à la gare. Mais son mari est tombé très malade, sans argent pour se soigner et, depuis, il est extrêmement fatigué et a un problème mental. Il a peur de mourir et de laisser sa famille, et n'arrive plus à ramasser beaucoup. Elle, enceinte, ne pouvait plus, non plus, courir partout comme avant.

Puis elle a accouché de Samnang, mais n'a pas pu s'arrêter et a, depuis, très mal au dos !

Il n'y avait plus du tout de quoi manger…

Alors, elle s'est mise à mendier.

« *J'ai tellement honte ! Mais quoi faire ?…* »

La police les chasse sans arrêt, surtout quand ils essayent de se laver un peu aux petits tuyaux qui arrosent les parterres. La famille s'affaiblit, n'a plus de forces, la maman plus de lait pour Samnang.

Depuis trois jours, toute la famille habite dans notre « paillote » (petit centre de première aide), en attendant que la maison en bois que nous leur construisons soit terminée. Quelques bons repas ont redonné forces et moral à tout le monde. Le papa a déjà réparé la charrette et s'est remis au travail de chiffonnier. Les enfants jouent et courent partout, la maman n'a jamais eu tant de lait pour Samnang. Elle est tellement heureuse et remercie sans arrêt avec un beau sourire. « *On est si heureux de pouvoir manger, se laver, se changer et, bientôt, dormir chez nous !* » Dès qu'elle n'allaitera plus, elle veut vite retourner travailler avec son mari.

Et Samnang sera accueilli dans notre crèche…

Que deviennent nos familles de chiffonniers ?

La situation n'est pas facile… depuis le déménagement de l'ancienne décharge, qui est maintenant totalement fermée.

Certaines familles partent maintenant fouiller les ordures sur la nouvelle décharge. Il leur faut payer le transport, et le ramassage, là-bas, est très difficile et fatigant. Cette décharge est un énorme trou sans air, où l'on étouffe sous un soleil brûlant, sans avoir le droit de construire de petits abris pour s'en protéger et se reposer un moment. De plus, un seul racheteur de récupérations y est autorisé. Il impose ses prix, plus bas que partout ailleurs.

D'autres, nombreuses, ont décidé de continuer le métier de chiffonniers, mais en ville. Et ce n'est pas facile non plus… À la décharge, on pouvait se contenter d'un simple gros sac dont on allait vendre le contenu plusieurs fois par jour. Mais quand on part en ville, on ne revient pas aussi facilement. Il faut avoir une charrette.

Et quand on n'a pas les moyens d'en acheter (à 60 dollars) on est obligé d'en louer une, pour 2 000 à 3 000 riels par jour. Mais, dans ce cas il faut obligatoirement revendre au loueur et, la plupart du temps, moins bien qu'ailleurs.

En urgence, nous avons lancé un petit microcrédit, presque gratuit, et fait fabriquer quelques charrettes. Les familles remboursent chaque semaine. Apparemment, elles sont ravies car elles sont libres de vendre au mieux offrant. Il va donc être possible d'étendre ce système à d'autres, en déléguant à l'organisme de microcrédit avec lequel nous travaillons déjà.

Mais de leur quartier, avant d'arriver à la ville, il faut déjà faire 3 ou 4 kilomètres.

Après, il faut chercher les endroits où on trouvera les tas d'ordures, souvent près des marchés.

Le problème c'est que nos familles connaissent mal la ville et ont peur de ne pas retrouver leur chemin pour rentrer.

Elles craignent aussi les accidents, nombreux, pour ces charrettes, dans la circulation.

Alors, la nuit, elles suivent, de loin, d'autres chiffonniers qui, eux, ne sont pas contents de voir arriver des nouveaux, car, à partager leur gagne-pain, ils récoltent moins.

Et puis, en ville, il n'est pas rare de se faire attaquer par des bandes qui vous volent tout ce que vous avez réussi à récupérer. Alors, pour le retour, on s'attend, afin de rentrer en convoi et on ne sera pas couché avant 2 ou 3 heures du matin.

Difficile, quand on doit être à l'école à 6 h 30…

Que de fatigues et de problèmes à résoudre pour gagner trois sous !…

Et quel courage admirable !

2010

MARS

Un miracle parmi tant d'autres !

Toute la famille fouillait sur la décharge. Désespéré par la misère, le père sombrait dans l'alcool et la violence. Les enfants n'allaient pas à l'école et personne, bien sûr, ne mangeait à sa faim.

En 1996, nous les avons découverts, misérables, sous-nutris, sans espoir…

Aujourd'hui, famille modèle et très unie, ils viennent de construire une maison en dur, au pied de l'ancienne décharge, et sont devenus famille d'accueil pour six enfants, dont deux lourdement handicapées.

Tous les enfants étudient ou ont étudié à PSE.

L'aîné, Socheat, est marié. Il est logisticien, travaille à Siem Reap et gagne 500 dollars. Sa femme est cuisinière dans notre Centre d'intégration de Siem Reap. Ils ont deux enfants et accueillent deux de leurs frères : Sophat, en formation à l'école hôtelière Paul Dubrulle, et Viesna, scolarisé aussi là-bas.

Sina est une de nos responsables couturières. Sinoun est maintenant assistante sociale et Sineth, qui travaille dans la classe spéciale des enfants avec un handicap, a pris en charge complètement la petite Marie qui a un handicap lourd (IMC) et que vous connaissez déjà.

Vibol étudie au Centre de rattrapage.

Voilà une famille heureuse, et qui apporte le bonheur autour d'elle.

Parce que PSE est passé par là mais aussi parce que tous se sont donné beaucoup de mal pour travailler, étudier, saisir la chance offerte.

Quel chemin parcouru !

Un événement à l'école du bâtiment

La première promotion vient d'entrer dans la vie active !

Cette histoire passionnante a commencé en septembre 2005 quand PSE a décidé de créer une École des métiers du bâtiment, en plus de ses six autres formations professionnelles, compte tenu de la forte activité dans ce domaine, et du manque de vrais professionnels.

Une équipe de maîtrise d'œuvre, constituée de spécialistes volontaires, a été créée en France, aidée par les conseils du CFA de Toulon. Trois formations ont été retenues : électricité, plomberie et métiers de la finition (peinture et carrelage), trois écoles différentes en une.

Une formation de deux ans, avec des stages d'application, en attendant qu'un jour nous puissions faire une formation alternée. Des formateurs français bénévoles sont venus s'intégrer à notre équipe et les premiers cours ont pu être rédigés, puis adaptés, corrigés et traduits, au cours de nombreuses missions. Et l'école a ouvert en septembre 2007 avec 36 élèves, soit 12 par spécialité. Depuis octobre dernier, ils sont dans la vie active et deux autres promotions les ont remplacés.

Un grand merci à tous ceux qui ont participé à cette aventure ! Cette école est la réussite d'une formidable équipe franco-cambodgienne !

Que sont-ils devenus ?

Ils étaient 400, le 20 février, réunis pour leur assemblée annuelle, tous plus beaux les uns que les autres..., ceux qui travaillent à Phnom-Penh, et qui avaient pu se libérer.

Et nous, nous étions émus et heureux de les retrouver, de les écouter nous raconter leur vie, leur travail, leur joie de pouvoir vivre dignement, et aider leurs familles.

Et nous pensions au chemin parcouru depuis que nous les avions pris en charge..., facile pour les uns, un peu plus chaotique pour d'autres, mais 1 500 déjà insérés dans la société ! Jamais nous n'aurions pu imaginer cela quand, il y a quatorze ans, nous recevions nos dix premiers enfants...

Quelle aventure fabuleuse, grâce à tous ceux qui se sont mobilisés pour eux !

Vous pouvez être fiers d'eux !

– **Vanny**, mécanicien chez Toyota ;

– **Chantri**e, secrétaire du directeur adjoint, chez Comin Khmer ;
– **Senghen**g, électricien au Vimeanchey Group ;
– **Phally**, coiffeuse au salon Ketmonkul ;
– **Sophea**p, assistante sociale à PSE ;
– **Vuthy**, serveur au restaurant Elsewhere ;
– **Maeu**, employée de maison dans une famille ;
– **Sineth**, assistante dans la classe des enfants avec handicap, à PSE ;
…

JUIN

Tournée 2010 : un grand moment d'amitié

Ça avait mal commencé… De gros problèmes de logiciel nous avaient empêchés de terminer le film et fait passer des nuits blanches. Et, à quelques jours du départ, Christian (Papy) faisait une chute magnifique dans le Centre, se cassait le poignet gauche et se déchirait les muscles de l'épaule droite, ce qui nous a d'ailleurs valu de passer devant tout le monde à l'embarquement, car l'hôtesse avait repéré le gros plâtre !

Des questions se posaient : Christian pourrait-il conduire ? Et, surtout, se hisser sur le lit « du premier étage » de notre camping-car (la Capucine, pour les initiés) ?

À l'arrivée en France, après avoir fait remplacer son énorme plâtre par des attelles plus légères, il a fait des essais. Et oui, il a pu conduire et même grimper sur notre lit du haut… à part une chute arrière spectaculaire où, après avoir écrasé la table et entraîné, avec lui, nos ordinateurs et tout le reste, il s'est retrouvé par terre, la tête dans le réfrigérateur…

Et puis, notre vieux Nain-Bus de presque 20 ans a tendance à lâcher d'un peu partout… : pannes électriques, panne du 12-volts, une batterie qui ne rechargeait pas, etc.

Enfin, après avoir terminé, avec Pich, le montage du film dans un coin de Nain-Bus, installation qui ferait bien rire les professionnels…, nous pouvions commencer la tournée !

Cette année, nous avons emmené Sokneth et Srey Hieng, toutes deux élèves de 3e, qui présentent, à chaque séance, une jolie danse cambodgienne et passeront leur brevet dès notre retour. Nous avons aussi Dara, étudiant dans la formation cinéma que Papy a ouverte. Il fait le reportage de la tournée. Une joyeuse équipe avec laquelle il fait bon voyager !

Nous sommes toujours très reconnaissants et admiratifs envers nos amis organisateurs de séances, qui travaillent dans l'ombre et font, pourtant, le travail essentiel de l'association. Ils se donnent un mal fou, harcèlent leurs amis, collent des affiches, distribuent des tracts, envoient des centaines de mail, etc., et quand le jour approche, sont pris de stress (*« Vont-ils venir ?… »*) et, malgré une belle réussite à nos yeux, sont toujours un peu déçus par rapport au mal qu'ils se sont donné.

Des équipes qui nous font de magnifiques séances, année après année, en renouvelant les lieux et, donc les publics, comme à Lille, Annecy, Bordeaux, Luxembourg… ; d'autres qui renouvellent et rajeunissent leurs équipes, comme à Toulouse et à Montpellier… ; d'autres, encore, comme Paris-Couronne, qui se démènent pour organiser non pas une mais jusqu'à… sept séances ! Etc.

Quelle « pêche » cela nous donne, tout cet enthousiasme, tout ce dynamisme, toutes ces énergies déployées !

La tournée, c'est aussi la joie de rencontrer nos parrains si fidèles.

Et puis, c'est encore le bonheur de voir nos enfants et petits-enfants : Caroline, à L'Arche, sur la route de Lille ; Bertrand et ses enfants, venus nous retrouver à Paris puisque, cette année, nous n'allons pas à Londres ; Isabelle avec Matthias et toute leur tribu (leurs six enfants + les quatre ou cinq enfants handicapés qu'ils accueillent) dans leur ferme de Haute-Loire où nous passons traditionnellement l'Ascension ; Wahed à Paris ; quant à Éric et Leakhéna, nous les retrouverons bientôt à Phnom-Penh.

Alors, malgré toutes les fatigues, cette tournée qui va bientôt se terminer (il reste cinq séances), encore une fois, ce n'est que du bonheur ! Un très grand merci à tous pour toutes vos adorables attentions qui nous touchent au cœur, pour cette amitié partagée, pour tous ces engagements à nos côtés dans cette extraordinaire aventure !

Un internat pour aller au bout de ses études

La décharge de Stung Meanchey a déménagé, nous vous en avons parlé, vous le savez. Cela a induit une augmentation du prix des bouts de terrain que nos familles payaient pour mettre leur petite cabane. Ne pouvant plus payer ces loyers, beaucoup sont obligées de partir loin. D'autres doivent aussi s'en aller car la Municipalité veut récupérer des terrains.

Cela veut dire que les enfants de ces familles, ceux qui sont en rattrapage ou en formation professionnelle, sont en danger de devoir arrêter leurs études si nous n'avons pas de solution d'hébergement pour eux.

De même que ceux de nos enfants qui viennent de Siem Reap ou de Sihanoukville.

Pour le moment, nous hébergeons les uns et les autres, soit dans des familles d'accueil, mais c'est une solution chère ; soit dans des maisons louées dans le quartier, mais ces maisons sont faites pour des familles et pas du tout adaptées à une vie en collectivité : douches et toilettes sont insuffisantes et se bouchent car non conçues pour de telles utilisations ; surveillance et contrôle sont difficiles car ces maisons sont dispersées ; la gestion des temps hors temps scolaires est très difficile car les jeunes n'ont que la rue devant eux ; les aller et retour pour l'école et pour les repas au Centre ne sont pas satisfaisants au niveau de la sécurité ; etc. etc.

Quant aux plus jeunes, que nous ne pouvons pas laisser loin du Centre, nous les logeons actuellement dans des classes ou des salles qui ne sont, bien sûr, pas du tout adaptées.

C'est pourquoi un internat devient absolument nécessaire, un bâtiment sécurisé et gardé, avec un accès immédiat à toutes les infrastructures du Centre.

Cela devient urgent !

Le terrain a été acheté l'an dernier, entre le bâtiment de la mécanique et le terrain de sport, juste en face du restaurant et de l'hôtel d'application. Le remblaiement est fait, la viabilisation est en cours, la clôture est presque terminée, ainsi que les plans d'architecte.

Pas de luxe : les jeunes dormiront sur des nattes, à la cambodgienne. Aux premier et deuxième étages, des chambres de 10 à 14 et des toilettes. En bas, douches et salles d'études. Coursives abritées tout autour du bâtiment et escaliers extérieurs assureront la sécurité. Le tout est prévu de sorte que l'on puisse isoler certaines parties qui pourront également servir de classes, surtout au début, quand l'internat ne sera pas encore à son maximum d'utilisation. Bien sûr, sont aussi prévus, à chaque étage, des logements de responsables.

Nyrothana, 16 ans

En 1998, nous l'avions trouvée, avec et ses frères et sœurs sous une bâche à l'extérieur d'une pagode voisine de notre Centre. Les enfants travaillaient sur la décharge. Le père avait vendu ses trois filles dont deux s'étaient retrouvées en Thaïlande où un souteneur avait voulu acheter Nyrothana pour 100 bahts (2 euros). Quand elles étaient revenues, l'aînée avait le sida. Elle en est morte, pratiquement dans nos bras.

Le père, parti avec une autre femme, la maman a été obligée de se prostituer pour nourrir ses enfants. Et pendant ce temps-là, les enfants étaient battus par la propriétaire de la bâche qui leur servait d'abri. La femme et les enfants s'amusaient à maltraiter Nyrothana et ses frères et sœurs, déchirant les papiers dont l'un, très précieux, était la carte d'indigents qui leur permettait d'être soignés gratuitement... Les deux plus petits sont morts de faim et de manque de soins...

À la mort de la maman, nous avions embauché le papa, espérant qu'il revienne s'occuper de ses enfants. Mais, très vite, il est reparti, les abandonnant une deuxième fois.

Sothearith a continué ses études au Centre en habitant dans la pagode. Il est maintenant étudiant en médecine et capitaine de l'équipe PSE de rugby, championne du Cambodge.

Nous avons « racheté » Sreyneth à la famille dans laquelle elle travaillait. Ayant commencé tard à étudier, Sreyneth est entrée en formation professionnelle après son brevet. Elle est pensionnaire au Centre, ainsi que Nyrothana, actuellement en classe de 3e.

Deux petits frères sont scolarisés au Centre mais sont pensionnaires chez une tante que nous dédommageons pour qu'elle les accueille.

Sreyneth avoue ne pas pouvoir encore pardonner... Et Nyrothana ne peut évoquer, sans larmes, son enfance massacrée. Par contre, elle a été libérée de façon spectaculaire depuis qu'elle nous a raconté sa triste histoire. Elle qui était réservée, voire renfermée, est devenue un boute-en-train, pleine d'une joie de vivre retrouvée.

SEPTEMBRE

Au cœur de nos programmes... l'équipe sociale

Avec sa vingtaine d'assistants sociaux qui effectuent des visites régulières pour suivre l'évolution de nos presque 3 000 familles, leurs problèmes, les conditions dans lesquelles vivent les enfants, etc., chaque assistant étant responsable du suivi de près de 300 familles chacun, une lourde charge.

Cette équipe sociale est dirigée par Leakhéna, un sacré petit bout de femme qui, à 9 ans, était déjà assistante de « Papy » (infirmière, interprète – on ne sait toujours pas comment elle a appris le français... mais elle le parle admirablement).

Malgré deux handicaps majeurs pour le pays (être jeune et être femme), elle a réussi à s'imposer magnifiquement par sa compréhension et son respect des pauvres.

Les anciens la connaissent déjà et vous la verrez avec nous pour la prochaine tournée.

Quelle sacrée responsabilité !

Qui aurait pu l'imaginer ?...

Les métamorphoses, les miracles, ici, on vit ça tous les jours !

Leakhéna, aujourd'hui responsable de l'équipe sociale, **Samedy**, **Sinoun**, **Sokunthie**, **Sineth**, **Sophiep...**

Mais qui aurait pu croire que des petits chiffonniers, misérables et en loques sur la décharge, allaient devenir une partie de nos assistants sociaux ?

Premier miracle : ils ont tous parfaitement réussi leurs études, secrétariat ou études supérieures.

Deuxième miracle : ils ont profondément envie d'aider les autres à leur tour.

Et c'est vrai : qui peut-on rêver mieux que ceux-là, pour comprendre la souffrance des enfants, la misère des mamans ?…

Eux n'auront pas peur des odeurs, pas peur de se salir les pieds, d'aller dans des quartiers malpropres, ou de s'asseoir dans les pauvres cabanes…

DÉCEMBRE

Une renaissance parmi tant d'autres !…

L'année dernière, nous découvrions, tout contre un égout venant de la décharge, une vieille bâche sordide avec deux piquets et, au-dessous, une famille avec deux jeunes enfants.

En parlant, on constate une misère noire, sans espoir. On ne mange pas assez, ni viande ni poisson, et par manque de protéines on s'affaiblit. Le papa, en mauvaise santé, ne peut plus faire grand-chose. La maman ne peut pas travailler car un des enfants a un handicap sévère. Nous apercevons, dans le fond, ce petit garçon qui ne peut même pas s'asseoir. Il est complètement mou, sans muscles.

Tout ça, c'est trop. Aucune chance de s'en sortir… Alors, faute d'antidépresseurs ou de tranquillisants, c'est l'alcool. Un mauvais alcool qui fait mal à l'estomac et rend agressif, violent. Le papa tape sur sa femme qui, n'en pouvant plus, abandonne de plus en plus souvent le foyer.

Il fallait intervenir d'urgence. Les enfants étaient en danger !

Première décision : dès le lendemain, toute la famille viendrait au petit déjeuner de notre paillote voisine, le temps de récupérer des forces pour pouvoir travailler.

Puis, le logement. Ne pas les laisser au milieu de ce cloaque. L'équipe sociale a aidé le papa à construire une petite maison en bois. Oh ! ce n'est pas un château, mais ils sont au sec, et plus loin de l'égout.

Ensuite, nous avons pris en charge les enfants, la petite sœur à la garderie et le jeune Chhun dans notre classe spéciale, afin que la maman puisse travailler. Pour l'aider à redémarrer, nous lui avons donné un travail provisoire, cuisinière au Centre.

Et voilà le miracle. L'espoir revient et la dignité aussi. On n'est pas des mendiants !

Le papa retrouve de l'énergie et reprend avec courage son métier de chiffonnier. Il s'efforce d'arrêter de boire et ne tape plus.

C'est toujours très encourageant de voir ces hommes et ces femmes qui, dès qu'on leur sort la tête de l'eau, se prennent en main et changent complètement d'allure !

Quant à Chhun, grâce aux soins attentifs de nos kinés, il arrive maintenant à marcher avec son déambulateur et à circuler à quatre pattes pour jouer aux billes avec ses copains…

Aujourd'hui, il vit dans notre foyer Source de Vie. Il va à l'école, dans le Centre, parle un peu le français, joue aux échecs et se déplace maintenant tout seul, aidant même les autres en poussant leur fauteuil. Une véritable résurrection ! Intelligent et réfléchi, Chhun est tout à fait capable de faire des études et nous avons bien l'intention de le pousser le plus loin possible. Quel bonheur, quand on se souvient du petit bonhomme inerte et sans avenir !…

PSE après l'école

Quand les cours sont finis, le soir, ils sont encore 300, qui dorment dans le Centre.

Nos pensionnaires, ce sont d'abord les filles que nous protégeons, depuis le début, des abus et des maltraitances. Nous sommes devenus leur seule famille, en fait.

Puis se sont ajoutés tous ceux, filles et garçons, dont la famille habite trop loin. Et quand on est pensionnaire, c'est dur, de voir partir les externes, et de rester « enfermé ». On se sent coupé de la vie, on rêve de pouvoir marcher dans la rue, ou simplement d'être dehors… Mais quand arrivent les grandes fêtes comme la Fête des Morts ou le Nouvel An khmer, par exemple, et que même les internes rentrent à la maison, alors, pour celles qui n'ont plus de famille parce qu'on a dû les en retirer, pas de maison où aller, c'est là que l'on risque les gros coups de cafard.

Les week-ends, petites vacances, jours de congé, même nos externes n'ont rien à faire. Il n'y a qu'une salle de cinéma, beaucoup trop chère, il n'y a pas de centre culturel, pas de maison des jeunes, rien à faire... que des bêtises avec les copains quand on ne sait plus quoi inventer.

Par chance, Ludivine, dite Lulu, qui avait plusieurs fois eu des responsabilités dans les camps d'été de Marisa, était disponible. Elle a été chargée de mettre sur pied une vraie MJC avec tout un programme d'activités aussi bien ludiques que culturelles et didactiques.

Maintenant, tous ceux qui le veulent peuvent participer, entre midi et 14 heures, à des projections de films de culture générale ; le soir (17 heures à 18 h 30), à des activités sportives ; les week-ends et jours de congé aux clubs de sports, jeux, danse, musique, bibliothèque, cinéma, sorties culturelles, ateliers d'artisanat, etc.

Les programmes d'après le dîner, à partir de 19 heures, sont réservés aux seuls internes, avec des ateliers de langues (français, anglais, coréen) animés par nos étudiants, l'étude, du soutien scolaire, de la lecture, des sorties culturelles, un film le samedi soir... Pour éviter bêtises, et tristesse d'être sans famille.

Un grand moment d'émotion

Vann Nath, un des seuls rescapés de l'horrible centre de torture des Khmers rouges, S21, est venu, à notre invitation, donner, devant les enfants, un témoignage émouvant de la folie des traitements qui se pratiquaient là, où 14 000 personnes ont été torturées à mort.

Il n'a dû son salut qu'au fait qu'il était peintre et qu'on lui commandait des portraits de Pol Pot. Mais malheur à lui si ses tableaux n'avaient pas plu car, immédiatement, il serait parti avec les autres...

Dans les familles, on ne parle pas de cette période, tellement le traumatisme est encore grand. Et pourtant, il faut que les enfants sachent ce qui s'est passé, pour espérer que cela ne se reproduise plus.

Un exemple parmi tant d'autres...

Dans un ancien cinéma en plein cœur de Phnom-Penh, une soixantaine de familles ont trouvé refuge dans des conditions de misère inimaginables. Dans un espace de 4 mètres carrés par famille, noir et sans lumière, on s'entasse entre des planches et des cartons pour se séparer des voisins. On s'éclaire à la bougie, on bricole pour faire un petit feu, on lave les petits dans une eau saumâtre à même le sol où courent des rats... La drogue permet d'oublier un moment la misère, et la prostitution aide à survivre...

Alors, quand notre équipe sociale vient parler d'école...

Avant cela, il faudrait avoir la place de reloger toutes ces familles. Mais il faudrait aussi leur trouver du travail... Il faudrait... en avoir les moyens. Dans de tels lieux, car ce n'est pas le seul, la même colère nous envahit qu'il y a quinze ans devant la décharge. Malgré tout ce qui se passe de beau, PSE est loin d'avoir terminé sa mission !

2011

MARS

Leakhéna

Abandonnée par son père, exploitée et maltraitée par sa mère qui l'abandonne aussi, Leakhéna a 8 ans et demi quand elle arrive dans notre Centre. Nous repérons tout de suite cette petite fille vive et espiègle, qui nous raconte, en khmer, des quantités de choses que, hélas, nous ne comprenons pas. Mais la maltraitance a laissé des traces et, parfois, Leakhéna, déprimée, dort mal.

Un jour, elle nous demande d'être vraiment ses parents. Elle a tellement peur d'un nouvel abandon…

Alors, elle veut que ce soit officiel, devant un bonze.

Elle devient ainsi notre fille adoptive. Alors, renonçant sans doute à nous voir un jour bien comprendre le khmer et voulant absolument communiquer avec nous, sans que ses paroles soient déformées ou atténuées par des traducteurs, elle décide d'apprendre le français avec une énergie incroyable, répétant, dans sa tête, des phrases entières qu'elle nous entendait dire, pour en comprendre les mots, avec d'autres phrases entendues… Résultat incroyable : en quatre ou cinq mois, elle comprend et parle le français !

Alors, ce petit bout de bonne femme de 10 ans devient l'interprète assistante de Papy sur la décharge, auprès des enfants, des familles, suggérant même des solutions. Elle lui sert aussi d'infirmière adjointe, le matin, à la paillote, pour les soins aux enfants.

Et, un jour, elle décide d'aider elle-même les pauvres. Cherchant des financements auprès des amis de PSE, à 11 ans, elle crée d'abord ce qui deviendra le programme Solidarité Enfants : il s'agit, pour les pensionnaires, de recevoir, pendant les week-ends, des petits enfants très pauvres qui ne sont pas encore dans nos programmes, pour les nourrir, leur donner une douche et leur faire passer quelques moments de joie et de jeux.

À 13 ans, avec les femmes les plus misérables, les plus cassées, rongées par la maladie et l'alcool, elle lance ensuite un programme d'artisanat en leur faisant fabriquer des jeux d'échecs, puis des chapeaux. Sans compter les animations pour les enfants du quartier. Tout cela ne l'empêche pas de continuer ses études, de passer le bac et d'avoir une formation en management.

Avec toute cette expérience, c'est tout naturellement, qu'elle se retrouve à la tête de l'équipe sociale. Un sacré défi quand on a le double handicap, ici, d'être une femme et d'être plus jeune que toute cette équipe de 23 personnes ! Mais ne croyez pas que cela lui monte à la tête : vous ne pourriez pas deviner tout ça en la voyant…

À l'âge de 18 ans, l'année de son bac, sur un coup de cœur, elle adopte **Marie-Lyna,** douzième enfant d'une famille que les parents n'arrivent pas à nourrir.

Nos enfants de l'enseignement adapté

Ils font des merveilles en équitation, qu'ils pratiquent dans le cadre de leur thérapie : **médaille d'or**, depuis deux ans, pour **Ly Veasna**, et **médaille de bronze** pour **Khan Bory**.

Réunion des familles

Elles sont près de 4 000 maintenant, et cette réunion annuelle des parents a pour but de faire, ensemble, le point sur leur situation, les difficultés rencontrées et les nouveaux défis. Cela va orienter nos actions, nos programmes.

C'est toujours émouvant d'écouter ces femmes, qui luttent au jour le jour pour la survie, nous exprimer leurs détresses mais, surtout, nous dire leur joie d'espérer que leurs enfants qui étudient avec nous, ne connaissent pas cela !

JUIN

Après avoir été aidés, ils aident eux-mêmes !

Certaines métamorphoses sont fabuleuses ! Comme celle de ces familles qui, avec un coup de main, après avoir touché le fond, la misère sans espoir, l'alcool, la violence, se redressent, retrouvent leur dignité et deviennent même capables d'aider les autres !

Après avoir élevé leurs trois enfants, **Prach Na** et **Yin Soeurn**, déjà grands-parents, accueillent aujourd'hui trois autres enfants que nous leur avons confiés, dont deux avec un handicap.

Quelle merveille que ces familles très simples, qui acceptent, sans hésiter, de prendre en charge, comme les leurs, des petits enfants abandonnés et même handicapés, en nous disant leur joie de recommencer une nouvelle vie de famille avec eux !

Sensibilisation aux économies d'énergie et au respect de l'environnement

Depuis quinze ans, notre Centre PSE de Phnom-Penh s'est bien développé, ce qui génère une forte consommation d'énergie électrique et un coût financier important (le prix du kilowatt-heure est élevé, au Cambodge).

Gérard Desroches et Bruno Péchiné, de l'association AIADD- Solidarité ont proposé, dans un premier temps, de remplacer l'énergie électrique par de l'énergie solaire thermique, pour la production d'eau chaude des deux machines à laver industrielles de la laverie, qui est un des espaces de formation pratique de l'école hôtelière. Avec la société Comin Khmer, de Phnom-Penh, nos apprentis plombiers de PSE ont participé activement à la mise en place du matériel. Avec l'appui des enseignants khmers de la formation plomberie, ils ont réalisé le raccordement des machines à laver au réseau de distribution d'eau chaude. Ils ont ainsi découvert une technique de production d'énergie qui contribue à préserver l'environnement et à réaliser des économies d'énergie.

Un afficheur digital indique, en permanence, les économies ainsi réalisées, en dollars, ce qui permet de sensibiliser les utilisateurs à la gestion optimale de l'installation.

Toutes ces économies vont permettre l'accueil de nouveaux enfants, car ils sont encore nombreux à attendre d'être pris en charge !

SEPTEMBRE

Kunthie, 11 ans, et Chamroeun, 13 ans

La famille est extrêmement pauvre. À Phnom Praseth, ils vivent sous une hutte de feuilles, pleine de trous et travaillent tous, parents et enfants, sous le soleil brûlant, à casser des pierres dans une carrière. Pas d'école, bien évidemment. Mais ils gagnent si peu, même pas 50 dollars par mois pour six personnes, que la maman, enceinte, doit aussi aller casser des pierres. Ils assaisonnent leur peu de riz avec du « prahok » (pâte de poisson fermenté) trois ou quatre fois par semaine et, quelquefois, ils n'ont que de l'eau avec quelques grains de riz.

À 58 ans, le père n'arrive pas à gagner beaucoup, alors il boit et, conséquence malheureusement courante, il devient violent, tapant femme et enfants avec un bâton, quand ce n'est pas avec une hache.

Notre équipe sociale les a découverts depuis peu, comme toutes ces familles qui cassent des pierres là-bas.

Ils bénéficient maintenant de lait pour les deux petites jumelles, et d'une carte de santé PSE pour être soignés.

Kunthie et Chamroeun qui, bien sûr, étaient très en retard, sont tous les deux dans notre Centre de rattrapage à l'école de Boeung Salang, respectivement en années 1 et 2. Et comme Phnom Praseth est trop loin pour qu'ils puissent venir chaque jour, tous deux sont devenus internes.

Aujourd'hui, avec le soutien de PSE, le père a cessé ses violences, la famille a retrouvé le sourire, les enfants vont à l'école et la maman pourra accoucher dans de bonnes conditions.

DÉCEMBRE

Nos plus petits, quel bonheur !

Ils sont une cinquantaine de petits pensionnaires entre 4 et 12 ans, tous plus adorables les uns que les autres, joyeux, espiègles, pleins de vie, des « billes à croquer » et qui courent partout, remplissant les soirs et les week-ends de leurs cris et de leurs jeux. Parmi eux, une joyeuse et adorable bande de onze petites de 4 à 11 ans.

Et c'est une joie quotidienne ! Quand une volée de petits se précipite dans vos bras en rentrant de l'école, quand ils se serrent tout contre vous pendant nos réunions du soir, quand ils passent la tête par la porte de vos bureaux… pour venir chercher un bonbon ou un bisou, comment ne pas « fondre » ?… Habituellement, dans une famille, les enfants grandissent et on regrette un peu de ne plus avoir de petits. Ici, il y en a toujours de nouveaux à accueillir, pour notre plus grande joie !

Ils ont tellement besoin d'affection que, lors de nos embrassades familiales du soir, il y en a qui repassent plusieurs fois, pour récupérer subrepticement quelques bisous de plus…

Au début, nos petites pensionnaires n'étaient que des filles en danger dans leur environnement familial. Les garçons à protéger étaient placés dans des familles d'accueil, mais avec des coûts infiniment plus élevés… Alors, en prévision du futur internat, nous avons commencé à rapatrier un certain nombre de garçons dans le Centre.

Tous ont de sérieuses raisons d'être pensionnaires. Des parents qui les empêchent de venir à l'école ou qui les maltraitent ; d'autres qui s'en vont en les laissant seuls (PSE y pourvoira !…) ; qui sont séparés, avec l'impossibilité, pour le parent restant, de prendre soin des enfants parce qu'il doit travailler pour les nourrir ; des parents violents parce qu'ils boivent ; des parents décédés ; des parents qui sont en prison ; des parents remariés et dont le nouveau conjoint maltraite gravement les enfants du premier mariage ; des beaux-pères, qui abusent leurs belles-filles ; des parents malades, incapables de prendre en charge leurs enfants ; des parents qui utilisent ou vendent de la drogue ; etc. Toute la misère du monde !

Et malgré cela, quelle force de vie chez tous ces petits !

Il y a aussi des familles parties très loin, dont les enfants ont besoin d'un rattrapage qui n'existe pas là-bas. À 10 ans, un enfant non scolarisé a déjà quatre ans de retard, gros handicap pour son avenir si on ne le met pas, dès cet âge-là, en rattrapage.

Et c'est comme ça que se renouvellent nos petits pensionnaires, pour la joie de tous !

L'internat, ils en rêvent !...

Ils en rêvent tous et le regardent monter attentivement. Il faut dire qu'en attendant, c'est loin d'être le grand confort !

Au départ, nos pensionnaires étaient les filles en danger, qu'elles qu'en fussent les raisons.

Mais le déménagement de la décharge, qui a immédiatement induit une forte augmentation du prix des terrains (même des petites parcelles de 4 mètres sur 5 pour installer sa petite cabane...), a forcé nombre de nos familles à s'éloigner d'ici, quelquefois loin. En tout cas, trop loin pour que les enfants puissent venir étudier ici. Pour ceux, non en retard, que nous scolarisons dans les écoles publiques, nous avons fait un transfert d'école. Mais pour tous ceux qui sont en rattrapage et en formation professionnelle, il a fallu envisager de les prendre internes. On est ainsi passé, en quelques mois, de 80 pensionnaires (filles) + 128 étudiants dans les foyers, à 410 aujourd'hui, filles et garçons, soit déjà plus de 200 supplémentaires... Et cela augmente régulièrement...

Les mieux logées sont les quelque 120 pensionnaires (filles) du « bâtiment des pensionnaires » qui a été construit pour elles, avec douches et toilettes au rez-de-chaussée, même s'il avait été prévu, il y a quelques années, pour 80...

Les étudiants des foyers sont aussi favorisés avec leurs cellules individuelles, douches et toilettes à chaque étage.

Mais tous les autres...

Des grandes filles sont regroupées dans les petites salles du bas du bâtiment C (celui où nous habitions avant, pour ceux qui connaissent). Elles ont quatre toutes petites chambres, encombrées de caisses le long des murs pour leurs affaires personnelles et d'une barre-penderie. Pour dormir, elles déroulent leurs nattes et il ne reste plus, alors, un centimètre carré de libre au sol. Les douches et les toilettes sont dehors, « au fond de la cour ». Et les « chambres » sont même tellement pleines qu'une vingtaine d'entre elles ont dû aller « s'installer » dans la salle de conférences, si toutefois on peut parler d'installation quand on a juste une toute petite pièce au fond de la salle pour ranger caisses, nattes, couvertures, oreillers, livres, etc., avant 6 heures du matin.

Les plus jeunes garçons, dans un bâtiment de classes, doivent aussi avoir tout rangé aux aurores. Et puis, les toilettes sont si loin que, la nuit, les plus petits ont peur de rencontrer des fantômes. Et les plus âgés ne sont pas mieux, dans la grande salle de l'école du bâtiment, réclamée par l'école pour ses ateliers d'application…

Il est clair que les conditions d'hygiène et de sécurité ne sont pas satisfaisantes. Mais il faut patienter encore quelques mois…

Nos familles sinistrées

Nos familles de Veal Sbov ont été gravement touchées par les inondations de la mousson.

Elles ont dû abandonner leurs maisons pour se réfugier le long de la route et être « au sec ». Un « sec » vraiment très relatif quand on voit ce qui leur sert d'abri en attendant la décrue !… Essayant de récupérer ce qui n'était pas noyé, elles transportent sur le dos ou poussent sur l'eau, dans une cuvette, à l'aide d'un bâton, ce qu'elles ont pu sauver.

Mais ces familles, parmi les plus pauvres de nos familles que, déjà, le développement de Phnom-Penh avait repoussées des abords immédiats de la ville à plus de 20 kilomètres, se retrouvent dans une situation encore plus précaire, ayant perdu lits, armoires, chaises, matériels de cuisine, porcheries, étables, puits, les légumes qu'elles avaient plantés… Il a fallu, bien sûr, leur apporter une aide d'urgence (eau potable, seaux pour la stocker, bâches plastique et bois pour leurs abris de fortune, etc.).

Aujourd'hui, ils attendent encore de pouvoir rentrer mais les maisons auront souffert de l'eau et nous savons déjà que beaucoup d'autres aides seront nécessaires… à commencer par le raccordement à l'eau de la ville.

Kanha Davy

« Avant de venir au Centre, j'avais été vendue comme bonne dans une famille. Nous sommes très pauvres et n'avons pas d'argent pour vivre. Mes parents sont malades : ils sont tous les deux paralysés d'une partie du corps. Ma mère parle avec beaucoup de difficulté et seule ma sœur de 6 ans peut traduire ce qu'elle dit.

Pour pouvoir payer les médicaments, ma mère a décidé de me retirer du Centre et de me vendre à nouveau comme bonne ou pour la prostitution s'il le faut.

Moi, je ne veux pas devenir prostituée mais, si maman le veut vraiment, je ne peux pas refuser car je sais qu'elle n'a pas d'argent. »

Kanha Davy avait 12 ans. Le soir même, elle devenait pensionnaire !

Et nous avons appelé la maman, pour lui demander des explications ! *« Nous n'avons plus d'argent et ne pouvons plus nourrir les enfants »*, a-telle gémi.

– Mais vous la condamnez à mort…

En fait, nous n'avions jamais réfléchi au fin fond de la misère, où la survie immédiate devient la priorité…

Nous lui avons donné du travail à la paillote, mais, par précaution, Kanha Davy est restée pensionnaire. Elle travaillait très bien, toujours première de sa classe.

Beaucoup d'entre vous la connaissent, puisque, en 2003, elle est venue faire une tournée avec nous, une de nos meilleures danseuses.

En niveau 11 (1re), elle a décidé et de passer en formation professionnelle *« pour avoir vite un tra-*

vail afin d'aider ma famille ». Nous avons été un peu désolés qu'une élève si brillante arrête là mais, finalement, après une année de classe prépa, elle a fait deux ans de formation au secrétariat, et passé le bac en parallèle. Quand elle voudra, elle pourra ainsi suivre des cours universitaires, le soir, après son travail, comme cela se fait beaucoup ici.

Après avoir travaillé dans l'administration d'une usine, elle a été embauchée comme assistante administrative chez Comin Khmer, une grande entreprise franco-cambodgienne. Mais, suite à des restrictions de personnel, elle risquait de perdre son travail. Sautant sur l'occasion, comme elle parle français et anglais, nous lui avons donc proposé de venir travailler dans notre magasin d'artisanat où un poste était disponible. Elle a rejoint PSE et vient de se marier

Un magnifique parcours, parmi tant d'autres, qui nous remplissent de bonheur

2012

MARS

Extrêmement pauvres… et avec handicaps

Nous vous avons déjà parlé de la petite Marie, de Chhun, et d'autres encore. Tous deux ont un handicap physique sévère et ils ne sont pas seuls puisque leur classe « spéciale » accueille une quinzaine d'enfants, tous en fauteuil roulant ou appareillés. Ils font partie de nos familles pauvres et, bien que ce ne soit pas notre objectif d'origine, nous les avons pris en charge car leur handicap en fait les plus pauvres parmi les plus pauvres. Ils sont répartis dans deux classes, adaptées à leurs besoins. Séances de kiné, de gymnastique, d'aqua-thérapie font partie des programmes, grâce à des personnes attentives et compétentes. Nous sommes émerveillés des progrès : Marie peut maintenant s'asseoir et Chhun, marcher avec un déambulateur.

Certains de ces enfants habitent dans leur famille mais d'autres, abandonnés à cause de leur handicap, sont confiés à des familles d'accueil.

Mais ils grandissent et, pour certains, la vie quotidienne devient de plus en plus difficile. Monter un enfant sur les échelles des maisons cambodgiennes tient de l'épreuve de force... Toilettes et douches qui pouvaient convenir quand ils étaient petits deviennent complètement inadaptées...

Mais nous avons la grande chance que Marie-Françoise Chetcuti, ancienne de L'Arche, soit venue pour deux ans, avec ses compétences, mettre en place un foyer pour ceux dont les familles n'arrivent plus à s'occuper.

Et Pierre, son mari, lui aussi ancien de L'Arche (tous deux y ont travaillé trente ans), a créé ACH (Action Cambodge Handicap), une structure pour les enfants avec handicap, devenus adultes. Ces jeunes souffrent, le plus souvent, d'un retard mental qui, jusque-là, leur interdisait toute intégration sociale. Après une scolarité adaptée chez nous, ainsi qu'une formation minimale, le but est de les insérer dans la vie et, pour ceux qui le peuvent, dans un travail protégé. En coopération avec d'autres ONG qui ont les mêmes problèmes que nous, Pierre, avec un enthousiasme à déplacer les montagnes, vient d'ouvrir le premier CAT du Cambodge !

JUIN

Réunion de nos familles

Il est très important de pouvoir rencontrer les familles de nos enfants, de les écouter dire leurs problèmes.

Mais, malheureusement, ces réunions n'ont lieu qu'une fois par an car elles ont un coût : en effet, pas question de priver d'un jour de travail, c'est-à-dire d'un jour de nourriture, ces familles qui survivent au jour le jour. Il nous faut donc donner une compensation aux quelque 3 000 personnes qui viennent.

Il est toujours très émouvant de voir tous ces visages, usés par la fatigue, la malnutrition, les privations, souvent, hélas, la maltraitance et aussi l'alcool.

En fait, ce sont surtout les mamans qui viennent. Ce sont elles qui luttent pour faire survivre les enfants et, la plupart du temps, les nourrissent le soir, et nous sommes toujours émus devant leurs témoignages de détresse ou quand elles pleurent parce que la vie est trop dure…

Nous avons beaucoup d'admiration pour toutes ces mamans, comme cette grand-mère qui a en charge ses trois petits-enfants orphelins, et qui travaille toute la nuit pour les nourrir, avec un courage et un moral incroyables.

C'est très impressionnant de les avoir toutes là !…

Cette année, ces mamans nous parlent de leurs problèmes avec la nouvelle décharge qui est trop loin et leur coûte trop cher en transport.

Elles nous disent aussi leurs difficultés quand elles vont fouiller en ville la nuit, où elles sont maltraitées, parfois battues, où on les méprise, les injurie, où elles se font chasser et agresser…

Elles nous parlent aussi des loyers qui ont doublé, ces loyers pour le petit bout de terrain de 4 mètres sur 5, où mettre leurs pauvres cabanes…

Mais il y a un espoir : quand leurs enfants sortiront diplômés de chez nous, ils pourront les aider.

Aussi, quelle récompense quand une maman se lève pour dire : « *Maintenant, j'ai deux enfants diplômés, qui ont un travail ; j'habite une maison correcte et ma vie a complètement changé !* »

Peu de papas sont là. Mais l'équipe sociale travaille beaucoup avec eux, dans leurs bidonvilles, pour leur parler des droits des enfants. Ces papas qui ont été enfants sous les Khmers rouges, on leur a fait faire des choses abominables, à l'époque ; alors, pour oublier tout ça, ils boivent et sont extrêmement violents. On leur explique que, même si c'est chez eux, ils ne peuvent pas faire tout ce qu'ils veulent, maltraiter, frapper leurs enfants, les vendre pour rembourser une dette, les marier de force parce qu'un homme a payé… On les aide aussi à sortir de l'alcoolisme.

Et maintenant, il y a moins de violence, moins d'enfants battus et maltraités. Mais il reste quand même beaucoup de travail.

SEPTEMBRE

Ouf !…

Nos assistants sociaux avaient découvert cette famille dans un quartier misérable de drogue et de prostitution, à Oudong, à 40 kilomètres de Phnom-Penh, où elle avait dû s'expatrier à cause de l'augmentation des prix dans la capitale.

La mère était partie quand elle avait appris que son mari avait le sida, laissant à la grand-mère ses deux enfants, la petite Sreynich (12 ans) et son frère de 9 ans, dans une pauvre cabane.

La grand-mère, sans ressources, mendiait avec les enfants car le père, avec une autre femme, était le plus souvent absent. Pas d'école, bien sûr. La grand-mère avait fini par accepter que Sreynich devienne pensionnaire au Centre pour aller à l'école, tandis que nous financerions l'école et la nourriture du petit sur place.

Sreynich est adorable, très appliquée et aimée de tous.

Aux dernières vacances, elle était allée retrouver sa grand-mère à Oudong. Mais quand on est allés rechercher les enfants pour la rentrée, elle n'était pas là…

Il a fallu menacer la grand-mère pour lui faire avouer que, le père voulant vendre les enfants, la mère était venue les rechercher pour les emmener en Thaïlande où elle avait refait sa vie, dans un quartier de prostitution et de trafic, avec un petit voyou de 25 ans.

Connaissant le sort des enfants « trafiqués » entre le Cambodge et la Thaïlande, nous étions paniqués de les savoir là-bas, surtout Sreynich…

Trois jours de négociations épiques, de chantages, de ruses, de promesses, pour convaincre la mère de nous ramener sa fille à la frontière, en cachette de l'homme qui, bien sûr, voulait garder la petite. Sans papiers car emmenée illégalement par sa mère, il faut imaginer les heures de trajet clandestin, de nuit, entassés à l'arrière d'un camion, recouverts d'une bâche sous laquelle on étouffait, sans pouvoir ni parler ni aller aux toilettes…

Mais Sreynich est là !

Avec son beau sourire mais encore toute secouée, elle nous raconte son séjour en Thaïlande, effrayée par le compagnon de sa mère et enfermée parce que, sans papiers et sans parler le thaï, elle ne pouvait pas sortir…

Des tristesses aussi…

Nous nous réjouissons toujours de partager avec vous les joies que nous vivons ici. Mais il n'y a pas que des joies, il y a aussi des moments plus difficiles… Sans compter la famille PSE, en France, durement touchée, voici l'histoire de 2 de nos pensionnaires.

Sokha, tellement précieuse pour nous, car nous avions perdu sa sœur il y a quelques années.

Nous la voyions avec plaisir avancer dans ses études et puis un jour, encore toute jeune, elle a disparu avec un garçon… Et maintenant, comme pour toutes celles qui sont parties comme ça, le beau rêve devient un cauchemar. Un bébé, deux bébés, pas de quoi les nourrir, la misère et, du coup, l'engrenage des disputes, du mari qui boit, des coups…

Alors on pense à PSE, à Papy-Mamie, mais on a honte de revenir et on regrette de ne pas avoir écouté les conseils.

Mais, au bout de quelques années, Sokha a osé. Toute bouleversée de ne pas être rejetée, elle sanglotait, il y a quelques jours, dans les bras de Papy. « *J'étais très amoureuse… Mais j'étais très jeune et je ne pensais à rien d'autre que de vivre avec lui… Seulement après, ce n'était pas ce que j'avais imaginé…* »

Sokha a maintenant deux enfants. Son mari fait une formation militaire. Nous allons l'aider à une formation rapide. Mais elle aurait pu faire tellement mieux !...

Aujourd'hui, elle veut témoigner et expliquer aux filles qu'il ne faut pas faire comme elle, qu'il faut attendre d'avoir un travail.

Vanny, c'est l'histoire de PSE. Elle témoigne, dans nos films, des horreurs d'une enfance brisée par un père criminel qui l'avait vendue, avec ses trois sœurs, à un vieux bonhomme...

Papy est encore ému quand il repense à cette petite fille de 8 ans, aux yeux grands comme le monde, qui, après une nuit de fugue, était tellement étonnée que Papy et Cheat aient passé toute la nuit à la chercher ! *« Avant, quand je partais dans la rue plusieurs jours, personne ne me cherchait. C'est même papa qui m'y envoyait...*

– Mais ici, à PSE, c'est ta famille et on t'aime ! Vanny, tu sais ce que ça veut dire, "aimer" ? Ça veut dire qu'on s'inquiète, qu'on a peur pour toi... »

Vanny découvrait qu'elle était importante pour quelqu'un et, depuis ce jour, elle n'a plus fugué.

Les traumatismes avaient été si terribles que ses trois sœurs aînées n'avaient jamais réussi à s'en remettre et qu'elles étaient parties sur des chemins de mort : *« Après ça, je ne peux plus rien faire d'autre que prostituée... »*

Vanny, beaucoup la connaissaient et l'aimaient. Elle était la seule des quatre à avoir surmonté les terribles blessures de leur enfance, et n'avait eu de cesse, avec une énergie à toute épreuve, d'essayer de sortir ses sœurs de leurs impasses et de les réunir. Elle avait tout essayé, échec après échec, mais cela avait été peine perdue. La seule à avoir fait de bonnes études, elle avait appris le français et commencé une formation professionnelle.

Aussi, quel choc quand nous avons appris qu'elle était atteinte d'un cancer ! C'était trop injuste ! Pas elle ! Après tout ce qu'elle avait vécu… Elle aurait pourtant eu droit à un peu de bonheur…

Elle nous a quittés au mois de juin, très lucide, après avoir lutté avec une volonté et un courage hors de l'ordinaire, un sourire et un humour désarmants. Vanny, quelle leçon tu nous as donnée !…

Avec une mère alcoolique…

Nous n'avons jamais connu le père et la mère est ivre dès 8 heures le matin.

Même pas possible d'envisager pour elle, un travail à l'extérieur, ni même une formation comme celles que reçoivent, aujourd'hui, les parents de nos enfants.

Elle a donc un emploi protégé chez nous où, en principe, elle fait les petits travaux de peinture. Mais parfois, incapable de peindre, elle arrive tout juste à ramasser une feuille dans sa journée… D'autres fois, elle est incapable de retrouver le Centre le matin, ou sa maison le soir.

Les conséquences sur les trois enfants sont terribles !

Le deuxième, **Chamroeun**, 15 ans, à cause d'un handicap mental, est dans notre classe spéciale.

Viesna, 19 ans, est l'aîné. Victime d'un handicap mental, lui aussi, il a été scolarisé dans une classe d'enseignement adapté puis, arrivé à l'âge de 17 ans, il a pu suivre une formation de base en cuisine, et a été embauché pour travailler à la cantine du Centre. Et c'est lui qui fait le repas du soir à la maison !

Mais, parallèlement, il a bénéficié de cours d'équitation offerts par le club hippique de Phnom-Penh (CCC) qui accueille gratuitement nos enfants handicapés. Passionné par les chevaux, Viesna a gagné plusieurs médailles d'or. Et depuis peu, le club, très content de lui, l'a embauché définitivement comme palefrenier. Il est fier et heureux !

Qui aurait pu croire qu'avec de tels handicaps de départ, il pourrait en arriver là ?…

Sokheang – 13 ans – est la plus jeune. Devant l'incapacité de la mère à contrôler quoi que ce soit, et le handicap du frère qui, ne se rendant pas compte de ce qu'il faisait, a fini par violer sa sœur, elle est pensionnaire depuis plusieurs années et scolarisée en rattrapage.

Mais elle souffre énormément de la situation de sa mère et, encore plus, des moqueries d'enfants inconscients. Régulièrement elle débarque à l'équipe sociale en sanglotant, pour demander : *« S'il vous plaît, dites aux autres d'arrêter d'appeler ma mère "la soûlographe" !…*

Chez elle, pas de handicap avéré pour le moment. Nous espérons très fort qu'elle n'aura pas de problème, car elle arrive bientôt à l'âge de l'adolescence, où peuvent se déclencher des choses…

Elle est adorable et sans histoire. Pourvu qu'aucune conséquence de l'alcoolisme maternel ne se déclare un jour !…

DÉCEMBRE

Papy a ouvert une école de cinéma

Cela faisait longtemps qu'il y pensait…

L'audiovisuel, c'est une de ses passions, et cela ne date pas d'aujourd'hui. Au Maroc, déjà, dans les années 1970, il avait créé une petite équipe qui travaillait, à l'époque, en Super 8. Puis, ce furent nos voyages familiaux (le premier est raconté dans *Quatre Enfants et un Rêve,* aujourd'hui vendu au profit de PSE), au cours desquels il tournait en 16 mm.

Depuis que nous sommes au Cambodge, c'est lui qui fait les documentaires que vous avez vus depuis dix-sept ans. Pour le premier film, il a eu un coup de main de notre ami Xavier de Lauzanne. Ensuite, Pich, notre directeur des programmes, aussi passionné que lui, a participé ponctuellement et regrette de n'en avoir plus le temps.

Depuis un peu plus de trois ans maintenant, Papy, pensant à l'avenir des films PSE, qui vous donnent les nouvelles des enfants et de ce qui se passe ici grâce à vous, a commencé à former une petite équipe qui pourrait, un jour, le remplacer.

Alors, tout en les formant « sur le tas », il a commencé à fouiller partout, et à étudier, étudier avec passion pour les mener plus loin. Et, petit à petit, est née l'idée d'une école car, au cours de ses recherches, Papy s'est rendu compte qu'il y avait des possibilités de métier, pour nos jeunes, dans le domaine du cinéma.

Dans les années 1960 et le début des années 1970, sous l'impulsion du roi Sihanouk, l'industrie cinématographique cambodgienne, florissante, produisait de nombreux films chaque année. Puis le régime khmer rouge a tout détruit, éliminant non seulement les réalisateurs et les acteurs, mais la quasi-totalité des films…

Depuis les années 1980, le Cambodge a eu droit, d'abord, à des films vietnamiens et soviétiques, puis à l'invasion des feuilletons thaïlandais et coréens. Aujourd'hui, le cinéma cambodgien, en dehors des films de quelques réalisateurs cambodgiens ou franco-cambodgiens, se limite à des vidéos pour karaokés et des feuilletons télévisés, au détriment de la culture khmère.

L'école vient d'ouvrir ses portes à la rentrée dernière avec, comme formateurs, l'équipe que Papy entraîne depuis plus de trois ans. Devraient en sortir des techniciens image et son, des directeurs de la photographie, des scripts, des monteurs et, nous espérons, des assistants-réalisateurs, voire des réalisateurs, qui feront renaître le cinéma cambodgien. Tout est à recréer et des métiers existent aussi à la télévision cambodgienne et dans les nombreux tournages étrangers qui viennent filmer dans ce magnifique pays.

Le Cambodge en deuil

Le 15 octobre dernier, s'est éteint SM le roi Norodom Sihanouk.

Quels qu'aient été les aléas de l'Histoire, il aura marqué celle de son pays.

Nous avons eu la chance de l'approcher personnellement, puisqu'il nous avait reçus dans son palais, et avons été séduits par son intelligence, son humour, sa culture, et son impressionnante maîtrise de notre langue que, même en France, nous avons rarement entendu parler de cette manière, avec un vocabulaire d'une richesse incroyable.

Excellence pour l'école hôtelière !

Eat Sokchansok, une de nos étudiantes en formation cuisine, avait été sélectionnée par le ministère du Tourisme pour le concours 2012, à Jakarta, des meilleurs étudiants de l'Asean (Association des nations du Sud-Est Asiatique) en formation professionnelle. Elle y a remporté une **médaille d'excellence** qui pourra lui permettre de travailler dans n'importe quel pays de la région.

Et encore des médailles…

Depuis trois ans, existe, au collège/lycée Samaki, où sont scolarisés beaucoup de nos enfants, un club de taekwondo, ouvert tous les soirs de la semaine. Quarante à 50 enfants y participent, dont 60 % d'enfants PSE. Au cours d'une compétition nationale, en octobre, au Stade olympique, réunissant 23 clubs de tout le pays, PSE est arrivé premier, avec 4 médailles d'or, 4 d'argent et 4 de bronze !

2013

MARS

En plus des chiffonniers, PSE, face à de nouvelles misères

Tous ensemble, nous avons bien fait avancer les choses.

Plus de 2 000 chiffonniers, sauvés de cette horrible décharge, sont maintenant dans le monde du travail.

La violence a bien diminué, grâce au travail quotidien et à la présence rapprochée de nos assistants sociaux dans les villages. On n'en est plus à deux ou trois interventions par nuit…

Il y en a encore beaucoup de chiffonniers, soit sur la nouvelle décharge, à 12 kilomètres d'ici, soit dans les rues de Phnom-Penh.

Mais, hélas, notre équipe sociale a découvert aussi, en dehors des chiffonniers qui ont été à l'origine de PSE, d'autres terribles misères des enfants, d'autres enfants en danger, exploités, mal-nutris…

Quelques exemples…

Les cueilleurs de liserons d'eau

À Boeung Tompun, de l'autre côté de la décharge par rapport à PSE, plusieurs égouts de Phnom Penh viennent alimenter ce qu'on appelle un « lac » et dans lequel poussent des liserons d'eau, le légume du pauvre. Beaucoup de nos enfants passent des journées à y cueillir ces légumes, plongés jusqu'à la poitrine dans cette eau infecte et pleine de dangers, afin de nourrir la famille mais, aussi, de les vendre sur les marchés.

On peut imaginer toutes les maladies, à commencer par les maladies de peau, et bien d'autres… Bon nombre de nos enfants en viennent. Eux aussi, bien sûr, il faut continuer à les sortir de là !

Les petits vendeurs de nuit

Ils passent une partie de leurs nuits à vendre dans les rues, avec tous les dangers que l'on peut imaginer…

Les casseurs de pierre

À 27 kilomètres d'ici, sur une carrière torride, des enfants de tous âges cassent des pierres à longueur de journée. Un travail épuisant, à l'aide de simples marteaux ou barres de fer, dans un lieu minéral, sans aucune ombre, insupportable aux heures les plus chaudes.

Et d'autres misères extrêmes…

Les enfants de ces mamans veuves, de ces mamans souvent abandonnées avec de nombreux enfants, qui se battent par tous les moyens pour essayer de faire survivre leur famille. Nous les voyons arriver, maigres, épuisées, à bout de forces…

Elles lavent les assiettes dans les gargotes locales ; lavent, à la main, le linge de gens moins pauvres ; vendent quelques légumes au marché mais, comme elles n'ont pas les moyens de payer un emplacement, perdent leurs clients parce qu'elles se font chasser, ou confisquer leurs maigres marchandises ; parfois, même, quand il n'y a plus d'autre solution, elles se prostituent pour nourrir leurs enfants…

Ou les enfants gardés par des grand-mères, quand les parents sont morts ou partis et qui, elles aussi, n'en peuvent plus…

C'est la tâche quotidienne de notre équipe sociale, de trouver des solutions pour que les enfants puissent venir étudier, et que les familles aient de quoi se nourrir. C'est la vocation de PSE, aujourd'hui comme hier.

Srey Mom (26 ans)

Elle est arrivée à PSE en 2004. Elle a passé le brevet puis intégré la formation professionnelle, dans la filière administration/comptabilité.

Mais la vie à la maison est très difficile. Le père a 86 ans, incapable de travailler à cause de troubles mentaux.

Seule la maman s'épuise à nourrir la famille. D'abord chiffonnière, elle ne s'en sort pas. Les enfants l'aident à fouiller les week-ends, la nuit, mais sont souvent en retard à l'école, ou même absents, pour gagner de quoi payer un loyer ou de quoi se nourrir.

Cependant les rentrées ne suffisent pas, les dettes commencent à s'accumuler et on ne mange pas assez. Quand on a du riz, on l'accompagne juste d'un peu de *prahok*, cette pâte de poisson fermenté, ou simplement de sel…

Alors la maman, qui sait un peu coudre, décide de changer de métier et de faire de la couture à la maison : housses de coussin, vêtements d'enfants…

Tout le monde s'y met et coud jusqu'à 3 ou 4 heures du matin. Srey Mom s'accroche à sa formation et doit souvent se pincer pour s'empêcher de s'endormir en cours. Elle profite de sa sieste à PSE pour récupérer…

PSE donne du riz et propose à Srey Mom de travailler à l'atelier de couture le week-end, ce qui lui permet de terminer sa formation. En 2008, elle est diplômée.

Aujourd'hui, elle fait la comptabilité d'une usine, et gagne 200 dollars par mois !

À force d'économies, elle parvient à acheter un petit terrain dans la province de Svay Rieng, pour ses parents, et à envoyer de l'argent pour les études de sa plus jeune sœur là-bas.

Elle participe à toutes les réunions d'anciens, aux « charity parties » et autres événements de PSE, achète des livres pour les enfants pauvres de province, donne argent et nourriture aux pauvres à l'hôpital ou dans les rues… et souhaiterait travailler maintenant dans une organisation humanitaire.

Elle s'est mariée en décembre dernier.

Devant de tels parcours, on se dit qu'on ne perd ni son temps ni son argent à aider ces enfants !

Visite de Mme Brigitte Ayrault

Marraine de PSE, elle est venue rencontrer les enfants qu'elle soutient, à l'occasion de la venue, à Phnom-Penh, de notre premier ministre, invité aux obsèques du roi Norodom Sihanouk en février dernier.

SEPTEMBRE

Le mois d'août, mois du « camp d'été »

Le camp d'été est assez mal nommé puisque personne ne campe et qu'ici, il n'y a pas d'été. Nous avons seulement deux saisons : la saison sèche de mi-novembre à mai et la mousson.

Ce nom date du tout premier camp, où l'armée française, encore présente, nous avait prêté des tentes pour camper sur un terrain des frères de Don Bosco.

Les jeunes volontaires français qui étaient venus l'animer alors, ne sont pas près de l'oublier car, dans un Cambodge encore instable où les Khmers rouges occupaient toujours un cinquième du territoire, un long échange de coups de mitraillette, au ras des tentes, entre le gardien et une bande, était venu pimenter leur nuit.

Impossible d'évoquer ces débuts sans penser à Hélène Fagalde, venue dès la deuxième année avec des scouts de Bordeaux et trop tôt disparue… Elle nous avait tous très marqués par son sourire, sa joie de vivre, son coup de foudre pour les enfants, et la mobilisation des jeunes de sa région, qu'elle avait suscitée avec son enthousiasme. Elle reste un de nos anges gardiens.

Dès le début, ces « colonies de vacances » s'étaient avérées indispensables. Nous avions retiré tous ces enfants de la décharge, de leurs travaux dangereux, de la maltraitance, de la malnutrition, du manque de soins et d'hygiène, etc. Était-il pensable, parce que tout le personnel cambodgien prenait ses vacances en août, de les renvoyer dans leur condition antérieure pendant un mois ?

En les gardant au Centre, nous pouvions continuer à les nourrir, les soigner, à donner une compensation aux familles, et en profiter pour leur donner plus de temps pour jouer, ce qui manquait pendant l'année en raison des programmes très chargés du rattrapage, avec ses deux niveaux scolaires par an !

D'autre part, beaucoup de jeunes, en France, nous demandaient s'ils pouvaient nous aider pendant leurs vacances.

C'était un peu triste de ne pas répondre à leur générosité. Pourquoi ne pas leur demander d'animer ces camps d'été ? Certains, responsables scouts, connaissaient parfaitement ce genre d'animation.

Depuis 2002, c'est Marisa, une femme extraordinaire, qui a pris les choses en main, et en trouve le financement. Elle est arrivée, cette année, avec 130 jeunes, français et espagnols, qui allaient être doublés par autant de jeunes Cambodgiens.

Toujours aussi émouvant, de voir tous ces jeunes payer eux-mêmes leur voyage, et consacrer leurs vacances à venir faire jouer des joyeuses ribambelles d'enfants, sous un soleil de plomb, avec un enthousiasme communicatif !

Un internat tout neuf

Enfin !… Ils l'avaient tellement attendu, nos internes, depuis le temps qu'ils s'entassaient n'importe où, n'importe comment !

Mais depuis avril, ça y est, ils sont maintenant bien installés, et ravis…

Ils sont par jolies chambres de douze. Oh, toutes simples !… Ils dorment toujours sur des nattes mais ils sont plus au large, dans de grandes pièces claires. Chacun a son bureau, ses casiers en haut, son placard fermé à clé. Ils sont au calme pour étudier, regroupés par classes ou par formations afin de pouvoir travailler en équipes. Ils sont là parce qu'il ne leur est pas possible d'étudier chez eux, soit parce que la « maison » est trop petite ou sans électricité, soit parce qu'ils sont maltraités ou forcés de travailler le soir, soit, encore, parce que la maison est trop loin.

Mais les plus jeunes, en gros les filles de moins de 17 ans et les garçons au-dessous de 14 ans, sont restés de notre côté, où la surveillance des activités est plus facile.

Si l'on compte, en plus, les foyers des étudiants, ce sont plus de 500 internes que nous avons actuellement. Bien sûr, il a fallu embaucher plus de personnel d'encadrement, des mamans de remplacement pour les plus petits…

Pendant les week-ends dans un Centre alors moins scolaire, moins sérieux, quel plaisir de les avoir là, autour de nous…

DÉCEMBRE

Une journée chez PSE, c'est…

… **Chantha**, un ancien, devenu responsable du marketing chez Mercedes, venu nous voir parce qu'il tient à aider PSE. En attendant, il s'engage pour un parrainage et propose de venir faire des formations au marketing le samedi après-midi.

C'est **Savin**, venue nous présenter son fiancé en nous remerciant de lui avoir permis d'avoir un bon métier.

Ce sont **Karuna**, **Pisey**, **Sarom**, **Dany**… et quantité d'autres, qui viennent passer un moment, le soir, comme ça, pour le plaisir, pour raconter leur journée, montrer leur joie et échanger plein de bisous.

Ce sont les petits déjeuners avec **Leakhéna**, où se discutent tant de choses de la vie de nos familles.

Ce sont tous ces magnifiques sourires qui émaillent nos journées, et nous réjouissent en permanence.

Ce sont encore **Pheaktra** et **Laihor**, deux jeunes de notre école d'hôtellerie, qui viennent de passer nous dire au revoir, avec leurs familles, très émues. Tous deux, une jeune fille et un garçon, ont été sélectionnés pour un stage de six mois au Portugal !

Ce sont ces anciens qui, à l'occasion d'une photo sur Facebook, disent leur reconnaissance pour ce que PSE leur a apporté.

C'est le « **dîner de famille** » qui a eu lieu dimanche dernier : des membres du personnel, venus en famille, passer un moment avec nos pensionnaires et partager jeux, dîner et danses.

C'est la joie de pouvoir sauver des enfants, comme la vingtaine que nous avons sélectionnés cette semaine, et qu'on va pouvoir sortir de la misère.

C'est... c'est encore 1 000 bonheurs...

Patrice Leconte, directeur des études

Nous avions décidé, l'année dernière, d'ouvrir, pour nos enfants, une école d'audiovisuel, qui n'existait pas au Cambodge.

Et nous avons la grande chance que notre ami, le célèbre réalisateur Patrice Leconte, après être venu nous aider sur place, ait accepté d'en être le directeur des études !

Il nous enverra aussi des professionnels de son équipe, qui vont venir former nos jeunes à tous les métiers du cinéma.

2014

FÉVRIER

Très belle reconnaissance du Cambodge pour PSE

En ce matin du 7 février, SM le roi Sihamoni vient inaugurer le nouvel internat, coiffé de ses magnifiques panneaux photovoltaïques installés sur le toit.

Merci à tous les donateurs qui nous ont permis cette splendide réalisation !

Tous, à PSE, se sont surpassés pour décorer magnifiquement notre Centre, comme on sait si bien le faire ici, et l'arrivée du roi nous impressionne tous.

Très vite, le protocole disparaît et un contact enthousiaste et affectueux s'établit entre le roi et les enfants qui ne lui lâchent plus les mains que tous veulent toucher.

Beaucoup d'émotion, aussi, lorsque le roi Sihamoni remet à Papy et Mamie la grand-croix de l'ordre royal du Cambodge, la plus haute distinction du pays. Pich et Sovan sont également décorés, au nom de tout le personnel.

Comme le dit Papy dans son mot de remerciement, ces décorations sont destinées à tous ceux qui œuvrent pour les enfants : parrains, donateurs, bénévoles, le personnel et la direction de PSE…, tous les maillons de cette impressionnante et merveilleuse chaîne de solidarité, qui se donnent tant de mal pour redonner espoir et avenir à tous ces enfants issus de la grande misère.

Et quand le roi descend de l'estrade pour embrasser notre petit Chetra, atteint de sévères handicaps moteur, qui, dans son fauteuil roulant, vient de chanter tout seul, *a cappella*, difficile de retenir ses larmes…

Nous avons un faible pour ce petit garçon, prisonnier de son corps, mais vif et intelligent, qui va à l'école, parle un peu de français, joue aux échecs… et nous ne pouvons voir sans émotion les photos de ce jour, où éclate sa joie rayonnante.

La petite fille qui voulait jouer

Soknita n'avait que 6 ans. Un cancer l'a emportée hier soir !…

Déjà, il y a quelques mois, nous avions été touchés par cette petite fille que les tumeurs empêchaient presque de marcher, et qui avait tellement envie de jouer avec les autres. Et puis, petit à petit, cela avait empiré. Les métastases avaient tout envahi et l'avaient tellement défigurée que les autres enfants avaient peur d'elle.

En début de semaine, c'était la fin et les vieilles personnes défilaient à la maison pour prier autour d'elle. Elle ne comprenait pas pourquoi tout ce monde. Elle n'avait qu'une envie, c'était de jouer, et elle ne comprenait pas pourquoi on ne lui enlevait pas cette perfusion qui l'en empêchait. Elle ne comprenait pas pourquoi les autres enfants ne venaient pas jouer avec elle.

Ces maladies d'enfant sont, toujours et partout, aussi choquantes, aussi insupportables, incompréhensibles, révoltantes !... La maman s'est réfugiée dans un mutisme total car, en plus de la misère, son autre fille a une malformation cardiaque qui n'est peut-être pas opérable !... On va faire le maximum mais, *a priori*, les médecins ne sont pas optimistes. Pour le moment, elle est à l'école au Centre, heureuse ici, mais...

MAI

Une fête pour les pensionnaires

La construction de l'internat nous permet d'héberger davantage d'enfants et de jeunes, qui sont là pour des raisons diverses. C'est devenu une grosse responsabilité, un programme lourd, qui demande une organisation stricte pour la sécurité et le bien-être des enfants. C'est Leakhéna, la responsable du département social, qui est chargée de gérer l'ensemble, avec son énergie habituelle. Beaucoup d'entre vous la connaissent car elle nous a accompagnés plusieurs fois dans nos tournées. Ce programme demande beaucoup de surveillance des plus petits et de suivi des grands, notre première priorité étant, bien sûr, la sécurité. Mais il faut aussi prévoir les occupations et les distractions car c'est quelquefois un peu triste, quand les autres rentrent chez eux, de ne pouvoir sortir parce que la famille est loin, qu'on n'en a pas du tout ou, pire, qu'on y est en danger… Et la fête fait partie, tout naturellement, de ce programme.

Ratha, 13 ans

C'était dans les tout débuts de notre aventure. Nous venions de découvrir la décharge et avions demandé aux familles de chiffonniers de nous signaler les enfants les plus en détresse. On nous avait conduits vers Ratha, une petite fille que sa famille avait abandonnée et que les voisins nourrissaient, quand ils le pouvaient, avec des restes qu'ils déposaient dans la paillote.

Nous avons accueilli Ratha au Centre. Qu'avait-elle vécu de si terrible ? Qu'avait-elle subi ? Nous n'aimons pas beaucoup interroger les enfants sur ce qu'ils ont vécu mais, pendant un mois, Ratha était tremblante et terrorisée comme un chien battu, ne supportant pas qu'un adulte l'approche. Et puis, petit à petit, elle s'est laissé apprivoiser, étudiant à son rythme, et est devenue un des plus beaux sourires de notre Centre.

Un jour, allez savoir comment, la famille est revenue… et les problèmes avec. La petite Ratha a commencé à faire de graves crises d'asthme, nécessitant plusieurs hospitalisations. On apprend que la maman boit et qu'elle bat régulièrement ses enfants. Les scènes de famille sont continuelles.

Tout d'un coup, devant tant de problèmes, son esprit s'est mis à divaguer. Sur conseil médical, nous avons dû la retirer de sa famille et la prendre pensionnaire. Petit à petit, à force de patience et de l'affection de tous, notamment des enfants, elle revient peu à peu à une réalité qui lui fait moins peur.

Après une scolarité ponctuée de crises d'angoisse, et perturbée par de l'asthme, Ratha a passé le brevet et suivi notre formation d'assistante maternelle.

Comme elle gardait tout de même une certaine fragilité, nous avons préféré l'embaucher au Centre où elle travaille avec les petits enfants. Avec sa douceur et sa gentillesse, très sécurisantes pour ces petits, elle y fait merveille. Est-ce la peine de vous dire notre joie à l'annonce de son mariage ?

AOÛT

Dramatique incendie

Ce dimanche matin, un terrible incendie a ravagé une partie du quartier.

La pauvreté fait que les maisons en bois sont l'une contre l'autre et les rues très étroites, difficiles d'accès pour les secours.

PSE a mis en action toutes ses pompes et ses réserves d'eau, et a été reconnu comme plus efficace que les pompiers. Notre équipe d'intervention, des jeunes de chez nous et des camps d'été, a été magnifique.

Mais nous n'avons pas pu éviter la disparition totale de 30 maisons, dont 26 de familles de PSE. Ici, il n'y a pas d'assurance. Les familles ont tout perdu. Nous les nourrissons et les logeons en urgence dans une salle de réunion. Maintenant, il faut les aider à repartir de zéro.

80 ans de Papy
(Christian)

Le secret avait été bien gardé ! C'est pour moi une émouvante surprise... Enfants et jeunes ont voulu que l'on fête mes 80 ans sur cette ancienne décharge où avait commencé notre aventure avec eux.

Depuis sa fermeture en 2009, nous n'avions plus le droit d'y venir. Les affreuses montagnes d'immondices dans lesquelles nous enfoncions sont devenues de vertes collines et l'odeur a presque disparu. Tout le monde est bouleversé. Nous reconnaissons les lieux et nous rappelons tant d'enfants morts ici, noyés dans l'eau putride, écrasés par des camions, recouverts d'ordures par les bulldozers, morts de faim, de fatigue, de maladies... Mais aujourd'hui, c'est la fête !

Avant de repartir, un moment de recueillement devant le stupa – souvenir de tous ceux qui ont terminé leur vie sur cette décharge...

Merci à S.M. la reine

S.M. la reine mère du Cambodge a tenu à nous inviter au palais royal pour nous remettre l'important don qu'elle fait à PSE chaque année. Nous l'admirons beaucoup pour son courage, sa dignité, son élégance sobre et sa gentillesse. Elle a, pour PSE et ses enfants, une affection particulière, qui est réciproque, et reste très informée de nos actions.

Nous bavardons très amicalement, presque familialement. Elle nous dit, entre autres, l'épreuve de la mort de S.M. le roi Sihanouk, après 63 ans de vie commune, à laquelle s'est ajoutée la lourdeur du protocole où, malgré la tristesse et la fatigue, il faut rester debout à recevoir des délégations du monde entier.

Nous repartons les bras chargés de cadeaux. Et Papy a été particulièrement touché, quelques semaines plus tard, de recevoir, de sa part, une jolie boîte en argent pour les 80 ans de « *M. Christian des Pallières-Papy* » !

J'ai pu aller sur la nouvelle décharge (Christian)

Pour la première fois depuis son ouverture, les autorités nous ont permis d'entrer sur cette nouvelle décharge qui est à une dizaine de kilomètres. Très émouvant… J'ai eu l'impression de rajeunir de vingt ans ! J'ai retrouvé les mêmes odeurs qui prennent à la gorge, la même boue infecte, les mêmes ordures dans lesquelles on enfonce, des personnes qui s'abritent de la chaleur torride sous un bout de tissu… Et les enfants… Combien ? Je ne sais pas encore. Il va falloir commencer comme sur la première décharge : construire une paillote « mobile », servir des repas pour les enfants, les soigner, ouvrir une garderie, les connaître pour trouver des solutions. On vous dira… Mais ne sont autorisés à y aller que ceux qui y travaillent, l'équipe sociale.

Srey Kuoch, 11 ans

Elle raconte :

« À la maison, il y a seulement maman, mon frère qui a 17 ans, et moi. Maman, elle boit, elle reste couchée et elle prépare aussi les repas. Mon frère, il joue aux jeux internet et moi, je mendie. Aux feux rouges, j'essuie les voitures avec un plumeau et je demande de l'argent. Je ne voudrais pas faire ça quand je serai grande, j'aurais trop honte… Quelquefois, des gens disent qu'ils ne veulent pas me donner d'argent si je ne vais pas à l'école.

C'est difficile parce qu'il fait chaud, et mon frère ne veut pas que je me repose à l'ombre. Il veut que je marche tout le temps. Il se cache derrière les gros poteaux, et il me surveille. Et puis, quand je lui demande de m'acheter de l'eau, il ne veut pas. Il me dit de demander aux gens.

C'est très difficile aussi, parce que j'ai peur de me faire enlever et, surtout, j'ai peur de mon frère qui me bat tout le temps. Il dit que je ne gagne pas assez, alors il me bat, avec la main ou avec un bâton, et il m'arrache les cheveux. Et quand il me tape sur la bouche, je saigne et il est content parce que les gens ont plus pitié.

Lui, il ne travaille pas. Il me prend l'argent pour jouer à des jeux.

Et même ma mère ne peut pas me défendre, parce qu'elle a peur de lui.

Je voudrais habiter au Centre parce que mon frère me bat trop. Mais je veux aussi voir ma mère. Ma mère, c'est ma vie.

Et je veux qu'on arrête mon frère. Je veux qu'on le mette en prison. »

2015

JANVIER

Il faut agir d'urgence !

Cinq des villages où habitent nos familles les plus pauvres, sont inondés.

En France, aussi, nous avons des inondations. Mais ici, il ne s'agit plus d'eau. Il s'agit de cloaques immondes, à l'odeur pestilentielle.

L'inondation se mélange aux ordures, aux excréments – car les cabanes n'ont pas de toilettes – et à tout ce qui traîne dans les environs.

On en a jusqu'aux genoux. On se blesse sur les ordures, tout s'infecte et on tombe malade.

… Il y a un véritable danger, en particulier pour les enfants. Risque de noyade, comme c'est arrivé récemment pour un petit de un an et demi dont on n'a toujours pas retrouvé le corps.

Dans ces cabanes, la petite pièce du haut sert de chambre pour toute la famille mais la vie se passe en bas, sous la maison. C'est là qu'on cuisine, c'est là qu'on prend les repas, c'est là qu'on travaille… au milieu de tous ces déchets infects. Où le faire, maintenant ?…

On ne peut pas laisser des enfants dans des conditions sanitaires aussi épouvantables !

Notre équipe sociale, complètement engagée sur le terrain, a commencé à aider ces familles à déménager, en urgence, sur des endroits plus secs et propres, sur un bord de route, par exemple, en fournissant des bâches et des poteaux, car ceux qui sont dans l'eau, déjà vieux, ne tiennent plus le coup et les « murs », faits de bouts de chiffons, de plastiques déchirés ou de vieux cartons, non plus. Elle les aide à creuser pour installer les poteaux, et monter une tente en attendant un vrai relogement.

Mais il faut trouver des terrains provisoires, acheter ces matériels, les transporter. Nous avons dû ouvrir un compte spécial, hors budget car non prévu, et comptons sur l'aide de tous pour mettre ces enfants et leurs familles hors de danger.

La Fête des anciens

Plutôt que de faire la fête en milieu d'année, ils ont décidé, cette fois-ci, de l'avancer, pour « lancer l'année » et exposer tout ce qu'ils ont déjà accompli ces derniers mois.

D'abord, ils ont changé leur nom et s'appellent désormais SA-PSE (Solidarité Anciens Pour un Sourire d'Enfant). Le message est clair et a été rappelé à la réunion statutaire qui a précédé la fête. 1° s'entraider ; 2° signaler les postes disponibles dans les entreprises où ils travaillent (plus de 200 postes proposés) et y accueillir les nouveaux venant de PSE ; 3° aider les enfants pauvres comme PSE les a aidés.

– Leur première action : créer une caisse de solidarité pour aider ceux, parmi eux, qui ont de graves difficultés.

– Ensuite, la mise en place d'actions destinées à récolter des fonds pour apporter une aide d'urgence à nos familles sinistrées par l'énorme incendie d'août, à côté du Centre.

– Grâce au fonds de solidarité, plusieurs anciens en difficulté, déjà bénéficiaires d'aides d'urgence

– Visites, par des groupes d'anciens, à nos professeurs retraités (Mme Tong Phorn, M. Meas Chân…)

– Participation bénévole à l'encadrement des pensionnaires partis à Siem Reap lors des vacances de la Fête des Morts, et collecte pour participer aux activités de ces jours de vacances, et lors des week-ends.

Parmi les objectifs de l'année : recrutement, par chaque membre du CA et du bureau de dix nouveaux adhérents ; organisation de fêtes de charité avec d'autres associations et écoles, etc.

« *Yes, we can* » est devenu leur devise. Et comme ils sont bien de leur génération, leur moyen favori pour communiquer appels et informations, garder les liens, toucher des anciens qui s'étaient un peu éloignés, reste… Facebook !

Et puis, ils nous avaient fait une magnifique et émouvante surprise en venant, si nombreux, nous entourer et nous montrer leur affection, à l'occasion des 80 ans de Papy et de nos 50 ans de mariage ! Deux très belles fêtes organisées en secret. Beaucoup de joie et d'émotion…

MARS 2015

19e tournée en avril !
(Marie-France)

Au mois d'avril, c'est avec un immense plaisir, que je viendrai chez vous, pour la traditionnelle tournée, avec un film renouvelé.

Je serai accompagnée de Dany, une de nos plus anciennes, issue de la décharge et victime, elle aussi, de la maltraitance. Elle a fait ses études à PSE et est devenue, aujourd'hui, la charmante et dynamique hôtesse qui accompagne les visiteurs et leur montre les secrets du Centre. Quand vous connaîtrez son rire, sa joie de vivre et son enthousiasme, vous serez encore plus convaincus qu'on ne travaille pas pour rien.

Une tournée est un véritable exploit sportif, croyez-moi ! C'est pourquoi l'âge de Christian ne lui permettra malheureusement pas, cette année, d'y participer.

Mais, découvrant de nouveaux îlots de grande pauvreté, nous avons un urgent besoin d'encore plus de soutiens pour continuer à sortir ces enfants de la misère.

Aussi, je compte sur chacun de vous !

Vous êtes convaincus de la nécessité d'aider ces enfants. Alors, ne laissez pas les seuls organisateurs, responsables de la réussite des soirées. Étendez le merveilleux réseau d'amitié qui s'est créé autour des enfants. Téléphonez à vos amis et relations. Si chacun d'entre vous vient avec deux amis, ce sera gagné !

Pendant ce temps…, Papy a un ami (Christian)

… En raison de mon « grand âge », j'ai renoncé à faire cette tournée que nous faisions chaque année, Marie-France et moi, depuis vingt ans et grâce à laquelle nous avons obtenu la grande majorité des parrainages. Alors Marie-France est partie, avec une ancienne de la décharge, assurer celle de cette année. C'est rudement courageux de sa part, car elle craint beaucoup la parole en public. Elle va présenter notre nouveau documentaire dans une quinzaine de villes.

Ici, c'est le Nouvel An khmer et tout le monde est parti rejoindre sa famille à la campagne. Même les pensionnaires sont parties en vacances dans notre centre de Siem Reap. Alors, ici, le Centre sans Marie-France, sans enfants, c'est un peu tristounet. C'est là que je me rends compte combien j'ai besoin d'eux, et quelle chance inouïe j'ai de les avoir.

C'est là aussi que je réalise à quel point notre aventure est une histoire de couple. Qu'aurais-je fait, seul ?

PSE au cinéma

Notre ami, le réalisateur Xavier de Lauzanne, vient de passer un mois ici pour boucler le tournage de son film sur l'extraordinaire aventure de PSE. Il a voulu y faire participer les élèves en dernière année de notre formation cinéma. Depuis des mois, il y travaille d'arrache-pied. Ici, il visualisait jusqu'à 2 heures du matin les rushs tournés pendant la journée !... Filmant avec un matériel très professionnel, il a réussi des images de grande qualité. Maintenant, commence le long travail de montage et de postproduction. Le film, qui sortira l'an prochain en salles pour le grand public, sera certainement un très beau film, quand on connaît la sensibilité, l'intelligence et le « coup de caméra » de Xavier. Et même les meilleurs connaisseurs de PSE y découvriront des images nouvelles et exceptionnelles. Nous avons hâte de le voir terminé...

Nous sommes fiers d'eux !

Vous le savez déjà, nous avons, à PSE, une section d'enseignement adapté. Elle s'adresse, entre autres, à des enfants et des jeunes qui ne peuvent suivre une scolarité classique à cause d'un retard mental. Le but est de leur donner les moyens minima de se débrouiller dans la vie de manière indépendante.

Ces jeunes bénéficient de la générosité du patron du Centre d'équitation de Phnom-Penh qui leur offre de monter gratuitement. Certains y font merveille et l'un d'eux y est même maintenant employé.

Ils pratiquent aussi d'autres sports et, fin décembre, 10 d'entre eux ont participé au concours olympique spécial où ils viennent de remporter : 3 médailles d'or, 4 médailles d'argent, 1 médaille de bronze et une 4e place !!!

Nous voulions vous faire partager notre fierté.

Nos anciennes du groupe d'écoute

Srey Nieng, Srey Da, Srey Nga, Metrey, Kim Srieng, Nareth et Porèn. À l'époque, elles étaient en classe de 2nde. C'était en 2002 et nous n'avions pas encore d'équipe psychologique pour suivre les enfants en difficulté. Ayant elles-mêmes beaucoup souffert, elles avaient accepté de créer un groupe d'écoute et, à chaque récréation, elles accueillaient ceux qui souhaitaient parler de leurs souffrances familiales. Grâce à elles, beaucoup de cas avaient été détectés et avaient trouvé des solutions.

Venues, comme les autres, de la grande misère, elles sont toutes, aujourd'hui, de belles jeunes femmes magnifiquement intégrées dans la vie.

Srey Nieng travaille dans une agence de voyages. Elle a épousé Sophal, ancien de PSE, qui est responsable des achats dans le domaine des hévéas. Ils ont un petit garçon, Molyvann.

Srey Da est la seule du groupe à n'être pas mariée. Elle est responsable marketing dans une grande société indienne.

Srey Nga, qui est devenue notre belle-fille, s'occupe de ses deux petites filles Bophana et Évelyne. Son mari, notre fils Éric, travaille dans le domaine de la préparation et du contrôle des élections, les processus de démocratisation, dans divers pays du monde.

Metrey est femme au foyer. Son mari, Carlton, est directeur d'une compagnie d'informatique et de sites web.

Kim Srieng est responsable des bourses d'étude dans une ONG japonaise qui travaille dans les services sociaux. Poleak, son mari, ancien de PSE lui aussi, est responsable des stocks dans une société de construction. Ils attendent leur premier enfant.

Nareth est responsable des opérations dans la même société indienne que Srey Da. Son mari, Leng, ancien de PSE, est responsable général dans un grand hôtel. Ils sont parents d'un petit garçon, Mongkul.

Porèn est responsable produits dans une agence de tourisme. Son mari, Samedy, également ancien de PSE, est responsable d'équipe, senior, dans notre département social. Ils ont un petit garçon, Rithysak, et une toute petite Érica de 2 mois.

C'est notre succès à tous. Comment ne pas se réjouir et ne pas vouloir continuer ?

Saint-Valentin

Ici, la fête des amoureux s'étend à tous ceux à qui l'on veut dire son affection. Nos pensionnaires nous ont bien gâtés avec des fleurs, des dessins, un repas, et beaucoup de bisous…

MAI

Sorya

Elle est en formation professionnelle hôtelière. Son père parti, sa mère s'est mise à boire et son jeune frère à se droguer. Quand elle quitte son taudis, le matin, pour l'école, sa mère lui réclame l'argent de son alcool et, le soir, Sorya la ramasse dans le ruisseau, complètement ivre, et la lave, avant de partir essayer de retrouver son frère. Elle voulait aller travailler dans un karaoké (lieu de prostitution) la nuit, pour nourrir la famille. Pour l'en dissuader, une voisine lui a proposé de remplir des oreillers. Mais s'il n'y a pas de commandes, on ne mange pas. En classe, elle a du mal à se concentrer mais c'est quand même là qu'elle trouve un peu de chaleur, auprès de ses amies et de ses professeurs. Elle refuse l'internat, pour s'occuper de son frère et de sa mère qui ne sait que l'insulter et faire des dettes. Quelle triste vie, et quel courage !

Une tournée spéciale
(Marie-France)

Comme nous vous l'avons dit dans la lettre précédente, cette année, Dany et moi-même sommes donc parties toutes les deux seules, pour cette tournée d'un nouveau style.

Nouveau style parce que Christian est resté à Phnom-Penh, trouvant que ce genre de sport n'était plus adapté à son âge.

Nouveau style parce que, à deux, nous avons circulé en voiture, délaissant notre « coquille », ce camping-car du nom de Nain-Bus, qui nous a si longtemps accompagnés.

Sans lui, nous devenions dépendantes de tous ceux qui nous ont accueillis. Mais l'accueil de nos amis a été si fantastique, ils ont tous été tellement « aux petits soins » et nous ont tous tellement gâtées qu'ils m'ont presque fait oublier ce Nain-Bus que j'affectionnais particulièrement.

J'avoue que j'étais un peu « stressée » d'avoir à parler seule, alors que j'avais pris l'habitude, souvent prise par l'émotion, de laisser parler Christian. J'avais même prévu, après le film, une intervention enregistrée par lui, qui me sécurisait. Jusqu'au jour où un problème technique a empêché la projection de cette intervention. Plus le choix, j'ai dû me lancer…

Et puis, la technique, ce n'est pas vraiment ma spécialité. Et des problèmes techniques, il y en a eu, presque à chaque soirée.

Alors, je voudrais remercier tous ceux m'ont soutenue, accompagnée dans mes prises de parole après le film, tous ceux qui ont dépanné les problèmes matériels, tous ceux qui nous ont hébergées avec tant de gentillesse, tous ceux qui ont pris le volant pour m'éviter la fatigue de la conduite, tous ceux qui sont venus nous écouter, dans des salles le plus souvent si bien remplies, etc.

Et toutes ces belles salles, nous les devons à tous ces bénévoles, les organisateurs, leurs équipes, tous ceux qui se sont donné tant de mal, des mois durant, pour faire venir leurs amis. Un grand merci à eux, sans qui il ne se serait rien passé !

Je voudrais aussi remercier Dany, avec sa bonne humeur et sa joie de vivre, sa serviabilité, son aide à tout moment. Lors des séances, son témoignage émouvant, sa sympathique peur des micros qui a attendri nos auditeurs… ont bien participé à convaincre les publics.

Et, pour finir, un très grand merci, également, à tous ceux qui nous soutiennent depuis longtemps, à tous ceux qui ont augmenté leur parrainage, et à tous ceux qui viennent de rejoindre la famille PSE pour sauver des enfants de la misère.

NOVEMBRE

Nous avons raison !

Nous partageons tous une phrase qui fait partie de notre communication et que nous mettons sur tous nos documents, c'est : « *De la misère à un métier* ». Cela paraît anodin, mais c'est la spécificité de notre action, c'est un engagement pour nous tous.

Cela veut dire que nous finançons et contrôlons toutes les étapes de la misère à un métier : la scolarité, l'étude des besoins du pays, la formation adaptée à ces besoins et même le placement dans la vie active.

Cela veut dire que quand nous prenons un enfant en charge, nous nous engageons souvent pour près de quinze ans comme on le fait pour l'éducation de nos propres enfants.

C'est long, c'est coûteux, cela demande à tous beaucoup de courage, de persévérance, mais c'est la seule solution, car le travail est définitif.

Mais vous avez sûrement des remarques du style : « *Ah, tu travailles toujours pour le Cambodge ? Ce n'est pas fini, cette histoire-là ?...* »

Non, ce n'est pas fini car nous faisons en sorte que l'enfant que nous avons pris en charge devienne un adulte qui n'ait plus besoin de nous.

Et nous avons raison de faire cela, l'actualité nous le prouve…

Est-ce que vous pensez que, depuis tant d'années que nous envoyons des millions d'euros en Afrique (soit par l'État avec nos impôts, soit par les ONG), si ce travail de contrôle de l'utilisation de chaque sou était fait, afin qu'il aille dans les bonnes formations adaptées au pays, nous aurions cette vague migratoire de toute cette jeunesse qui vient risquer sa vie pour mendier un travail ?

Sûrement pas, car, trop souvent, l'utilisation de l'argent a été déléguée à des gens peu scrupuleux et a été détournée.

Alors que chez nous, aucun de nos anciens n'aura besoin de vous.

Est-ce que nous vous avons demandé de trouver du travail pour un de nos enfants ?

Non. Car, ensemble, nous avons fait en sorte qu'ils n'aient plus besoin de nous, et qu'ils puissent participer au développement de leur pays et créer des emplois.

Nous devons être fiers de cela et sûrs du bien-fondé de notre action qui est définitive.

Bien sûr, nous sommes sollicités par bien d'autres actualités, poignantes elles aussi. Mais n'abandonnons pas ce travail qui n'est valable que s'il est mené jusqu'au bout.

Merci à nos parrains et à nos équipes qui ont compris cela et qui sont si fidèles depuis tant d'années.

L'histoire de PSE : un film magnifique !

En février, nous vous avons parlé de ce film qu'est en train de réaliser notre ami, le cinéaste Xavier de Lauzanne. Xavier est un réalisateur plein de sensibilité et de finesse, qui a déjà fait un certain nombre de films de grande valeur.

Aujourd'hui, le tournage est terminé. Reste encore un énorme travail de « postproduction » dont nous vous tiendrons au courant de l'avancement. Le film a déjà trouvé producteur et distributeur et la sortie en salles est prévue pour l'automne 2016.

Avec quelques personnes, nous avons eu la chance d'en voir, en avant-première, un prémontage, et nous avons tous été très émus par la beauté de ce film.

Notre ami, le réalisateur Patrice Leconte, nous écrit : *« Je le trouve magnifique. Tout est réussi, émouvant, fort, prenant, maîtrisé. C'est un grand film. »*

Pour tous les amis de PSE, ce sera un grand événement, une occasion unique pour faire connaître notre association !

Nous avons donc un an pour nous organiser et faire de la sortie de ce film un magnifique succès !

Chhit Vannet, 27 ans

Cinquième sur six enfants d'une famille très pauvre, de la province de Prey Veng, paralysée des deux jambes, elle ne peut pas marcher. Mais Vannet est une battante (à cause de son handicap ?...).

Toujours est-il qu'elle a décidé de quitter la campagne, et de venir à Phnom-Penh pour continuer ses études. Et pas n'importe lesquelles, puisqu'après après avoir passé le bac et fait une année de prépa, elle a intégré notre école de gestion et vente !

Elle loge dans notre internat, se déplace en fauteuil roulant et c'est une jeune fille tellement gaie, tellement vivante, joyeuse, sociable, qu'on en oublierait presque son handicap. Surtout quand, lors des fêtes, elle danse (avec les bras) sur son fauteuil. Sa gentillesse fait qu'elle trouve toujours quelqu'un pour l'aider quand c'est nécessaire. Cette année, elle a même été monitrice au camp d'été et c'était touchant de voir les enfants de son équipe, pousser son fauteuil, en ligne derrière elle !

Avant même d'avoir terminé son école, et malgré son handicap, elle a déjà été embauchée au ministère du Tourisme. Pour qu'elle puisse se déplacer en ville, nous lui avons prêté de l'argent pour l'achat d'une moto « aménagée », avec deux roues à l'arrière, qu'elle remboursera, petit à petit, avec son salaire. Pour le moment, elle reste à l'internat. Une belle leçon de courage et d'optimisme, pour nous tous qui oublions souvent la chance que nous avons, de pouvoir marcher !

Et pour ceux qui ont du mal à suivre…

Un certain nombre de nos enfants ont été trop blessés, trop abandonnés, trop livrés à eux-mêmes… Et ils en sont devenus incapables d'étudier normalement et, même, de gérer leur vie quotidienne.

Ils sont les derniers, redoublent sans fin leurs classes, ont une mauvaise image d'eux-mêmes. Alors ils se négligent, ne se lavant parfois même plus. Ils ont souvent un comportement agressif… et sont malheureux. Ils ont donc besoin de plus d'attention que les autres.

Pablo et Kia, avec Leakhéna et Anthony, ont démarré un programme destiné à les suivre, à s'intéresser à chacun d'eux en particulier.

Pour le moment, ce programme s'adresse aux petits pensionnaires. Ils sont, aujourd'hui, 12 à être ainsi pris en charge, de manière spéciale, 8 filles et 4 garçons, de 9 à 17 ans.

Depuis six mois maintenant, ils bénéficient de cet accompagnement personnalisé, de programmes allégés avec davantage de sport et d'activités ludiques, d'objectifs très concrets, à très court terme, assortis d'un système de récompenses ou de pénalités. Par exemple, suppression d'une sortie attendue si on a encore perdu son cahier…

Le but est aussi de déceler le domaine où ils peuvent se valoriser par rapport aux autres et retrouver l'estime d'eux-mêmes.

Et les résultats sont spectaculaires.

En six mois, oubliés les problèmes de discipline et les absences en classe. Ils sont devenus beaucoup plus obéissants, soignés, sociables, aidants. Ils sont aussi plus ouverts… et plus heureux.

C'est donc vraiment la solution mais, au Centre de rattrapage, il y en aurait une cinquantaine, qui auraient les mêmes problèmes d'apprentissage et de comportement, sans compter ceux des écoles extérieures.

Il faudrait aussi les prendre en charge. Mais cela demanderait plus de personnel et, en ce temps de restriction, nous sommes obligés de repousser l'extension de ce programme. Et pourtant !…

2016

FÉVRIER

Le film de PSE, pour les vingt ans !

La post-production du film est maintenant terminée (montage, étalonnage de l'image, mixage du son, habillage graphique…) et soulève déjà des réactions enthousiastes. Deux artistes ont enregistré la chanson finale (Hugh Coltman et Juliette Paquereau, chanteuse du groupe Diving with Andy). Le travail sur la distribution va pouvoir commencer : création des outils de communication, de l'affiche, prise de contact avec les partenaires et réseaux qui peuvent soutenir la sortie du film, projections de presse, présentation à des festivals… La sortie au cinéma est prévue pour la rentrée prochaine. Des outils permettant de faire circuler les informations autour du film devraient être mis à la disposition de tous à partir du printemps prochain. Bien sûr, nous comptons sur vous pour faire de cette sortie un beau succès.

Nos joueuses sont championnes

Pour la première fois en vingt et un ans, une équipe cambodgienne participait au Bangkok International Rugby Sevens : nos joueuses de rugby, avec l'association « *Kampuchéa Balopp* »*. Après une première journée difficile, face aux redoutables et très physiques « *Bangers Belles* » de Bangkok, la première mi-temps se termine par deux essais et une transformation en faveur de nos filles. En deuxième mi-temps, malgré une joueuse blessée, et la hargne de leurs adversaires menées au score, grâce à leur rapidité et à la qualité de leurs passes, nos joueuses gagnent par 19 à 5, trois essais et une transformation !

**Kampuchéa Balopp, animé par le dynamique Jean-Baptiste Suberbie, promeut le rugby et ses valeurs auprès des ONG du Cambodge (www.kampuchearugby.com).*

MAI

Nos enfants

La maman est veuve avec deux enfants : **Mom**, garçon de 16 ans, et sa sœur **Kanha**, 11 ans. Sans maison, ils habitent avec des parents, dans un quartier mal famé et insalubre. La maman ne gagne pas suffisamment, d'autant qu'elle a contracté des dettes pour soigner la grand-mère. Actuellement, elle n'a plus aucun revenu et nous demande de faire une formation de cuisinière pour essayer de trouver un travail correct. Pendant sa formation, elle aura une petite indemnité journalière et, bien évidemment, PSE fournit le riz et scolarise les enfants.

Un vrai feu d'artifice !

Nous vous avons déjà parlé, plusieurs fois, du superbe film que notre ami et réalisateur Xavier de Lauzanne a tourné sur PSE. Il s'appellera *Les Pépites* et sortira au cinéma le 5 octobre prochain. Les échos de la première projection privée en salle sont enthousiastes.

En même temps que le film, un autre ami de longue date, Thomas Goisque, photographe et grand reporter, s'apprête à publier dix pages sur PSE dans un grand hebdomadaire national.

Mais ce n'est pas tout. Un beau livre de photos, appelé, lui aussi, *Les Pépites*, sera édité, au même moment, chez Albin Michel. Il raconte l'aventure des vingt premières années de PSE et vous fera revivre, à travers les textes et près de 200 magnifiques photos, la vie des enfants, leurs souffrances, leurs espoirs, leurs succès, depuis les débuts sur la décharge, jusqu'à aujourd'hui. Un livre que vous aimerez garder dans votre salon ou offrir à vos amis, avec toutes les images que vous auriez aimé prendre vous-mêmes.

Quelle chance !

Notre petite école de cinéma, la première au Cambodge, a maintenant un prestigieux partenaire.

Piseth et Lita, élèves en deuxième année, sont non seulement doués mais aussi très travailleurs. Venant de familles extrêmement pauvres, tous deux ont été parachutés d'un seul coup dans un monde complètement inconnu pour eux : 5 semaines, en stage, à la célèbre École nationale supérieure Louis-Lumière à Saint-Denis, en région parisienne.

Grâce à l'un des professeurs de cette école, venu ici donner, bénévolement, des cours sur la lumière, nous avons la chance d'avoir pu signer un accord de partenariat avec Louis-Lumière et recevrons, en échange, des étudiants français qui viendrons ici en décembre.

Quelle magnifique opportunité pour nos étudiants et pour l'école ! Merci à tous ceux qui ont œuvré pour mettre sur pied ce partenariat.

AOÛT

Ensemble, fêtons les vingt ans de PSE...

À côté de toutes les mauvaises nouvelles (climat, attentats, chômage...), de la morosité, des jeunes qui ne rêvent plus, nos vingt ans à tous, c'est la joie. Au milieu de cette morosité, les Pépites, ce sont 4 000 enfants devenus des adultes heureux et dont beaucoup viennent nous dire leur joie d'avoir créé une famille et d'avoir une vie normale. Il y en a partout au Cambodge, dans les hôtels, les restaurants, les hôpitaux, les entreprises... Beaucoup viennent nous voir pour nous remercier et c'est à vous tous que nous transmettons leurs remerciements. Les Pépites, ce sont aussi les 6 500 plus jeunes, qui sont encore sur le chemin.

Pour nos vingt ans, nous sommes tous pleins de bonheur puisque le meilleur moyen d'être heureux, finalement, c'est de rendre les autres heureux. Et cela prouve que lorsqu'on travaille ensemble, on peut changer un petit coin de la terre.

Sortie du film Les Pépites, le 5 octobre

Le moment est arrivé de la sortie, au cinéma, du film *Les Pépites*, le 5 octobre. Réalisé par Xavier de Lauzanne, *Les Pépites* a été produit par François-Hugues de Vaumas-Aloest Films (*D'une seule voix*, *Enfants valises...*) et Yves Darondeau–Bonne Pioche Cinéma (*La Marche de l'empereur*, *Le Renard et l'Enfant*, *J'irai dormir à Hollywood*, *Il était une forêt...*) ; il est distribué par Rezo Films.

Une page se tourne

Pich, notre directeur, après seize ans passés avec nous, s'en va voguer vers d'autres cieux.

Embauché par Papy pour compléter et enrichir l'enseignement par les outils audiovisuels, il y a fait merveille.

Plus tard, il a été, successivement, directeur du Centre de rattrapage, puis de la formation professionnelle et, enfin directeur des programmes depuis plusieurs années.

Sensible, intelligent, brillant, il a très vite monté les échelons pour se retrouver à la tête de PSE.

Après s'être donné sans compter, il estime qu'il est temps, pour lui, aujourd'hui, de démarrer d'autres projets.

Nous le remercions pour toutes ces années au cours desquelles, à nos côtés, il a développé PSE, avec enthousiasme.

Créateur dans l'âme, il va continuer à créer.

Bonne chance, Pich, pour de nouvelles aventures !

Kunthie (18 ans)

Son père, veuf et âgé, mendie dans le village. La sœur aînée a un problème mental et reste à la maison sans rien faire. Des quatre frères, l'un est mort, deux sont diplômés et partis, et l'un est en formation cuisine.

Kunthie, la dernière, pensionnaire depuis plusieurs années, n'a jamais pu apprendre à lire ni à écrire. Depuis un an, elle faisait partie de ce programme, initié par Leakhéna, Anthony, Pablo et Kie, qui prend en charge, individuellement, ceux qui ont de grosses difficultés, afin de leur trouver une solution qui leur permette de vivre (nous vous en avions parlé en novembre dernier).

Kunthie voulait apprendre à faire des gâteaux. Elle a suivi une petite formation à l'extérieur et gagne maintenant sa vie. Elle peut même rembourser, chaque semaine, le prêt accordé par PSE pour démarrer.

Devant l'équipe sociale, elle vend des cornets dans lesquelles elle ajoute une boule de glace, et sa petite affaire a un succès incroyable. Elle ne sait pas compter mais elle sait rendre la monnaie en comptant sur ses doigts.

Malgré un énorme handicap de départ, nous savons maintenant qu'elle pourra être indépendante et se débrouiller dans la vie. Et quelle merveille que son sourire, alors que nous nous demandions ce qu'elle allait devenir !...

Vingt ans...,
ce n'est que le début de l'aventure

Nos résultats sont beaux mais cela reste encore modeste.

Devant l'ampleur des besoins des enfants qui souffrent et qui nous attendent, il faut absolument répondre, en augmentant nos moyens et en étendant notre action.

Nous avons démontré que nous en sommes capables.

Tous ces événements des vingt ans, pour lesquels vous vous mobilisez tous, vont nous aider à passer un nouveau cap.

Ce n'est pas la fin de l'histoire, c'est le début d'une nouvelle aventure.

Soyons ambitieux ! Nous en avons les moyens.

OCTOBRE

Christian-Papy nous a quittés le 24 septembre dernier

Du président, **Jean-Michel Bouchard**

« Ne t'en fais pas, Papy, nous continuons !

Quelque 16 000 personnes, enfants, anciens, personnel, officiels et amis, accompagnaient Papy pour ses funérailles afin de lui témoigner leur gratitude. J'y étais, c'était impressionnant.

Il est parti serein, au moment où sortaient le film Les Pépites, *qu'il a pu voir, et le livre du même nom, dont il a vu les premiers premiers tirages, au moment où les médias s'en faisaient l'écho, au moment où nous fêtions les vingt ans de PSE au Cambodge.*

Serein, surtout, parce que, comme il le disait dans une des interviews qu'il avait faites pour cette "couverture" médiatique, il savait que la relève est là, que l'équipe cambodgienne est en place, que conseil d'administration, bureau, réseau, parrains, mécènes sont solides aux postes et que ce qu'il a initié et construit avec Mamie et avec nous tous, va continuer, avec le même enthousiasme – plus grand peut-être, son départ nous stimulant.

Je disais, en août, "on fait la fête et on continue". J'aurais envie de dire, aujourd'hui : "Repose-toi Papy, tu l'as mérité, tu as tant fait pour 'nos enfants' ; sois tranquille, nous continuons."

Tous ensemble et avec Mamie, et je sais que je peux compter sur vous, nous allons continuer avec le même enthou-

siasme, avec la même attention à la misère de tous "nos enfants". Nous le leur devons, nous le lui devons. Merci, Papy ! »

D'après **Arlette**, *une des cinq sœurs de Christian*

« Mon cher Christian, nous sommes tristes et tu vas nous manquer.

Tout le monde se souviendra de ton amour des discussions sans fin sur tous les sujets, films, politique, musique, morale, philosophie, religion…

À la maison, on s'attendait toujours à ta phrase fétiche : "Je vais vous expliquer…" Tu adorais la dialectique, pouvant défendre le tout et son contraire avec grande conviction ! Tu refusais de t'enfermer dans des schémas traditionnels. C'est ainsi que tu te construisais une idée sur le monde, bien à toi et hors norme.

Tu adorais transmettre et enseigner. Tu étais ravi quand l'une de nous, tes sœurs, voulait une explication sur un exercice de maths ou de physique. C'était un peu long, ça finissait toujours en rigolade. Et au final, on avait tout compris ! Ça, c'était ton côté pédagogue.

Toi, l'idéaliste rêveur, que les scouts avaient d'ailleurs baptisé "Pingouin rêveur", tu as rencontré Marie-France, la femme qui te complétait parfaitement, ta "moitié", comme tu l'appelais. Vous étiez tous les deux des intuitifs, hypersensibles, empathiques et généreux.

Je suis, comme mes sœurs Geneviève, Hélène, Alix et Aline, pleine d'admiration pour ce que tu as construit avec Marie-France !

Je me souviens encore du départ en grande pompe pour votre premier grand voyage autour du monde avec vos ado-

rables enfants. Quelle splendide leçon de vie, quelle ouverture sur le monde vous leur avez offerte !

Personnellement, ce qui m'a beaucoup touchée, c'est que toi, qui as souffert de l'éducation de l'époque, qui interdisait une tendresse démonstrative, tu aies voulu, justement, donner cette tendresse, avec des gestes bien visibles, à tous ces enfants si maltraités. Malgré leur nombre, tu leur as montré qu'ils étaient uniques.

Et, comme tu le disais à Patrick lors de son départ, la vie est courte alors, à bientôt mon frère. Adieu, Christian. »

D'après **Matthias**, *son gendre*

« Merci, Papa, pour ta vie, pour toi, comme tu étais !

Merci que tu ne te suffisais pas toi, tout seul, mais d'avoir cherché et trouvé Maman, ta Marie-France, et avec elle ta famille, et mille et une aventures à entreprendre, et autant de rêves à réaliser !

Merci pour ton courage de te laisser surprendre par la vie, par les autres, et parfois peut-être par toi-même.

Merci qu'une vie tranquille de la retraite ne te suffisait pas !

Merci pour ta folie, la folie de Maman et toi, de partir à l'autre bout de la terre pour "faire encore quelque chose d'utile" *comme tu disais.*

Merci pour ton cœur ouvert, touchable par les "intouchables" de cette terre.

Merci pour tes larmes de colère et de tristesse face à la détresse des enfants de la décharge et leurs familles déboussolées !

Merci que ces larmes ne t'ont pas paralysé mais ont renforcé ta détermination d'essayer l'impossible !

Merci que tout ce que tu as vu, toute la souffrance que tu as partagée, ne t'aient pas raidi, mais attendri. Que tu n'aies pas sombré dans un pessimisme résigné, vidé de toute énergie !

Merci qu'égalité, fraternité et solidarité n'aient pas été affichées à l'entrée de ta maison, mais aient été des constituants fondamentaux de ton cœur grand ouvert pour les autres.

Merci que ta foi en notre Dieu ne t'ait pas enfermé dans ton église mais au contraire, t'ait rendu respectueux pour toute autre croyance et conviction, et même désireux de la rencontre.

Pour tout cela, peut-être, tu as pu partir dans cette immense paix et nous te croyons et savons dans les bras tendres de notre Dieu ! Oui, pour tout ça, pour toi, Papa – comme tu étais, merci ! »

D'après l'homélie du **père Vincent Sénéchal**

« *On ne rencontre que rarement dans sa vie des êtres exceptionnels, c'est-à-dire des personnes qui vous rendent meilleurs que vous n'étiez avant de les avoir rencontrés. Des personnes qui vous donnent confiance en vous. Des personnes qui s'inquiètent pour vous et partent à votre recherche, y compris de nuit, lorsque vous êtes en errance. Des personnes qui vous aiment et vous font sentir combien vous êtes unique. Des personnes qui vous font rire, et qui vous donnent de la joie, y compris au milieu des situations les plus difficiles. Des personnes qui veulent que vous grandissiez et progressiez, et dont c'est le bonheur d'être passeur et éveilleur. Des personnes qui ont envie de pleurer et de crier en voyant votre malheur, et s'avancent dans la boue et les immondices pour vous y rejoindre et vous en tirer. Des personnes qui osent vous sourire, vous prendre dans leurs bras et vous pardonner alors que vous êtes enfermé dans votre honte d'avoir failli. Des personnes qui donnent tout par amour, jusqu'à mourir dans la simplicité. Des personnes créatives pour faire le bien, qu'on a envie de suivre jusqu'au bout du monde. Des personnes dont l'audace et la foi sont communicatives. Des personnes dont le souffle de vie vous soulève et vous rend léger, comme l'air soulève les feuilles mortes vers le ciel et les fait danser avec les oiseaux. La vie de ce type d'homme ou de femme est une pépite qui vaut plus que tout l'or du monde.*

Pour ceux d'entre vous qui avez déjà vu le magnifique film de Xavier de Lauzanne, Les Pépites, *tout juste sorti en salle et qui retrace la vie de Christian et Marie-France, vous aurez mis des images sur ce que je viens de dire.*

Nous les prêtres, nous nous appliquons du mieux que nous le pouvons, à réconforter et à témoigner de Dieu. Or Christian, j'en suis heureux et je t'en suis très reconnaissant, c'est plutôt toi qui m'as réconforté et fait découvrir Dieu. Voici ce que j'ai découvert de Dieu grâce à toi et que sans doute beaucoup d'entre nous ont pu découvrir en te côtoyant.

En premier lieu, en te voyant, Christian, j'ai d'abord vu un couple. Celui que tu formais avec Marie-France, elle qui a été la réponse à tes prières et au défi que tu avais lancé au Seigneur. Je me souviens avec émotion, de vos cinquante ans de mariage, à Phnom Penh. Qu'il était beau de vous voir tous les deux entourés de votre famille et de vos amis, assis côte à côte pour rendre grâces. Votre amour partagé, vos rêves communs ont été la source de grandes choses ! Dans une complémentarité extraordinaire entre vous. Je ne te canonise pas, Christian ! Mais ton être de mari et de père m'a fait approcher le cœur de Dieu.

Mon confrère, Bruno Cosme, a témoigné à Phnom Penh de ce que tu lui as dit quelques heures avant ton départ : "Je suis prêt, rien de mieux ne peut m'arriver." Je ne te canonise pas, Christian ! Mais ta confiance absolue dans la miséricorde du Seigneur m'a fait mieux comprendre qui est Dieu et comment être moi-même plus miséricordieux. Tu avais même fait du pardon un de tes gestes pédagogiques à PSE.

Tu es même allé une fois jusqu'à demander l'intercession de sainte Thérèse dans un appel à l'aide désespéré pour une jeune femme agonisante, et tu y as ajouté un cri vers Jean-Paul II, pour qui tu savais qu'il manquait encore un miracle sur le chemin vers la canonisation. De façon vraiment surprenante, cette jeune femme fut remise sur pied dans l'heure suivante. Je ne te canonise pas, Christian ! Mais ton audace et ta foi m'ont stimulé.

Un autre point sur lequel tu m'as enseigné, cher Christian, c'est ta capacité d'incarnation. Toi et Marie-France êtes quand même devenus citoyens cambodgiens ! Quand on y pense ! Ce Papy comme les enfants t'appellent, toi, Papy, tu es devenu cambodgien ! Non pas parce qu'on t'aurait aplati le nez... Mais parce que tu avais le cœur cambodgien ! Mais plus encore qu'un passeport, c'est cette ouverture et cette confiance faite aux gens des pays où tu as vécu, qui était remarquable. C'était déjà le cas au Maghreb, où vous invitiez volontiers et fréquemment à votre table les gens du pays. C'était le cas chez IBM, où tu as travaillé à ce que les agences africaines soient dirigées par des locaux. Et tu as voyagé dans votre camping-car, inlassablement, à la rencontre des autres, avec vos enfants, durant ces deux voyages inoubliables autour du monde mais aussi pour les tournées annuelles en France et en Europe. Et tu as voulu que vos écoles PSE soient dirigées par de belles personnalités khmères. Ton souci de te faire proche des Khmers a même été jusqu'à demander la crémation, car tu souhaitais que tes amis cambodgiens puissent s'associer à ton départ. Et la reine-mère est même venue te rendre hommage. Pour moi, missionnaire des Missions Étrangères de Paris, ton ouverture aux autres dont tu étais curieux des coutumes, de la façon de vivre et de la religion, est un exemple inoubliable. Je ne te canonise pas, Christian ! Mais ta capacité à te faire proche des lointains m'a beaucoup édifié.

Et puis, enfin, parlons de la décharge. Votre découverte, avec Marie-France, de la décharge de Steung Mean Chey, à Phnom Penh, fut comme la découverte de l'enfer sur terre. Nous gardons tous en mémoire ton image, marchant en bottes dans cette boue noire et visqueuse, au milieu d'innombrables mouches, pour aller au contact de ces enfants décharnés, sales, non scolarisés et souvent maltraités. Ce fut une descente aux enfers. Tu as fait cette plongée dans l'enfer humain pour libérer des milliers d'enfants et leur donner un avenir. Il y a quinze jours, j'ai longuement contemplé ce dessin d'un étudiant de PSE, posé près de toi : on y voyait une vallée infranchissable qui séparait deux plateaux montagneux. Sur le plateau de gauche étaient dessinées la violence, la misère, la faim, la maladie, la mort. Sur le plateau de droite, la santé, l'école, le travail, les magasins. Et au milieu, l'artiste en herbe, qui voulait te rendre hommage, t'avait dessiné, allongé, le corps tendu d'un plateau à l'autre, les pieds touchant le plateau de gauche et les bras atteignant jusqu'au plateau de droite, faisant de ton corps un pont sur lequel s'engageaient de nombreux enfants pour passer vers l'éducation, la santé, une vie plus digne.

Il me faut m'arrêter là, Christian. Ta vie extraordinaire fut un cadeau magnifique pour nous tous, que je ne peux limiter qu'à quelques mots. Dieu seul sait ce qu'il t'a réservé. Mais la joie, sûrement, toi qui étais déjà si joyeux ici-bas. Avec ton nez de clown, provoquant les sourires, les sourires d'adultes, les sourires d'enfants.

À Dieu, Christian.

Tu nous précèdes et nous donnes courage.

À Dieu notre ami. »

D'après **Marisa**

« Comment traduire en mots l'intense émotion ressentie pendant ces derniers jours et ce que nous ressentons aujourd'hui ? Comment résumer en quelques lignes tout l'immense travail, tous les projets, les idées, les discussions, les rires et les larmes, les rêves que nous avons partagés avec Christian et Marie-France ?

Regardons les interminables messages des milliers de jeunes Cambodgiens adressés à Papy, le remerciant, exprimant leur immense affection et admiration pour cet homme qui a été pour eux à la fois un père, un ami, un prof, un sauveur, leur espérance et leur avenir, tout ça en même temps.

Aujourd'hui, ils restent orphelins et remplis d'une peine intense.

Mais… ils ne sont pas les seuls à se sentir orphelins. L'énergie, l'enthousiasme, l'inspiration, le courage et la recherche de la justice de Papy et Mamie ont débordé toutes les frontières. Christian nous laisse tous orphelins.

Christian croyait et rêvait d'un Monde meilleur. Il croyait et disait toujours qu'il faut vivre ses propres rêves. Que la vie sans rêves, n'est pas une vie.

Il croyait qu'une fois que nous avons vu un enfant mourir écrasé sous des ordures, notre vie était changée pour toujours.

Il croyait qu'on trouverait seulement des solutions en "écoutant" les enfants et en répondant directement à leurs besoins.

Il croyait que laisser un enfant se nourrir sur la décharge, n'était "pas digne de l'Humanité".

Il croyait qu'une maman doit pouvoir nourrir ses enfants, et ne pas les voir mourir de faim.

Il croyait que l'on devait s'occuper des familles. Sans elles, les enfants ne pourraient pas s'en sortir.

Il croyait que l'éducation est la clé de l'avenir. Sans éducation, la Paix n'est pas possible.

Il croyait que l'Amour fait pousser des ailes et qu'il crée des solutions là où il n'y a que le désespoir.

Et il mettait toute sa confiance dans les enfants. Ces enfants chiffonniers qui aujourd'hui viennent le voir, mariés, avec de bons travails, avec des enfants merveilleux, les yeux remplis de lumière et d'espérance.

Aujourd'hui, tous ensemble, nous pouvons te dire : "Christian, repose-toi maintenant. Tu peux te reposer car nous sommes une armée entière qui va continuer à protéger, soigner et donner de l'espoir à tous les enfants qui souffrent. Tu peux nous faire confiance. Maintenant c'est notre tour.

Merci Christian pour tous tes rêves et pour nous avoir permis de les partager avec toi.

Repose-toi en paix, à côté de tes enfants tant aimés." »

DÉCEMBRE

À partir de maintenant, je suis désormais seule à écrire ces journaux

Merci à vous tous !

À vous tous, parrains et donateurs, et à tous vos amis, nous voudrions dire un très grand merci pour votre implication dans l'incroyable réussite du film *Les Pépites* ! Sur les réseaux sociaux, par le bouche-à-oreille et mille autres moyens, vous avez été « formidables » ! Même si ce n'était ni le but premier, ni l'intention de Xavier qui voulait faire un beau film pour le cinéma, ce succès magnifique a fait connaître PSE à des milliers de personnes qui ne le connaissaient pas. Profitons-en, maintenant, pour rebondir sur cette nouvelle notoriété afin qu'elle serve à sauver encore de nombreux enfants. C'était le rêve de Papy, et ce fut son testament, quand il a eu connaissance, la veille de son départ, du grand succès des avant-premières et qu'il a pu voir la maquette du *Figaro Magazine* ainsi que le premier exemplaire de l'album de photos…

L'album de photos Les Pépites

Les Pépites, c'est le très beau film de Xavier de Lauzanne, mais c'est *aussi* un magnifique album de photos, celles des vingt premières années de PSE. Des photos prises par Papy et par un ami de longue date, Thomas Goisque, photographe professionnel.

Il est édité par Albin Michel et je laisse la 4e de couverture vous le présenter :

« Ce livre est l'histoire de ces enfants revenus de l'enfer.

Une histoire dure mais une histoire de joie : celle de pouvoir aller à l'école, d'avoir un métier, de fonder une famille. Un livre bouleversant, qui mêle témoignages, archives et images inédites. »

Pas d'inquiétude, à Phnom-Penh, tout continue !

Oui, Papy nous manque énormément. Oui, au Centre de Phnom-Penh, il y a eu des départs qui ont suivi celui de Pich. Mais PSE ne s'arrête pas pour autant et la grosse majorité de nos collaborateurs est restée fidèle à PSE. Après un court séjour en France, je suis devenue membre du conseil d'administration à la place de Papy, et suis de nouveau à mon poste ici. En attendant un nouveau patron, la direction par intérim est assurée par Élisabeth Bardon-Débats, alias Betty, une amie de longue date, marraine de PSE depuis quinze ans, membre du conseil d'administration depuis 2004, responsable de l'antenne Paris-Île de France et ancienne chef d'entreprise, que beaucoup d'entre vous connaissent et apprécient. Leakhéna est plus présente et efficace que jamais, de même que l'équipe de direction. Enfin, après des recherches un peu longues, nous sommes sur le point d'embaucher des personnes de valeur pour remplacer les partants.

Tout va bien. Même s'il y a quelques changements, c'est une nouvelle phase de PSE qui commence et qui sera aussi belle et enthousiasmante que les vingt ans que nous venons de fêter. De toute façon nous n'avons pas le choix : les enfants comptent sur nous, impensable de les décevoir ! Et PSE continue à les prendre en charge tous les jours.

2017, la tournée des Pépites : je fais un rêve…

Comme le disait Papy, « **une vie sans rêve, ce n'est pas une vie… ».**

Alors, devant l'impressionnant succès du film « *Les Pépites* », de notre ami Xavier de Lauzanne je me réjouis et **je me prends à rêver.**

Je rêve que tous ceux qui ont été émus par ce film concrétisent leur émotion en devenant parrains, afin que nous puissions continuer, ne serait-ce qu'en mémoire de Papy, à conduire de nombreux enfants ***de la misère à un métier***. Mais, pour cela, j'ai besoin de vous, parrains et donateurs et, d'abord, je vous remercie pour votre fidélité. Car c'est grâce à vous si 4 000 jeunes sont déjà insérés dans la vie et si 6 500 autres sont encore dans nos programmes, en route vers leur futur.

Je rêve que la tournée s'ouvre à plein de nouveaux lieux où PSE n'est pas encore présent.

Je rêve que vous et tous vos amis, qui avez si bien su relayer la sortie du film, vous vous mobilisiez, pour la tournée, cette fois, pour les enfants qui nous attendent.

Je rêve que vous-mêmes, et/ou vos amis, releviez le défi de réunir autant de personnes que pour la sortie des *Pépites* : au moins 200 à 300 personnes (et même davantage, soyons ambitieux...), et je viendrai, avec joie, les rencontrer lors de la prochaine tournée, entre fin mars et fin mai. Bien sûr, je ne pourrai décider d'un circuit que lorsque j'aurai toutes vos propositions. Je les attends donc avec impatience. N'ayez pas peur, il suffit de réunir ses amis et connaissances, et de trouver une salle (si possible gratuite). Et nous faisons le reste.

Je rêve de recevoir beaucoup de demandes pour une tournée exceptionnelle, bien au-delà des circuits habituels à : cmfdespallieres@pse.ngo

Je compte sur vous tous ! D'avance, merci et rendez-vous au printemps.

Je rêve que l'on réalise ainsi le rêve de Papy !

Une pépite parmi tant d'autres...

Hier soir, je dînais au Lotus blanc avec un groupe de parrains en visite à PSE. Lorsqu'ils sont montés dans leur chambre, j'ai repris le chemin de notre maison. Et tout à coup, cinq ou six étudiants, ceux qui avaient préparé et servi le dîner, arrivent et me prennent les bras pour m'accompagner jusqu'à la maison.

C'est ça, la magie et la joie de PSE, cette reconnaissance et cette affection des enfants... Le bonheur !

Félicitations, à nos enfants !

Oui, tous, nous pouvons être fiers d'eux. Ils profitent au maximum de ce que nous leur offrons. Dans les sports ou dans les études, on ne perd pas son temps

en les aidant. Et cela vaut vraiment la peine de continuer : « De la misère à un métier », ça marche...

Un nouveau sport passionne nos filles : le hockey. En octobre, 9 d'entre elles, joueuses de l'équipe nationale du Cambodge, sont parties à Bangkok pour la 4e Coupe Féminine AHF. Ce tournoi réunissait 8 équipes dont la Thaïlande, la Chine, le Pakistan, Singapour... Et nos filles ont gagné : **3-0 contre Singapour !**

Du 24 au 26 septembre, à Kuala Lumpur, a eu lieu le 11e concours de l'Asean pour la formation professionnelle. Nous sommes très fiers des médailles rapportées par nos étudiants ! Deux d'entre eux, ont eu une 4e place : **Bo Narinny** et **Sok Nisong** ont chacun obtenu une médaille d'excellence en service de table et **Son Doung**, une mention en cuisine.

2017

MARS

Papy au cœur du Centre

Ici, au Cambodge, les obsèques se font en trois parties : les funérailles elles-mêmes, puis la cérémonie des 7 jours, et celle des 100 jours. Le 1er janvier, donc, au cours d'une célébration, la dernière urne des cendres de Papy a été déposée dans une petite « maison des ancêtres », au cœur du Centre. Cette petite maison, avec Leakhéna, nous l'avons voulue toute simple, sans dorures ni fioritures, simplement aux couleurs du Centre.

Ainsi tous ceux le souhaitent, enfants, jeunes, anciens, familles quand elles viennent chercher le riz ou voir l'équipe sociale… pourront venir se recueillir et se souvenir.

Des scouts PSE

Il y a longtemps que nous rêvions d'un groupe scout PSE. Quoi de mieux, pour sensibiliser jeunes et enfants aux valeurs de solidarité, de respect de soi-même et des autres, de la différence, de l'environnement ? Le scoutisme permet, non d'écouter des discours, mais de se former à ces valeurs en les vivant, en les pratiquant. Et nous avons la chance d'avoir, cette année, un jeune couple de SGDF (Scouts et Guides de France), en service civique, qui se sont proposés pour démarrer. Ils ont mis en route, pour commencer, trois équipes de 17-19 ans qui ont choisi, chacune, un thème d'activités différentes (Solidarité, Environnement et Handicap) et quatre équipes de 11/14 ans.

Mais Clara et Thibaud n'ont qu'une année devant eux et, malgré le merveilleux travail qu'ils effectuent, nous aurons encore besoin de formateurs pour prendre leur suite, au moins pour l'année prochaine… Alors, je lance un appel : nous recherchons une jeune couple SGDF ou, sinon, un garçon et une fille, qui viendraient également en service civique, pour une année, afin de continuer l'accompagnement de nos équipes et d'en développer d'autres.

JUIN

Vous êtes « formidables » !...

Dans tous les coins de « France et de Navarre », vous avez débordé d'imagination pour fêter dignement et joyeusement **LES 20 ANS de PSE**. Toutes sortes de manifestations festives ont eu lieu au long de l'année 2016, un peu partout, dans des lieux publics, qui ont contribué à mieux faire connaître notre action. J'en ai eu de très beaux échos. Pour toutes ces Fêtes du Sourire que vous avez organisées, **alors, MERCI !**

Vous vous êtes mobilisés, d'une façon incroyable, pour relayer la sortie du film ***LES PÉPITES*** dès la première semaine de sa sortie, pour être sûrs qu'il resterait en salles au-delà. Et vous avez tellement bien passé l'information, qu'il a dépassé les... 22 semaines et qu'il a été vu par plus de 200 000 personnes !!! **Alors, MERCI !**

Vous avez fait un travail de communication impressionnant, pour faire venir de nombreuses personnes aux soirées de **LA TOURNÉE 2017**. Une belle tournée, dont les résultats ont dépassé ceux de la tournée 2015. Tout cela, grâce à la notoriété nouvelle apportée par *Les Pépites*, pour beaucoup qui ne connaissaient pas encore PSE mais, en très grande partie, aussi, grâce à l'immense travail de nos antennes qui se sont démenées pour annoncer et organiser les soirées. **Alors, MERCI !**

Madeleine et Élisabeth, 11 et 10 ans, **ENCORE d'AUTRES PÉPITES**, qui avaient reçu de leurs grands-parents un billet de 50 euros pour leur anniversaire, ont décidé, chacune, d'en offrir 30 pour PSE. Ils étaient allés voir *Les Pépites* en famille. Du coup, pour les encourager, les grands-parents ont doublé la mise et mis en place un nouveau parrainage… **Alors, MERCI !**

À propos de la tournée…

Six mille kilomètres ; 31 séances, presque chaque jour, du lundi au vendredi, pendant quasiment sept semaines ; une nouvelle ville chaque soir ; un aller-retour France-New York, sur vingt-quatre heures, avec mon fils Bertrand, pour participer à la projection des *Pépites* au siège des Nations-Unies ; nombre d'interviews radios et télévisions ; un retour à Paris, en milieu de tournée, pour un conseil d'administration, l'assemblée générale et la journée des antennes… Et un re-départ en Rhône-Alpes, puis trois dernières soirées en région parisienne. Ouf ! Pas vraiment du repos…

Mais une tournée pleine de rencontres, d'amis retrouvés, de nouvelles connaissances et de beaucoup d'émotion comme, par exemple, lorsque, à Bordeaux, toute la salle, debout, s'est mise à chanter *« Prendre un enfant par la main… »* ; et plein d'autres beaux moments – la place me manque pour les raconter tous – mais que je garde dans mon cœur.

Cette tournée, ce fut encore l'appui fraternel de deux de mes sœurs, qui se sont relayées pour prendre le volant ; l'aide précieuse de Mono, qui s'est magistralement chargé de la technique et qui, en plus, a fait d'énormes progrès en français ; le merveilleux accueil de tous ceux qui nous ont si gentiment hébergés tout au long de ce périple ; de bons week-ends de récupération chez des amis (Mono s'est même essayé au ski, pas aussi facile que ce qu'il s'était imaginé en regardant des compétitions à la télévision...) ; une bonne semaine de vacances en famille ; et, surtout, plein de nouveaux parrains qui ont rejoint notre famille PSE.

De quoi rentrer à Phnom-Penh le cœur léger : mission accomplie, nous pourrons accueillir beaucoup de nouveaux enfants.

Alors, MERCI à tous ! Et si vous êtes partants pour organiser une soirée 2018, contactez-moi dès maintenant.

Légion d'honneur
(Betty Bardon)

Au quai d'Orsay, le 25 avril, Mamie, promue officier dans l'ordre de la Légion d'honneur, a été décorée par le ministre Jean-Marc Ayrault. Dans ses remerciements, avec beaucoup d'émotion, elle a tenu à associer à cette reconnaissance Papy, bien sûr ; ses quatre enfants biologiques qui, il y a vingt et un ans, ont accepté de laisser leurs parents partir « s'éclater » au Cambodge ; ses deux enfants adoptés ; mais, aussi, les administrateurs, les bénévoles, ceux qui œuvrent dans l'ombre et ceux qui vont à Phnom-Penh, partager leurs compétences ; les salariés de PP, en charge de nos Pépites, et les quatre salariés du Siège ; tous les parrains, donateurs et mécènes ; tous ceux qui s'appliquent à faire connaître l'action de PSE ; et toutes les Pépites, qui savent si bien profiter de la chance offerte.

SEPTEMBRE

Pour la joie des enfants

Quatre semaines de musique, de chants, de jeux, de courses, de danses, de joyeuse folie…, quatre semaines de camps d'été ! Deux cents moniteurs et coordinateurs européens, au moins autant de jeunes cambodgiens, de PSE ou de l'extérieur et, à la tête de tout ça, la fantastique Marisa qui passe une partie de son année à préparer cette magnifique opération !

Des enfants qui ne retournent pas travailler et qui, à la fin de la semaine, rapportent du riz à la maison après avoir passé une semaine de vraies vacances, c'est un fantastique moment de joie partagée, aussi bien pour les enfants que pour les moniteurs qui, si vous les entendez, vous disent qu'ils ont du mal à s'en remettre et ne rêvent que de recommencer !

Émotions

Dix de nos pensionnaires, âgées de 16 ou 17 ans, ont été volontaires pour être monitrices dans les camps d'été. Elles ont été acceptées parce que leur niveau d'anglais leur permettait de communiquer avec les Européens. Comme tous les moniteurs khmers, elles ont reçu une indemnité. Et le lendemain, elles sont arrivées dans mon bureau, chacune avec un cadeau (kramas, petites pochettes, chemises…).

« C'est notre premier salaire, alors on voulait te faire un cadeau pour te remercier de tout ce que tu fais pour nous ! » J'ai eu du mal à leur expliquer pourquoi je pleurais…

La Fête des familles

Le 8 juin dernier, a eu lieu l'annuelle Fête des familles : 1 190 personnes sous le préau doublé d'une tente pour l'occasion. Mais la pluie battante a obligé tout le monde à se tasser sous le préau car la tente ne protégeait pas assez des bourrasques.

Le programme du jour était chargé : précisions sur les nouvelles zones d'intervention de notre équipe sociale avec présentation des responsables de zones ; présentation du programme FLIP de formations courtes pour les adultes ; rappel de ce que PSE peut offrir aux enfants avec, en particulier, les différentes formations professionnelles ; annonce, pour suivre les indices du gouvernement, des nouveaux critères de prise en charge, en fonction de la catégorie de la famille (leur quotient familial, en fait) qui peuvent aller de 9 programmes (uniquement les programmes d'éducation), à 35 et 40 programmes pour les plus pauvres ; puis un temps de questions-réponses, pour finir par la distribution d'un goûter et de la compensation pour la demi-journée non travaillée.

Beaucoup d'attention de la part de ces parents, par moments distraite par un assistant social avec, dans les bras, un petit, en larmes, qui avait perdu sa maman…

J'avoue être toujours émue de me retrouver avec toutes ces familles qui nous font confiance pour les aider à donner un avenir à leurs enfants. Ne pas

les décevoir ! Pour elles, comme pour leurs enfants, PSE, c'est la chance de s'en sortir un jour…

Vantha

Il est l'aîné de trois. Son père les abandonnés, sa mère faisait quelques ménages et les enfants étaient chiffonniers. En 2002, PSE les prend en rattrapage au Centre. Vantha a 15 ans. La maman, au marché, vend quelques assiettes de riz et porc caramélisé… Mais ils ne s'en sortent pas.

Vantha se lève très tôt pour aider sa maman avant l'école avec un grand rêve : devenir médecin.

Aujourd'hui, non seulement il est médecin, mais neurochirurgien, le plus diplômé de PSE (bac + 12). Il finit sa quatrième année d'internat en neurochirurgie. Toujours un livre à la main, il posait mille questions pour comprendre et a toujours suivi Michel bénévolement dans ses missions médicales, pour traduire, apprendre encore… (Michel, membre du CA de PSE, a ouvert un cabinet médical à Phnom Penh).

Marié et père de famille, il part, en septembre, poursuivre sa spécialité pendant un an à Tours… D'une humilité et d'une gentillesse incroyables, il peut être fier du difficile chemin parcouru !

La dernière page de sa thèse est une photo de Papy-Mamie au milieu des enfants de PSE… ***« Sans PSE, je n'aurais pas pu »***, répète-t-il, mais sans son courage et ses capacités, PSE n'aurait pu le porter aussi haut…

Félicitations !!!

94 % de réussite au brevet, dont 100 % chez nos pensionnaires.

Bravo à nos élèves, à leurs professeurs, aux responsables des pensionnaires !

Les sorties des pensionnaires

Une fois par mois, nos pensionnaires se régalent d'une grande sortie, comme dans un parc aquatique, par exemple.

En dehors de ça, pour le Nouvel An khmer, à la mi-avril, et pour la Fête des Morts, en septembre, les deux fêtes les plus importantes de l'année, tout le monde va dans sa pagode d'origine, et Phnom-Penh se vide totalement. Notre Centre, lui aussi, ferme ses portes pendant 9 à 10 jours.

Officiellement, les fêtes elles-mêmes durent trois jours mais, à ces périodes-là, tous les prix doublent, à commencer par celui des transports, ce qui provoque beaucoup d'absences avant et après. C'est pourquoi, désormais, nous prenons des libertés avec le calendrier et, sans jamais toucher aux fêtes religieuses cambodgiennes, nous déplaçons d'autres congés pour compléter, avant et après, les trois jours officiels.

Pour le Nouvel An, nos pensionnaires ont aussi quitté Phnom-Penh pour le Mondolkiri. Ils ont été ravis de leurs vacances, qui furent aussi l'occasion d'apporter du matériel scolaire à une petite école là-bas. Mais ils ont eu un peu froid, surtout le matin, car le Mondolkiri, ce sont des montagnes. Alors, les journées commençaient par une bonne séance de gymnastique.

DÉCEMBRE

Premier anniversaire du départ de Papy

Les 23 et 24 septembre derniers, une grande fête nous a de nouveau rassemblés autour de Papy. Beaucoup, beaucoup d'anciens sont venus se recueillir devant sa petite maison, sur le plus ancien terrain du Centre, ainsi que 82 bonzes (Papy avait 82 ans...). Sont venus également notre nouvelle ambassadrice de France, notre ministre de l'Éducation, notre ministre de la Culture, etc. La reine, absente du Cambodge, avait délégué une de ses nièces. Tout avait été magnifiquement préparé par des anciens étudiants et des membres du personnel : installations, décoration, grandes photos souvenirs, fleurs, la traditionnelle « soupe de riz » (spéciale, rien à voir avec l'eau de riz de notre enfance...) pour laquelle nos cuisinières s'étaient surpassées, balayage des feuilles tombées pendant les vacances de Fête des Morts où le Centre avait été déserté... Une vraie ruche qui, en quelques heures, a transformé les lieux et qui, une fois de plus, m'a remplie d'autant d'émerveillement que d'émotion.

Et puis, quand tout fut payé, il resta encore une somme d'argent. Il faut savoir qu'au Cambodge, quand vous êtes invités à une fête, que ce soit un mariage, des obsèques ou n'importe quelle autre occasion, vous donnez une participation. Une table est toujours prévue pour cela. Alors, cette somme restante, nous avons décidé de la consacrer au forage d'un puits, à la construction de deux toilettes et à la fourniture de matériel scolaire pour une petite école pauvre de la campagne, ainsi que du riz pour quelques familles extrêmement pauvres du même village. En fait, des cadeaux de la part de Papy, qui a pris l'habitude de nous envoyer ainsi des petits clins d'œil...

Dans les débuts des années 1980, j'avais eu la chance de vivre une expérience spirituelle forte, qui a donné un nouveau sens à ma vie. Cependant, nous avions choisi, Christian et moi, que l'association serait apolitique, bien évidemment, mais aussi non confessionnelle. Pour accueillir tout le monde. Pour ne pas risquer de fermer la porte à qui que ce soit. Parce je crois profondément qu'il n'est pas besoin d'être chrétien pour s'occuper d'enfants en détresse, et heureusement ! C'est une question d'humanité, simplement. Cela ne m'empêche, bien sûr, ni de vivre ma foi ni d'aller prier à la pagode avec mes amis cambodgiens, bouddhistes, ou, le soir, avec les enfants pensionnaires de PSE. Et je me réjouis qu'à PSE, nous ayons des bouddhistes, des musulmans, des chrétiens..., qui vivent ensemble et qui se retrouvent tous unis, régulièrement, pour faire, ensemble, mémoire de Papy.

La rentrée des antennes

Le 14 octobre, au lendemain du conseil d'administration de rentrée, la journée des antennes réunissait 150 personnes de tous les coins de France et d'au-delà de l'hexagone. La fine fleur de tous ceux qui, à l'arrière, œuvrent sans compter pour soutenir nos actions au Cambodge. Une réunion très conviviale et chaleureuse, pour se connaître mieux, découvrir les nouveaux venus, partager les actions mises en place, avec les bonnes idées des uns et des autres, échanger sur les projets et réalisations, parler de la tournée à venir… et un temps de rêve qui nous a permis de déjeuner dehors, au cœur de Paris.

Des partenariats exemplaires

Les Peintres du sourire

L'opération 2016 des Peintres du sourire, au profit de notre école du bâtiment, nous a offert, à nouveau, des journées de formation professionnelle pour l'école. Il s'agit de la huitième édition de cette belle opération, démarrée sous l'impulsion de François Nicolas et de Pierre-Yves Rambaud, à la suite d'une séance de tournée, et qu'ils avaient mise en route en se rapprochant de notre ami Jean-Paul Audigé, ancien administrateur de PSE, toujours très impliqué dans l'école. Avec un enthousiasme et un dynamisme communicatifs, ils ont convaincu un certain nombre d'entreprises du secteur, pour nous aider à former des jeunes adultes dans les métiers du bâtiment et à les mener *« de la misère à un métier »*.

Les réseaux de négoce peinture indépendants, UGD et Club ONIP, ont été les chefs d'orchestre de cette superbe opération qui a associé, ensuite, les industriels Henkel, Nespoli, Toutprêt et Romus, ainsi que, cette année, la société Innova, fabricante de peintures.

Tous continuent leur engagement pour une prochaine opération en 2017. Et plusieurs vont même plus loin, faisant du soutien à PSE une des expressions de leurs valeurs humaines et de la responsabilité sociétale de leur entreprise.

Norauto

Depuis 2003, à l'initiative de notre ami Dominique Honoré, ancien administrateur de PSE et ancien président de PSE-Nord, Éric Derville, patron de l'entreprise Norauto, cette grande entreprise du Nord, a mis en place, avec le même enthousiasme, un soutien précieux à notre école de mécanique.

Il a commencé par mobiliser fournisseurs et clients afin de nous envoyer un important matériel professionnel, opération qu'il a renouvelée à plusieurs reprises.

Il nous a aussi fourni les cours de mécanique auto qu'un ami, Joseph Speisser, est venu bénévolement, pendant une année, adapter pour mettre en route l'école.

Et, depuis quatorze ans, avec une grande fidélité, Norauto continue à nous envoyer, chaque année, un, deux, voire trois salariés, dont toujours Tony Vandamme, qui viennent, durant deux à quatre semaines, auditer notre formation, la compléter, aider à la gestion de l'atelier-école et de l'atelier de pratique, et assurer la formation permanente de nos formateurs.

Un atout majeur pour la qualité de nos formations et l'accès de nos étudiants à des métiers dignes et correctement rémunérés.

Louis Lumière à la SoM

Grâce à un ami passionné, Albert Oriol, notre école de médias (SoM, pour « **S**chool **o**f **M**edia ») a l'immense chance d'avoir un partenariat avec l'École nationale supérieure Louis-Lumière ! Cette année encore, trois enseignants de cette prestigieuse école sont venus, bénévolement, passer trois semaines ici, pour animer des ateliers intensifs de formation avec nos étudiants. Au programme : lumière, cadrage et technologie de la caméra. Un très grand merci à Arthur Cloquet (qui vient pour la deuxième année consécutive), à Sylvie Carcedo et à François Belin ! Les cours ont été filmés par des bénévoles, afin que nos étudiants puissent s'y référer par la suite.

Le nouveau terrain de football

En septembre, a eu lieu l'inauguration du nouveau terrain de football. Un magnifique gazon artificiel, cadeau de la Fondation Real Madrid et de Smart, un important opérateur cambodgien de téléphonie. Une remarquable organisation et des décors splendides, comme savent le faire les Cambodgiens, ont fait de cette inauguration une fête impressionnante, en présence de toutes nos équipes de football, dans leurs uniformes tout neufs.

Les festivités se sont conclues par un match sous un soleil de plomb, auquel ont participé, avec nos jeunes, le ministre de l'Éducation, de la Jeunesse et des Sports, arrivé, pour l'occasion, avec ses baskets à la main, et notre directeur général. Un très beau moment.

Un très grand merci pour ces magnifiques mobilisations, encouragements et gages de pérennité pour notre action et sa qualité !

2018

MARS

De la misère… à un métier… ça marche !

La misère ne se voit pas forcément au premier abord. Dans un pays qui se développe rapidement, elle se cache et pourrait passer inaperçue. Mais elle existe, cependant, pour des familles qui, à cause du régime khmer rouge, n'ont pas reçu d'éducation et, sans formation aucune, ne peuvent pas trouver de travail. Elles survivent alors de petits boulots précaires mais n'arrivent pas à monter dans le train du développement. C'est pourquoi l'éducation de leurs enfants est capitale. Ils le savaient bien, ces enfants qui, il y a vingt-deux ans déjà, nous demandaient un repas par jour et de pouvoir aller à l'école. Ce fut le démarrage de PSE.

Mais il est évident qu'un enfant ne pourra pas étudier sereinement si sa famille est dans la misère, et ne pourra même pas étudier du tout si ladite famille a besoin de son travail pour survivre. Il s'agit donc de scolariser les enfants mais, en plus, de donner à leur famille le minimum pour que la scolarité se passe dans de bonnes conditions.

Ces familles, nous les avons classées en quatre catégories, en fonction de leur niveau de pauvreté.

La « **catégorie 1** », les plus pauvres parmi les pauvres, sont ceux qui ont des revenus inférieurs à 1,90 dollar par personne et par jour (seuil de pauvreté du Cambodge, en ville). Ils bénéficient de tous les programmes d'aide et représentent plus de la moitié de nos familles : 58 %.

Ensuite, les « **catégories 2** », un tout petit peu moins pauvres, qui ont entre 1,90 dollar et 2,61 dollars par personne et par jour, représentent encore 38 % de nos familles.

Les « **catégories 3** », 4 % du total, ont entre 2,62 et 3,33 dollars. Et les « **catégories 4** », seulement 1 %, ont entre 3,35 et 4 dollars. Ces deux catégories, qui sont à la limite de nos critères, bénéficient de la scolarité et de la formation professionnelle, incontournables pour tous, y compris pour ceux qui sont mal adaptés à l'école, mais participent financièrement en fonction de leur situation et ne bénéficient pas de la totalité des autres programmes...

Sok Peou et Srey Kie

Elles avaient respectivement 7 et 8 ans. Deux petites « sauvages » aux grands yeux rieurs, les cheveux en bataille, vives et noiraudes de soleil, bien trop petites pour leur âge. Nous les avions vues naître mais, devant la carence de la maman qui boit et joue aux cartes, nous avions dû, toutes les deux, les faire hospitaliser quelques jours après leur naissance, sinon elles n'auraient pas survécu. Plus tard, complètement abandonnées à elles-mêmes, elles ont grandi en mangeant et dormant où elles pouvaient, fouillant sur la décharge, bourrées de plaies et dans un état de crasse indescriptible. Je revois encore Sok Peou, sur la décharge où elle passait ses journées, couverte de la boue infâme dans laquelle elle était tombée… Et la voir aujourd'hui, avec son sourire éclatant, cela tient du miracle.

Leur maman est une des femmes avec lesquelles nous avons eu le plus de mal, embauchée par Sinoun et Leakhéna pour démarrer le programme d'artisanat. De ses trois garçons, l'aîné s'est drogué, malgré la formation reçue à PSE, le second est parti vivre chez des voisins à qui nous venons de confier aussi le troisième, tandis que les deux petites devenaient pensionnaires, enchantées de toutes leurs nouvelles mamans.

Elles étaient si instables qu'on a dû commencer par les mettre en maternelle pour qu'elles apprennent déjà à s'asseoir tranquillement un moment. Après, elles ont pu démarrer leur scolarité.

Sok Peou, beaucoup d'entre vous la connaissent puisqu'elle a été une des héroïnes du film *Les Pépites.* C'est aujourd'hui une jeune fille rayonnante, une de nos plus belles pépites. Après avoir suivi sa scolarité, elle a choisi la formation cuisine, dans le but d'ouvrir, avec sa sœur, Srey Kie, qui étudiait en formation service de table, leur propre restaurant. Seulement, elle est aussi passionnée de rugby, où elle excelle. Tellement passionnée qu'elle en est devenue formatrice. Elle a été embauchée par Kampuchea Balopp, une belle association partenaire, qui œuvre, à travers le rugby, pour l'éducation des jeunes défavorisés.

Alors, soyez gentils, si vous la rencontrez, ne lui demandez pas où en est son restaurant car elle se sent en faute de ne pas travailler dans la cuisine. Mais, pour ouvrir son restaurant, il faut bien que, d'abord, elle fasse des économies !... Et puis, travailler à l'éducation des jeunes et des enfants en difficulté, n'est-ce pas retransmettre ce qu'elle a reçu de PSE ? Non, Sok Peou, tu n'as pas à avoir honte. Profite de ta jeunesse pour aider ceux qui sont comme tu étais quand nous t'avons connue. Tu auras bien le temps, plus tard, de retourner à la cuisine. Nous sommes fiers de toi.

Pour aider les familles à s'en sortir

Pour tous ces parents qui n'ont pas eu la possibilité d'étudier ou d'acquérir une formation, notre programme de **F**amily **L**ivelyhood **I**mprovement **P**rogram propose des formations courtes, de six mois, car ces pères et mères de famille ont besoin de faire vivre leur famille. Et, pour qu'ils y arrivent, ils reçoivent, pendant toute la durée de la formation, un *per diem* de 3,5 dollars par jour, dont 0,5 mis de côté à titre d'économies. En 2016-2017, sur 79 personnes inscrites, 55 ont trouvé un travail, 11 ont monté un petit business, 5 ont laissé tomber et seules 8 n'ont pas trouvé de travail. Compte tenu de la population défavorisée à laquelle nous nous adressons, près de 87 % de réussite, c'est plutôt encourageant ! Actuellement, les formations proposées sont cuisine, ménage et couture. Désormais, nous allons aussi étendre ce programme aux ados en échec scolaire, et diversifier les propositions.

JUIN

Retour de tournée

Près de 10 000 kilomètres et 37 soirées plus tard, le matériel a retrouvé son lieu de stockage.

Je voudrais remercier tous ceux et celles qui ont travaillé pour que cette tournée soit un beau succès.

– **Mes deux sœurs, Marie-Christine et Maryvonne** qui, à tour de rôle, ont magnifiquement assuré des routes parfois bien longues. (C'est vrai que, dans une même semaine d'avril, parcourir, un jour sur deux, une fois 600, une fois près de 400, puis deux fois 500 kilomètres, c'était peut-être un peu trop…)

– **Tous les amis qui nous ont ouvert leur maison**. Vous vous êtes appliqués à alléger la fatigue de ce marathon. Vous avez été disponibles, incroyablement accueillants et amicaux. Vous nous avez gâtés comme des rois !

– **Vous tous, les organisateurs, ainsi que vos équipes**, pour votre magnifique travail amont de cette vingt-deuxième tournée. Je sais le travail que cela représente, de trouver une salle gratuite, de mobiliser amis et connaissances, d'informer les médias locaux, d'assurer toute l'organisation et l'intendance d'une soirée... Je sais aussi votre angoisse, le jour J, lorsque l'heure approchant, vous vous demandiez : « *Vont-ils venir ?...* » Et alors, je m'en voulais, de vous faire vivre ces inquiétudes...

Vous avez fait en sorte que les salles soient belles, chaleureuses, amicales. Elles m'ont portée et aidée à vous parler de nos enfants, moi dont ce n'était pas le talent, et qui me cachais volontiers derrière Christian, lui laissant toujours la parole...

– **Vous tous, qui êtes venus** nous écouter **et les nouveaux parrains** qui avez rejoint la famille PSE.

Je suis maintenant rentrée à Phnom-Penh, heureuse de retrouver nos enfants et nos pensionnaires qui étaient là, à l'aéroport, une rose à la main. Heureuse, aussi, de savoir que beaucoup d'autres enfants vont pouvoir venir les rejoindre.

Ce fut un bonheur de retrouver beaucoup d'amis, même si ce fut toujours trop court... ; une joie de découvrir de nouveaux amis et de voir s'agrandir la famille PSE ; beaucoup d'émotion de rencontrer tant de générosité et d'enthousiasme, avec l'envie, pour 2019, de repartir pour une vingt-troisième tournée... un peu moins longue !

La tournée de Sary
(Marie-France)

Je voudrais féliciter Sary qui, chaque soir, a eu le courage de superbement raconter son parcours dans une langue qui n'est pas la sienne !

Le français, il l'a travaillé quotidiennement, notant en permanence les nouveaux mots, les nouvelles expressions, et a il fait d'énormes progrès. Il a appris à ouvrir les huîtres, a découvert le Mont-Saint-Michel, la neige et le froid, le fromage et le vin, les Alpes, la Cité de l'espace à Toulouse, les autoroutes, le Rummikub…

Il a été très touché par le mal que nos amis se donnent pour les enfants de PSE que, pour beaucoup, ils ne connaissent même pas, par tout ce qu'ils organisent à longueur d'année, par la manière dont nous avons été reçus partout. Et c'est, entre autres, cette motivation et cette gentillesse qui l'ont aidé à témoigner pour remercier et pour convaincre de nouvelles personnes que cela vaut la peine d'aider PSE pour continuer à sortir les enfants de la misère.

Et puis il a été d'une aide inestimable, aussi bien pour la mise en place de la projection dans les salles, que pour tous les transports et déménagements quotidiens, du matériel, des bagages, de tout le fatras qui débordait du coffre sur le siège arrière de la voiture.

Et pour conclure par une blague, car Sary a beaucoup d'humour, au retour en région parisienne, il nous a résumé ainsi cette tournée : *« Marie-Christine, c'est : toujours jolie ; Maryvonne, c'est : Sary, on va se promener ! ; Mamie, c'est : Où est mon ordinateur ?… »*

Merci, Sary. Tu as été un super compagnon de tournée. Et tu m'as souvent fait pleurer quand tu étais si ému en prononçant le nom de Papy…

Le soutien scolaire

Dans le Centre, nous n'avons que les plus âgés et les plus en retard, en rattrapage, ainsi que tous les jeunes pensionnaires et ceux qui sont maltraités. Et, aussi, toutes les classes de formation professionnelle.

Ceux qui sont en retard mais encore jeunes, s'ils ne sont pas en danger, nous les scolarisons en classes de rattrapage au sein des écoles publiques, mises en place, officiellement, sur le modèle de notre système de rattrapage.

Ceux qui ne sont pas en retard, et les lycéens, nous les scolarisons dans les établissements publics classiques.

Mais, vous le savez, au Cambodge, les enfants ne vont à l'école qu'à mi-temps. Et pendant leur demi-journée libre, ils sont souvent livrés à eux-mêmes. C'est pourquoi nous en accueillions certains dans nos « paillotes » qui, surtout occupées par les garderies et les classes maternelles, n'offraient pas une ambiance d'étude correcte.

Alors nous avons décidé, comme cela se faisait d'ailleurs aux débuts de PSE, d'assurer un soutien scolaire, au Centre, pour éviter l'abandon scolaire.

Depuis vingt ans, nous scolarisions les chiffonniers et c'était « relativement » simple. Mais aujourd'hui, les jeunes sont de plus en plus confrontés à la drogue et à la prostitution avec, comme conséquence, davantage d'abandon à cause de l'argent nécessaire, surtout quand l'école n'est pas forcément une aide suffisante.

Ce programme est donc devenu une de nos priorités. Après un projet pilote en septembre et octobre derniers, pour le khmer et les maths, le programme de soutien scolaire a démarré en novembre avec 20 classes de primaire et 12 de secondaire, par des professeurs du public, soigneusement sélectionnés.

Pour le primaire, des cours de khmer et de maths, et pour le secondaire, physique, chimie, biologie en plus.

Fin mars, ils étaient plus de 1 000 à venir ici chaque jour, certains le matin, d'autres l'après-midi, en fonction de leurs horaires dans le public. Et les résultats ont été concluants : en novembre, les primaires, de 75 % à avoir réussi l'examen, étaient passés à 83 % en mars, en fin de premier semestre ; pour le secondaire, la moyenne est passée de 32 % en novembre, à 53,25 % en mars. Au vu de ces premiers résultats, il est plus qu'évident que ce programme doit même se développer.

Nous nous amusons de voir la différence de comportement entre nos pensionnaires, « presque » sages, et ces petits nouveaux pas encore bien « policés », qui courent et grimpent partout…

SEPTEMBRE

Les promesses scoutes

L'avant dernier dimanche de juillet, c'était la fête de fin d'année pour nos scouts. Et, comme il se doit, la journée s'est terminée par une veillée. Pauline et Julien avaient repris le groupe à la suite de Clara et Thibaut, avec le même enthousiasme, et je me réjouis de voir que nos jeunes sont toujours aussi motivés.

Ce soir-là, dans leurs chemises jaunes, vertes, rouges, bleues, ils étaient assis en un grand carré, autour de l'incontournable feu de camp, par une des rares soirées sans pluie. Merveille, en cette occasion, sept jeunes et chefs prononçaient leur promesse, dont Chetra. Oui, notre Chetra, dans son fauteuil roulant, fait partie de ceux qui se sont engagés officiellement. Ce jeune, enfermé dans son corps, est aujourd'hui en 4e et, désormais, également scout, avec tout ce que cela comporte d'ouverture aux autres, de gaieté, de volonté et, bien sûr, l'aide de ses coéquipiers, de ses chefs et des responsables.

Un des miracles de PSE parmi tant d'autres.

Le chemin de PSE

On nous a souvent demandé si, à l'origine, nous savions ce que nous allions faire, si nous avions une idée de ce que notre action allait devenir. Franchement, non.

Aucune idée. Nous savions juste que nous ne pouvions pas laisser des enfants vivre dans la situation que nous venions de découvrir. Sans savoir, du tout, où nous allions, nous avons simplement mis un pied devant l'autre, en fonction des besoins qui se présentaient.

Il y a quelques jours, des amis nous ont envoyé une « pensée du jour », qui me semble tout à fait résumer notre parcours. Elle est de Saint Exupéry : *« Je tracerai mon sillon sans d'abord comprendre, simplement j'irai... C'est au cours de la marche que le but apparaît, dans toute sa splendeur. »* Je n'ai rien à ajouter... Sauf que le chemin de PSE, ce sont aussi tous ces nombreux amis qui, au long des années, ont pris la route à nos côtés.

Quand je relis ce que nous avons vécu, notre vie plutôt hors norme, je me dis que la petite fille sage, ce n'était pas vraiment moi. La rencontre avec Christian a été un déclic, a ouvert la porte à une nature qui était restée enfouie, mais qui ne demandait qu'à surgir.

Comment expliquer, sinon :

– que j'aie sauté sur l'occasion proposée à Christian, de partir en famille au Maroc ?

– que j'aie accepté, sur-le-champ, la folie de partir dix-huit mois sur les routes du monde, avec nos quatre enfants âgés alors de 6 à 12 ans, malgré tous les avis de notre entourage ?

– et une seconde fois, quelques années plus tard ?

– que j'aie rejoint Christian au bout du monde, à 10 000 kilomètres, pour *« faire encore quelque chose d'utile »* ?

– que, même après le départ de Christian, j'y reste engagée, avec bonheur, dans une retraite que nous avons souhaitée servir aux plus démunis ?

En fait, je me rends compte que j'ai toujours adoré m'engager à fond dans ses rêves, et l'aider à les faire advenir. C'est comme cela que nous avons fonctionné, finalement, et cela m'a toujours beaucoup amusée.

La vision à cinq ans

Tous les cinq ans, avec les responsables de PSE, au siège et à Phnom-Penh, nous réfléchissons sur les orientations des années à venir. Cette fois-ci, il a été décidé de continuer à améliorer les programmes, en particulier en ce qui concerne la pédagogie et l'apprentissage des langues, et de renforcer l'accompagnement des familles les plus en difficulté. Nous voulons aussi augmenter le soutien scolaire pour ceux de nos enfants qui sont dans les écoles publiques afin de les amener au même niveau que ceux qui étudient au Centre. La poursuite de la professionnalisation de notre fonctionnement est également à l'ordre du jour.

Et, dans l'immédiat, nous n'envisageons pas d'étendre notre zone d'action car nous n'avons pas fini de prendre en compte les besoins dans nos zones actuelles.

DÉCEMBRE

La rentrée 2018

Le 3 septembre, à 6 h 30 du matin, les professeurs du Centre de rattrapage, en une haie d'honneur tout au long de l'allée, accueillaient, pour la nouvelle année scolaire, leurs élèves qui arrivaient en passant sous le portail décoré de ballons et d'une grande banderole de bienvenue. Après le petit déjeuner et la douche, ce fut l'heure des couleurs et des discours de lancement de l'année où je me suis risquée à souhaiter aux enfants une belle année scolaire… en khmer !

Le 6, c'était au tour des étudiants de la formation professionnelle et de ceux des classes préparatoires, de reprendre le chemin des études. Et le 17, ce fut la rentrée du soutien scolaire, en avance sur celle des écoles publiques qui ne reprennent qu'en novembre.

Quelle joie de redémarrer une nouvelle année d'école, puisque c'est notre but, de scolariser les enfants, puis de leur offrir une formation professionnelle afin qu'ils parviennent à un vrai métier qui les insère dans la société, leur permettant de mener une vie digne et d'aider leur famille !

PSE-I,
une solution pour les jeunes de la campagne

Cette année, nous accueillons, à l'Institut PSE de formation professionnelle (PSE-I), beaucoup de jeunes venus de la campagne. Ce sont des jeunes de familles très pauvres qui, bon an mal an, ont pu aller à l'école jusqu'à un certain niveau mais les ressources de leur famille ne leur permettent pas d'aller plus loin. En fonction de leur situation scolaire, beaucoup peuvent intégrer les différents niveaux de nos prépas et les écoles de PSE-I. Un certain nombre de ces jeunes ont même réussi à passer le bac mais ne pourraient aller plus loin et retourneraient à la rizière sans nos formations « post-bac ».

Certains ont de la famille à Phnom-Penh, qui peut les héberger, mais d'autres n'ont personne. C'est ainsi que notre internat est aujourd'hui à sa capacité maximum et que nous arrivons à près de 500 jeunes hébergés dans notre Centre de Phnom-Penh.

Ce m'est vraiment une très grande satisfaction de voir arriver des jeunes, bacheliers ou non, qui ont de belles capacités et ne vont pas être obligés de s'arrêter là, simplement parce que leur famille n'a pas de quoi les mener plus loin !

Nos pensionnaires

Près de 500 pensionnaires et internes, en ce début d'année. Pensionnaires et internes, ce sont des synonymes, me direz-vous. Mais dans notre jargon PSE, ces deux mots ne recouvrent pas la même réalité, même si tous sont hébergés au Centre.

Les pensionnaires, depuis le début, ce sont des enfants en danger dans leur famille. Au commencement, nous n'avions que des filles car nous n'étions pas équipés pour recevoir des garçons en plus. À cette époque-là, quand des garçons étaient en danger, nous les confiions à des familles d'accueil. Mais, aujourd'hui, ils ont leur propre pensionnat.

Les internes, ce sont ceux qui, âgés de 16 ans au moins, sont jugés capables de se gérer de façon plus autonome mais qui ont besoin d'habiter sur place pour continuer leurs études, en raison de l'éloignement de leur famille. Ils ont davantage de liberté que les pensionnaires, c'est pourquoi le niveau de maturité est la condition *sine qua non* pour passer du pensionnat à l'internat. ***Ce sont eux mes compagnons de vie !***

La meilleure école pour les plus pauvres parmi les pauvres

Chetra, qui ne peut se servir ni de ses bras ni de ses jambes, était arrivé en fin de 4e. Mais, comme il ne peut pas écrire assez vite, il avait terminé l'année très légèrement au-dessous de la moyenne, ce qui risquait de l'empêcher d'aller plus loin dans l'éducation générale. Pourtant, nous nous sommes dit qu'il avait les capacités intellectuelles pour continuer. Alors, avec la participation de Robraw, notre responsable pédagogique, de Sophea, directrice du programme/handicap, de Thierry et de Makara, à la tête de l'Institut PSE, de notre directeur de l'éducation générale, de Jennifer, ostéopathe bénévole, de notre présidente Ghislaine, qui est psychopédagogue, etc., s'est mise en route toute une organisation pour l'aider à entrer en 3e : ordinateur équipé des logiciels nécessaires, et un « joystick » pour remplacer la souris ; réunions avec ses professeurs, peu habitués au handicap, pour leur expliquer comment gérer cet élève un peu particulier ; contacts avec le ministère pour nous assurer que Chetra pourrait passer les examens nationaux dans les conditions spéciales effectivement bien prévues par les services des examens, etc. Et ça y est, il a démarré son année !

Marie-Lysa, petite orpheline déposée, bébé, sur un banc de l'équipe sociale, atteinte d'un spina bifida qui aurait pu l'empêcher de vivre sans la grosse opération qu'elle a subie immédiatement, a maintenant fait suffisamment de progrès pour être capable d'aller à l'école. Elle vient donc d'entrer en CP, rayonnante de pouvoir étudier comme les autres. Elle vient même de quitter le fauteuil roulant qu'elle avait encore il y a un mois et que ses camarades poussaient en riant et, grâce à un appareillage encore nécessaire, elle marche toute seule jusqu'à sa classe.

Quand je vois ces deux enfants au milieu de tous les autres, je me réjouis que nous soyons bien là au cœur de la mission de PSE.

Pensées particulières

– Pour **Papy**, qui nous a quittés le 24 septembre 2016. Deux ans, déjà ! Mais il reste très présent dans le cœur des anciens dont il a changé la vie et qui le considèrent comme leur second père. Cette année encore, ils se sont retrouvés très nombreux lors des cérémonies, un peu tristes bien sûr, mais aussi très belles, très prenantes et réconfortantes grâce à cette communion très palpable de tous ces enfants PSE réunis autour de leur Papy. En France aussi, une cérémonie a eu lieu à la pagode de Champs-sur-Marne.

– Pour **Claire**, jeune volontaire, mariée en juillet dernier qui, avec son mari Benoît, ont voulu commencer leur vie commune en s'engageant bénévolement. Ce couple lumineux était venu, pour dix mois, travailler auprès de nos enfants du foyer Source de Vie, porteurs de handicaps lourds. Malheureusement, les complications d'une forme rarissime de la dengue ont été plus fortes que Claire et viennent de l'emporter brutalement, bien trop jeune…

La grande famille PSE n'est pas à l'abri des épreuves, même les plus incompréhensibles…

Des parrainages non nominatifs

À PSE, nous avons choisi cette solution pour plusieurs raisons. Nous ne souhaitons pas que certains enfants aient des parrains très généreux et présents et d'autres, des parrains plus oublieux ou n'ayant tout simplement pas les mêmes moyens financiers. Tous ces enfants ont déjà suffisamment souffert pour ne pas se retrouver, au sein du Centre, avec, en plus, des inégalités supplémentaires.

Par ailleurs, les échanges de courriers entre parrains et filleuls qui ne parlent pas la même langue ne sont pas simples. Cela doit passer par des intermédiaires traducteurs, ce qui représenterait une gestion et des frais importants, que nous n'avons pas souhaité mettre en place.

Et puis, un enfant qui connaît son parrain ne va-t-il pas devenir un peu « mendiant », à l'occasion d'un anniversaire ou d'une fête ? Voire envisager son avenir dans un pays qu'il imagine être un pays de cocagne, auprès d'un parrain qu'il considère comme un richissime oncle d'Amérique ? Nous éduquons nos enfants pour qu'ils développent leur pays, pas pour qu'ils aillent faire leur vie ailleurs.

En fait, quand vous venez les voir, tous les enfants sont vos filleuls, tous ils se précipiteront vers vous pour dire quelques mots de français ou d'anglais. Finalement, vous les parrainez tous et cela évite bien des injustices et des frustrations.

Et puis, en cas d'arrêt de parrainage ou dans le cas d'un enfant qui abandonne l'école, cela nous permet d'avoir une souplesse d'action. Et les nouvelles, c'est notre « Lettre trimestrielle » qui vous les donne.

C'est notre choix. Il n'est ni meilleur ni moins bon qu'un autre. Mais c'est le nôtre.

2019

MARS

La quatrième année du rattrapage

Les anciens de la famille PSE le savent bien : dès le début, nous avons mis en place le rattrapage. En effet, nous nous sommes retrouvés avec des enfants qui avaient déjà 12, 13, 14 ans, et qui n'avaient jamais été scolarisés, ou à peine. Ils avaient besoin d'aller vite et il n'était pas possible de les mettre en classe avec des enfants de 6 ans… Alors, nous avons commencé tout bêtement en suivant les programmes de l'année 1 pendant six mois, puis ceux de l'année 2 pendant le reste de l'année scolaire. Et ainsi de suite. C'est comme cela que nos enfants arrivaient à passer le brevet en cinq ans.

Le ministère de l'Éducation, devant les résultats, a fait une proposition très intéressante : plutôt que d'utiliser deux livres par année, il proposait de créer un parcours de deux années en une, avec des manuels spécialement conçus pour cela. Et c'est ainsi que notre équipe pédagogique, avec des inspecteurs du ministère, a créé, ensemble, trois années de manuels qui couvrent les six années du primaire : année 1 : CP et CE1 ; année 2 : CE2 et CM1 ; année 3 : CM2 et 6e.

Ces manuels, qui ont commencé à être diffusés dans tout le pays, sont au nombre de quatre par année : khmer, mathématiques, sciences (physique, biologie) et social (histoire, géographie, sciences sociales…).

Mais il manquait encore ceux des **deux** premières années du collège, 5e et 4e. Ce fut encore un travail considérable et nous venons de recevoir, du ministère, l'autorisation officielle de tester, dans notre Centre, ces quatre manuels de l'année 4 afin de les réviser pour arriver aux versions définitives.

Quelle satisfaction, que le travail de nos équipes puisse servir non seulement à nos enfants mais, aussi, à tous les écoliers du pays !

ECAP

Le développement des enfants passe également par d'autres canaux tout aussi importants que l'école. C'est pourquoi nos activités extrascolaires (ECAP : ***E****xtra-*
C*urricular-****A****ctivities-****P****rogram*) sont essentielles au Centre.

Avec à leur tête Anthony Fanget, elles comprennent une grande variété d'activités, qui, à certaines heures, transforment les terrains nord, de l'autre côté de la route, en véritable ruche. Le soir, par exemple, quand je rejoins la soirée des pensionnaires, je suis toujours émerveillée de voir tous ces enfants se dépenser avec une magnifique énergie, après leur journée d'école.

Le sport, c'est déjà l'heure hebdomadaire comprise dans le programme, pour près de 1 300 enfants par semaine, mais aussi tous les clubs qui fonctionnent le soir et les week-ends. Il y en a pour tous les goûts : football, basket, rugby, taekwondo et autres arts martiaux, frontball (cousin de la pelote basque), hockey, skateboard, etc. Et nos filles ne sont pas les dernières ! J'entends encore nos joueuses de rugby, dans les tout débuts, revenir de leur entraînement, épuisées mais ravies : *« Quand on joue au rugby, on oublie tous nos problèmes !... »* Mais je ne vais pas vous apprendre ce qu'apporte le sport, au-delà de la santé physique...

L'art, qui a aussi son heure hebdomadaire pour 702 enfants par semaine, ceux du Centre de rattrapage, avec **les danses traditionnelles** khmères classiques (apsaras) ou folkloriques, qui ont aussi beaucoup d'adeptes et font l'introduction de toutes les cérémonies, et **la musique**, avec son orchestre qui anime beaucoup de nos fêtes.

Le scoutisme, avec 100 jeunes mis en route par Clara et Thibaut, est passé à 200 inscrits, avec Pauline qui organise les activités chaque week-end, aidée depuis peu par Yannick.

Le programme **Entre-Deux**, quant à lui, prend en charge les enfants en échec scolaire ou qui ont commencé à toucher à la drogue, pour un parcours de réinsertion, avec beaucoup de sport, en lien, entre autres, avec nos psychologues.

ECAP, avec ses dix clubs (sport, danse et musique) qui accueillent 820 participants pour les compétitions et entraînements, **les activités libres du week-end** pour 2 500 enfants par mois (fabrication de voitures en carton, qui roulent..., concours de cuisine, etc.), et puis ECAP mobile, qui se déplace le dimanche dans les communautés où vivent nos familles, pour animer des activités et partager un goûter, est devenu un très gros programme, encadré par 10 personnes à temps plein et 4 à temps partiel.

Le voyage des antennes
(Anne-Marie Vola, antenne PSE-PACA)

« Venus de diverses antennes de France et de celle du Luxembourg, arrivés chez nos Pépites et chez Mamie, pour un séjour en immersion/découverte du Centre à Phnom Penh, au plus près d'elles, nous avons vécu un sacré trip humain et émotionnel !

Nous avons vécu – et craqué – pour…

– les communautés et le dénuement total des familles prises en charge par PSE ;

– les paillotes et les adorables bouilles enfantines, enfin éclairées de sourires ;

– l'heure de la récré, des classes, des ateliers, de la cantine, du lever du drapeau, de la sortie, de la réunion des pensionnaires le soir…, avec les écoliers, collégiens, lycéens et étudiants, bouillonnants de vie et d'espoir ;

– le service social, nerf de la guerre, incroyable d'efficacité dans sa recherche de réponses aux problèmes, le service médical et le foyer Source de Vie, formidables d'humanité, de dévouement, d'abnégation ;

– les enseignants des programmes de scolarité et de rattrapage, les formateurs de la formation professionnelle, le programme Flip, les *alumni*/anciens élèves, tous les bénévoles…

Et ce que nous avons vécu dépasse de loin tout ce que nous étions venus chercher : OKUN[1] ! Et justifie, plus que jamais, l'engagement des Antennes de PSE, fidèles à celui de Christian et Marie-France, au service de nos Pépites, pour les emmener DE LA MISÈRE à UN MÉTIER ! »

Jeux olympiques spéciaux

Le 28 octobre dernier, ont eu lieu, au Stade olympique, ces jeux spéciaux, organisés par l'ONG Indochina Starfish Foundation, qui a pour but d'intégrer dans une activité sociale, à travers le sport, l'entraînement et les compétitions, des enfants et des athlètes en situation de handicap, dans un environnement d'égalité, de respect et d'accueil de la différence. Onze de nos enfants porteurs de handicaps mentaux ou physiques, accompagnés de leurs parents, de leurs frères et sœurs et de membres de PSE, ont participé à ces compétitions. En course athlétique, ils ont rapporté 2 médailles d'or et 5 médailles de bronze !!! Bravo à eux et à ceux qui les accompagnent au quotidien avec dévouement, compétence et affection !

La mission de PSE s'adresse aux plus pauvres. Mais dans nos familles très pauvres, les plus pauvres ne sont-ils pas ceux qui sont en situation de handicap ? Alors, quelle joie quand il y a des lieux où, eux aussi, peuvent être à l'honneur !

1. MERCI en khmer. (NdE.)

JUIN

La nouvelle paillote de Kien Svay

Nos familles de la « communauté » de Veal Sbov, en grande banlieue sud-est de Phnom-Penh, avaient été déplacées et n'avaient plus de paillote. Il fallait louer un autre terrain proche des familles, et reconstruire. C'est chose faite, et 80 enfants peuvent à nouveau jouer et bénéficier de la garderie pour les plus petits, des maternelles pour les 4 et 5 ans, de soutien scolaire et d'aide aux devoirs, à mi-temps, pour ceux qui sont scolarisés, le matin ou l'après-midi dans l'école voisine. Ce sont nos jeunes d'ECAP (activités extrascolaires) qui sont venus peindre des dessins sur les murs pour faire de ce lieu un havre de joie et de sécurité pour nos petits qui, sinon, seraient seuls à la maison. Depuis les débuts de PSE, ces paillotes accueillent les enfants pour permettre aux mamans de travailler sans s'inquiéter. Aujourd'hui, nous en avons six sur la région de Phnom-Penh, auprès des villages, pour le bonheur et la formation des enfants.

Aperçus de la tournée

Ça y est, elle est dernière nous, cette vingt-troisième tournée et, tout en remerciant **l'ensemble des acteurs** de cet extraordinaire circuit d'amitié, de retrouvailles, de nouvelles rencontres, **et tous ceux qui viennent de**

rejoindre notre famille PSE, j'ai envie de vous conter quelques petites anecdotes de ce parcours du combattant.

David a étonné tout le monde par sa maîtrise du français, son adaptation à toutes les situations et sa détermination. Il nous confie ses impressions.

« Je suis très content d'avoir vu tous ces gens qui aident PSE. J'ai été impressionné par toutes ces personnes retraitées, qui travaillent beaucoup pour les enfants, et qui se mettent en équipes pour organiser plein de choses et par tous ces gens qui travaillent pour PSE pendant leur temps libre. Cela m'a vraiment beaucoup touché. Toutes ces personnes de PSE sont une vraie famille très sympa. J'ai beaucoup aimé aussi les paysages, le climat, la charcuterie, surtout les saucissons et les jambons. »

Entre deux séances, repos d'un dimanche à la montagne, où mon frère était en vacances. David rêvait de la neige… Mais le temps est affreux : pas de Mont-Blanc, pas de sommets enneigés, seulement beaucoup de vent et des gros flocons qui tombent. Pas question de monter, mais David a quand même pu chausser les skis, sur une petite piste en bas. En Suisse, même temps bouché.

Nous resterons sur notre faim de beaux paysages alpins…

Émotions.

– À Bruxelles, joie de retrouver Caroline, une de nos bénévoles de l'année… 2000 (!), venue avec son mari et qui se rappelait avoir enseigné les maths aux dix étudiants de notre toute première formation professionnelle en secrétariat anglais/français.

– Lors de l'une des 29 soirées, était venu un groupe de personnes en situation de handicap mental. J'ai été touchée que l'une d'elles ose se lever et poser une question à la fin du film, devant la salle comble où nous avions même dû refuser du monde. ***Les personnes en situation de handicap sont aussi sensibles aux problèmes des enfants.***

– Sur la route de Cherbourg, petit détour émouvant dans la Manche, **sur les lieux d'enfance de Papy**, où un lycée agricole remplace maintenant le château des premières années de sa vie.

– Après une des projections, un père de famille vient me voir. « J'ai quatre enfants, me dit-il, donc je trouve normal de m'engager pour quatre parrainages » ! ***Quelle magnifique idée !...***

– À l'occasion d'un spectacle de Franck Dubosc, une de nos bénévoles avait demandé à installer un stand PSE dans le hall. Son initiative nous a amené, un soir, au moins dix personnes. Bravo, Angélique ! ***Faire connaître, parler de PSE, c'est la première des choses à faire !***

Encore MERCI À TOUS pour ces beaux moments si réconfortants et pour votre accueil qui ne se dément pas !

Chenda

Chenda est le troisième des neuf enfants d'une famille extrêmement pauvre. Son père était conducteur de cyclo-pousse, puis de mototaxi et chiffonnier en plus.

Avant d'entrer à PSE, Chenda était allé à l'école publique pendant trois ans. Parallèlement il devait travailler pour soutenir sa famille et, en conséquence, redoublait tout le temps. « *Quand j'allais à l'école le matin, j'allais sur la décharge l'après-midi, parfois jusqu'à 2 heures du matin… J'ai dormi aussi sur la décharge. Si j'avais école l'après-midi, j'allais à la décharge la nuit et le matin. Le plus difficile c'étaient les nuits…* »

En 1996, à 10 ans, Chenda entre à PSE. « *Quand je suis arrivé, je me suis dit que c'était le moment de changer de vie. Je suis devenu un excellent élève ; chaque semestre j'avais une récompense car je faisais toujours partie des trois meilleurs.* »

Il travaillait dur et, aussi, aidait ses camarades. « *Avant les examens, je donnais des cours : on se réunissait par petits groupes et on allait chez moi travailler et s'autoévaluer. On appelait ça nos clubs.* »

L'ambiance à PSE était stricte mais joyeuse. « *C'était comme une très grande famille, il y avait des bonnes relations entre le staff et les élèves. Pour la nourriture, il y avait des règles très strictes, le gâchis était interdit. Mais il y avait un légume que je n'aimais pas. Un jour, je l'ai jeté discrètement par terre… sauf que le surveillant m'a vu et est venu me réprimander. Je savais que c'était interdit, alors j'ai promis de ne plus recommencer et je n'ai plus jamais rien jeté depuis.* »

Chenda est très attentif à l'égalité et au respect des règles. « *Au petit déjeuner, certains, arrivés en retard, voulaient se mettre avec moi dans la file. Je leur disais de demander d'abord à ceux qui étaient derrière s'ils étaient d'accord.* »

Après son bac, et sa licence dans notre « business school », Chenda choisit de travailler pour aider sa famille, tout en poursuivant ses études le soir. Puis, il revient à PSE avec un master en ressources humaines. Aujourd'hui, il travaille dans notre école de commerce. D'abord enseignant, il est maintenant superviseur des opérations, responsable de toute l'administration, de la maintenance et des ressources humaines de l'école.

Marié, père de deux enfants, il est fier d'avoir étudié à PSE et en parle à tout le monde, même à ses élèves qui lui disent : *« Alors vous n'êtes pas seulement notre professeur, vous êtes aussi notre famille. »*

Cela dit, à PSE, on ne prend pas en charge un enfant mais une fratrie.

Chenda et ses huit frères et sœurs ont tous été scolarisés chez nous. Les deux autres garçons sont malheureusement porteurs d'un handicap mental. Parmi les six filles, une a étudié dans notre « business school » après son bac ; une a échoué au bac et est allée directement travailler ; une a suivi la formation administration/comptabilité après le brevet ; une autre a fait la formation assistante maternelle et une, une formation tissage après le CM2. La dernière a suivi la formation service de chambre de notre école hôtelière. Et toutes ont aujourd'hui un métier qui fait vivre leurs familles.

Quelle satisfaction, tous ces jeunes qui ont saisi à bras-le-corps la chance offerte ! Une joie permanente, tous ces 4 500 déjà sortis, qui reviennent me voir ou que je rencontre partout dès que je sors du Centre, bien dans leur vie !

SEPTEMBRE

Une nouvelle direction à Phnom-Penh

Oui, l'intérim de Betty Bardon a été un beau succès ! Vous vous souvenez qu'après quinze mois déjà passés ici au moment du départ de Pich et du décès de Papy, elle était revenue quelques mois. Mission accomplie : nous avons aujourd'hui une nouvelle direction solide, un binôme franco-khmer qui fonctionne à merveille et vient d'être validé par le conseil d'administration et, très important, approuvé à l'unanimité par nos directeurs de département ici !

Leakhéna des Pallières, DGA (directrice générale adjointe), en charge des programmes et Christine Gaulier, arrivée il y a un an comme DGA, est maintenant DG (directrice générale), responsable de… tout le reste ! Un grand merci à Betty qui a mis en place ce duo de choc ! Qui a dit que ce sont les femmes qui sauveront le monde ?… En tout cas, chez nous, ça marche !

En route pour continuer le rêve de Papy !

Les camps d'été

C'est reparti pour un mois de jeux, de chants, de danses, de méditation avant le déjeuner mais aussi d'activités de formation. Les thèmes de cette année sont : l'environnement, la lecture, les dents et l'intelligence émotionnelle. 220 moniteurs occidentaux, 230 moniteurs khmers, 3 400 enfants par semaine, 15 lieux de camps différents… Il y a les camps « normaux », celui des enfants en situation de handicap, celui des ados, celui des tout-petits, ceux des provinces, ceux de chacune des paillotes, celui des constructeurs qui aident à rebâtir les maisons trop vétustes et, à la tête de tout ça, l'infatigable Marisa qui est partout à la fois et garde l'œil à tout avec une énergie incroyable. **Merci, Marisa !**

Le premier festival du film français, organisé par notre école des médias

Notre école des métiers de l'audiovisuel, officiellement agréée, depuis peu, par le ministère du Travail et de la Formation professionnelle, et celui de la Culture et des Beaux-Arts, vient d'organiser le tout premier Festival du film français à Phnom-Penh. Albert Oriol avait beaucoup discuté avec Papy car passionné de cinéma comme lui et, par son souci de poursuivre ce qu'ils avaient initié ensemble, est devenu, tout naturellement, référent de l'école. Il y est très présent, connaît beaucoup de personnes dans le milieu du cinéma… y compris à Cannes, et met en place des partenariats, tout en nous envoyant des formateurs de haut niveau. C'est lui qui, avec nos étudiants et notre équipe de communication, a imaginé et organisé cet événement, sélectionné les films, stressé pour les avoir à temps… Il a aussi accompagné la cinéaste Claire Denis, son invitée d'honneur, ainsi que Vincent Lowy, le nouveau directeur de l'École Louis-Lumière avec qui il venait de renouveler notre partenariat. Toute l'école s'est donné beaucoup de mal pour ce festival auquel notre ambassadrice nous a fait l'honneur de participer. Près de 700 personnes sont venues à ces journées. Une première qui ne sera pas la dernière. Ce fut aussi une manière de souhaiter la bienvenue à Nicolas Sacré, nouveau directeur de notre SoM (*School of Media*) !

Une magnifique expérience pour nos étudiants ainsi que pour leurs professeurs, tous anciens étudiants de l'école, grâce aux ateliers et aux rencontres avec les réalisateurs. Un beau travail d'équipe. Et un sympathique moyen de faire connaître PSE.

Il faut « re » construire

Nos premiers bâtiments ont été construits en bois ce qui, à l'époque, était le moins cher. Les plus anciens se rappellent peut-être nos déboires avec une termitière à l'endroit du premier bâtiment, et les discussions épiques de l'époque pour pouvoir la détruire… La termitière fut finalement éliminée. Mais près de vingt-cinq ans plus tard, le bois a vieilli et des termites, présents partout ici, sont en train de fragiliser dangereusement ce qui tenait encore debout. D'ailleurs, il y a plusieurs mois, déjà, nous avons dû fermer les deux premiers bâtiments, le 1A et le 1B, qui n'étaient plus sûrs.

Et, maintenant, il faut reconstruire… en carré, sur trois côtés autour de la première cour.

Des bâtiments sur trois niveaux (rez-de-chaussée et deux étages), en dur. Mais ne pleurez pas, les architectes ont décidé de garder, au maximum, l'esprit d'origine avec, sur les façades vers la cour, des coffrages qui rappelleront les bâtiments en bois. Et le rez-de-chaussée du tout premier bâtiment, le 1A, restera ouvert, avec ses pilotis, pour respecter le PSE des débuts. Sympa !

La cour ne sera pas bétonnée mais deviendra un jardin, avec pour mission d'absorber l'eau qui, d'habitude, inonde les lieux à chaque grosse averse. Quarante-cinq classes vont voir le jour. Un gros chantier ! Il faut d'abord remplacer les classes que nous avons dû fermer, puis toutes les classes provisoires aménagées un peu n'importe où pour héberger le soutien scolaire et, en même temps, gérer l'augmentation du nombre des élèves par rapport aux commencements de PSE. Un beau casse-tête !

Mais ce n'est pas tout. Vous vous souvenez sans doute que, lors de la construction de l'internat, nous avions imaginé des pièces qui pourraient servir, selon le besoin, aussi bien de dortoirs que de classes. Pendant un temps, l'internat qui n'avait pas encore fait le plein, a donc hébergé un certain nombre de classes. Mais, aujourd'hui, nous avons de plus en plus de jeunes de la campagne, qui ont étudié jusqu'à un certain niveau et arrivent chez nous pour une formation professionnelle, sans famille à Phnom-Penh. Nous devons donc les loger et, en conséquence, libérer ces classes pour qu'elles redeviennent dortoirs…

Combien de temps pour « fabriquer » un alumni ?

Combien de temps pour que vos enfants deviennent autonomes ?…

Sarôm et Sarân, nos jumelles, que les anciens connaissent bien, sont arrivées à l'âge de 3 mois. Bien sûr, c'est une exception. Mais après leur scolarité et leur formation professionnelle, elles sont maintenant toutes les deux en stage de fin d'études, l'une en service d'étage et l'autre en service de table. Et elles auront 18 ans en octobre.

Panha, qui a commencé, bébé, par la PMI, est aujourd'hui en classe préparatoire. **Rèn**, enfant abandonné, que nous avons récupéré plein de furoncles, n'a jamais réussi à apprendre à lire. Il est actuellement dans une formation manuelle.

Mais tous n'arrivent pas au berceau. Il y a ceux qui démarrent avec les classes maternelles. En continuant leur scolarité et une formation, ils peuvent passer quinze ans à PSE avec une formation post-brevet, et dix-huit ou dix-neuf ans s'ils suivent une formation post-bac.

Cela dit, la grosse majorité démarre en CP, ce qui porte à **douze ans** la durée pour terminer une formation post-brevet et à **quinze ou seize ans** avec une formation post-bac.

Et puis, il y a une catégorie relativement nouvelle, celle des enfants qui ont étudié en province, jusqu'au brevet ou jusqu'au bac mais dont les parents, le plus souvent fermiers, n'ont absolument pas la possibilité de les financer au-delà. Ce sont eux qui remplissent notre internat et c'est leur seule chance d'accéder à un niveau supérieur. Bien sûr, eux restent moins longtemps, entre trois et quatre ans.

Sans compter les intermédiaires des classes passerelles, qui rattrapent le niveau de la 3e à partir de niveaux plus bas, pour avoir une chance de suivre, eux aussi, une formation professionnelle.

Pour « fabriquer » un ancien qui a sa place dans la société et qui peut prendre en charge sa famille, cela nous prend donc une moyenne de dix à douze années. Et c'est normal puisque notre but est de les amener à un métier qualifié en fonction de leurs possibilités. C'est pourquoi nous avons choisi le système du **parrainage**, parce que les enfants que nous embarquons ont besoin d'aller jusqu'au bout de leurs études. Vous l'avez vu, tous ne commencent pas par la maternelle, mais la moyenne tourne, globalement, autour de **dix-douze ans.**

Le brevet : 93,01 % de réussite

Vos enfants ont fait merveille : entre le Centre de rattrapage, les écoles extérieures, Sihanoukville et Siem Reap, sur **229** candidats, **213** reçus, y compris Chetra, avec son handicap et son fauteuil roulant ! Un grand bravo à tous les acteurs de cette réussite : enfants, professeurs, équipes sociales, médicales, pédagogiques... Vous pouvez être heureux et fiers de vos enfants !

DÉCEMBRE

La journée des antennes

Le 28 septembre, s'est tenue une des deux rencontres annuelles de nos équipes bénévoles à l'arrière. Beau moment de retrouvailles et de partage, au cours

duquel notre secrétaire général (et grand cinéphile !), Thomas Valleteau, nous a réjouis d'une brillante introduction :

« Aujourd'hui, c'est ***Le Jour le plus long***, pour PSE, dans une année : la journée des antennes. L'occasion de partager nos souhaits et nos projets pour l'année qui vient.

Cette année, pour Mamie, la tournée sera ***La Chevauchée fantastique*** !

Il y a eu ***Le Parrain*** *1, 2, 3*… Eh bien, à PSE, ce sera ***Le(s) Parrain(s)*** *10, 100, 1 000* !

Cette année sera aussi ***La Mélodie du bonheur***, grâce aux concerts de jeunes **choristes**, organisés dans plusieurs régions.

Et sans oublier : nul besoin d'être ***Les Chariots de feu*** pour participer à la Course des héros – la preuve, comme d'autres, je l'ai fait l'an dernier avec mon garçon de 6 ans, ce n'est pas ***Mission Impossible*** !

De plus en plus présent sur le ***Social Network***, nul doute que, cette année, PSE sera aussi ***Le Seigneur des journaux***.

Et merci à vous tous, pour votre engagement sans faille. PSE, c'est ***La Cité de la joie***, ***Une affaire de famille***, dont la **Mission** est de **Servir** les enfants du Cambodge.

Certes, nous sommes conscients que le contexte général en France et même ailleurs, comme à Hong Kong par exemple, est parfois difficile. Dans les rues, c'est plutôt ambiance ***Tontons flingueurs***. On préférerait que ***La vie (soit) un long fleuve tranquille***. On peut être parfois tenté de se dire : ***Autant en emporte le vent***. Mais ce n'est pas ***Apocalypse Now*** non plus. Et nous sommes même très confiants car nous savons que, de là-haut où il veille sur nous, ***Papy fait de la Résistance*** !

Il y a trois ans, en effet, Christian disait ***Au revoir les enfants***. Alors, c'est à nous tous, ensemble, de continuer. Pour les enfants. Plus que jamais ***Sur le chemin de l'école***. Nous sommes tous, et pour longtemps encore, engagés avec toute notre énergie autour de nos ***Pépites***. Motivés et mobilisés, comme Mamie depuis plus de vingt ans, pour que nous puissions continuer à dire à chaque enfant : « ***Va, vis et deviens.*** »

La rentrée 2019

Le 9 septembre, après un mois de camps d'été, PSE est redevenu une école. Une cérémonie a marqué cette rentrée, sous le grand préau dit « de la Reine », doublé d'une grande tente qui recouvrait toute la cour. Discours de bienvenue de la direction, quelques recommandations pour bien commencer l'année et garder en tête l'importance de l'école, et puis la danse « de souhait », toujours aussi gracieuse.

Et le 18 octobre, ce fut le traditionnel séminaire du personnel avec présentation des divers départements, certificats et cadeaux pour remercier ceux qui ont travaillé à PSE depuis cinq, dix, quinze ans et un merci tout spécial pour deux personnes qui sont avec nous depuis… vingt ans : Man Sokuntheary, une des chefs de production de l'atelier de couture, et le docteur Sorn Sarath, directeur du département santé !

Encore des besoins ?...

Certains s'étonnent que, depuis plus de vingt ans maintenant que nous travaillons au Cambodge, il y ait toujours des familles dans des situations catastrophiques, ou pensent que nos besoins ne sont plus les mêmes maintenant, *« puisque la décharge a fermé... »*. Oui, celle de Stung Meanchey a fermé... ***Cependant, la misère n'a pas disparu pour autant ! Les besoins se sont déplacés, mais ils sont toujours aussi criants.***

C'est vrai que, durant ces vingt ans, le pays s'est développé, et rapidement. Mais ce développement, bien sûr, comme partout, induit l'augmentation du coût de la vie : loyers, riz, nourritures, terrains... tout est devenu considérablement plus cher. 7 % de mieux par an, c'est excellent, et on ne peut que s'en réjouir. Mais cela comporte des effets collatéraux, sans doute inévitables, qui excluent ceux qui sont en dehors du système.

Quand la situation devient catastrophique, on emprunte, pour payer le loyer ou, tout simplement, pour manger. Mais les taux d'intérêt sont très élevés, parfois jusqu'à 20 % par mois !... Un cycle infernal dont on ne peut plus se sortir.

Beaucoup, aussi, avaient un petit bout de terrain à la campagne, qui leur permettait de survivre. Mais au bout de deux, trois... sécheresses ou inondations, ou bien à cause de la maladie d'une grand-mère ou d'un papa, on commence par hypothéquer sa petite rizière, et puis, finalement, on se trouve obligé de la vendre... et on arrive en ville, en espérant s'en sortir mieux. Et là, c'est le piège.

Nous vous racontons régulièrement l'histoire de l'une ou l'autre de nos familles. Nous vous disons les familles démolies par la boisson, la violence, la drogue…, conséquences de la misère, elle-même conséquence de l'absence de travail ou de travail insuffisant pour faire vivre une famille. Ce manque de travail est lui-même la conséquence de l'absence de formation des parents, qui découle directement du tsunami de la période khmère rouge. Oui, les conséquences de cette terrible période sont encore là, malheureusement… Un cercle infernal, impossible à briser sans formation.

Nous avons encore des familles chiffonnières, la plupart, dans les rues – devenues, aujourd'hui, une petite minorité. Mais le prix d'achat de leurs récupérations est resté pratiquement aussi bas donc, proportionnellement, il a énormément diminué.

Les autres essaient de gagner quelques sous qui, finalement, ne leur permettent pas, non plus, de nourrir la famille : les ouvriers de construction sont des manœuvres, qui ne sont jamais sûrs d'être repris le lendemain, comme ce grand-père de 70 ans portant sur le dos des sacs de ciment de 50 kilogrammes ; ceux qui travaillent à l'usine sans qualification ne gagnent pas grand-chose ; ceux qui, la nuit, récupèrent des matériaux qui traînent dans les rues pour les revendre le lendemain, etc. etc. Et puis tous ceux qui ramassent des pommes de terre, qui vendent, au long des rues, des bananes grillées, des coquillages, de la soupe de riz, des fleurs, du café… dépendant du bon vouloir des acheteurs… ; ceux qui ramassent des liserons d'eau pour les vendre, immergés jusqu'à la taille dans des étangs saumâtres ; ceux qui sont fermiers sur un minuscule bout de terrain, ou pêcheurs pour le compte de patrons… ; ceux qui lavent le linge des autres…

Toutes ces familles les plus pauvres, qui sont celles de nos enfants, n'ont pas vu leur revenu augmenter dans les mêmes proportions. Tous ces petits métiers n'ont plus d'avenir, mais ce sont ceux de nos familles qui n'ont aucune compétence, aucune formation et qui, essaient, courageusement, de survivre par ces moyens de fortune, sans avenir et sans garantie du lendemain…, c'est tout ce qu'ils peuvent avoir, et ils ne s'en sortent pas !

La réalité c'est qu'aujourd'hui, sur nos 3 500 familles, 2 200 (62 %) survivent avec **moins de 1,90 dollar** par personne et par jour et 1 200 (34 %) ont **entre 1,9 et 2,60 dollars** !

Ce qui, en plus, complique les choses, c'est que la ville s'étend de manière incroyable et que les zones de grande pauvreté des périphéries, non seulement s'éloignent car les familles ne peuvent pas suivre l'augmentation des coûts, mais, en même temps, elles sont beaucoup plus dispersées, ce qui ne facilite pas le travail de nos assistants sociaux.

Par contre, on le voit bien, quand des enfants qui n'avaient rien ont terminé leur cycle scolaire puis leur formation professionnelle et ont, enfin, un vrai travail ! C'est toute la famille qui, alors, est tirée d'affaire. C'est l'histoire de nos anciens qui sont heureux et fiers de raconter leur parcours.

En résumé, 97 % de nos familles n'arrivent pas à vivre !…

Chiffonniers ou pas, ce sont bien les mêmes misères auxquelles nous sommes confrontés. Difficile de dire que tout va bien…

Oui, il y a encore beaucoup de détresses que vous ne verrez pas forcément puisqu'elles se sont éloignées. Mais ce sont les familles de nos enfants. Peut-on les abandonner ?...

Et dans les lieux où elles trouvent refuge, chaque jour, nos assistants sociaux en découvrent d'autres, dans des situations tout aussi catastrophiques.

Nous n'avons pas le choix, il faut continuer : aujourd'hui comme hier, il nous faut scolariser les enfants, les nourrir et les soigner, leur donner un métier, soutenir leurs familles...

Il est urgent de continuer à aider ces enfants et ces familles sinon, c'est une génération de plus qui risque d'être sacrifiée. Il ne faut surtout pas baisser les bras, puisque ça marche ! On peut les sauver, mais on a besoin de tous.

Et c'est pourquoi nous remercions infiniment tous ceux qui, suite à un « coup de cœur », ont décidé de faire un don pour ces enfants. C'est déjà énorme ! Mais nous soutenir dans la durée en renouvelant ce don de temps en temps est très important aussi, car cela nous permet de continuer.

Et puis, il y a aussi le parrainage, qui assure la sécurité de la prise en charge des enfants jusqu'à leur sortie avec un métier.

Nourrir les enfants

Chaque jour, ce sont **6 000** repas, qui sont préparés pour nourrir – et régaler – nos enfants. Combien de fois, j'entends dire : *« J'ai pris trois assiettes parce que c'était très* *bon !* » Petit déjeuner et déjeuner pour tous, plus dîner pour les internes. Sont aussi préparés ici une partie des repas servis dans les garderies/maternelles et ceux donnés à nos élèves scolarisés dans les écoles publiques les plus proches et pour lesquels l'équipe sociale a déterminé qu'ils en ont besoin. Pour ceux des écoles plus lointaines, nous avons des arrangements avec des fournisseurs locaux.

C'est une grosse organisation, sous la direction de Chhoun Sinoun, ancienne chiffonnière et élève des tout débuts de PSE. À la fin de ses études, et après avoir longtemps travaillé à l'équipe sociale, Sinoun, mariée au directeur adjoint de l'équipe sociale et mère de deux enfants, règne aujourd'hui sur les cantines du Centre. La journée commence tôt, à 3 heures du matin, pour que les repas soient prêts à l'arrivée des élèves, à 6 heures ! Il faut savoir qu'ici le petit déjeuner est un repas comme les autres, ce qui prend davantage de temps à préparer que nos tartines de confiture ou nos céréales. Les repas du dimanche, par contre, sont préparés, à tour de rôle, par les internes et les pensionnaires, qui assurent aussi le service des dîners.

Sinoun est aussi responsable des commandes, et des menus qui sont équilibrés – et bons – à partir des produits de saison. Avec son équipe, elle les réceptionne, les contrôle, vérifie la qualité, les pèse pour voir s'il y a bien ce qui a été commandé. Ensuite, viennent les épluchages et les découpes, la cuisson, et la distribution. Il faut voir la taille impressionnante des marmites !

Dans ce service, il y a 6 hommes et 18 femmes et il en faudrait encore 7 de plus… Beaucoup d'entre eux sont des personnes en difficulté, des parents de nos enfants, sans travail, et qui retrouvent ainsi dignité et moyens de faire vivre leur famille, avec un roulement quand ils ont remis le pied à l'étrier. Un cercle vertueux, bénéfique pour tous.

On ne les voit pas beaucoup, on ne parle pas beaucoup d'eux mais ils sont un maillon essentiel de la vie de PSE. C'est grâce à eux que nos enfants retrouvent une bonne santé. Ils sont humbles, gentils, courageux, reconnaissants.

L'environnement à PSE

PSE aussi s'applique à sensibiliser ses enfants aux problèmes liés à l'hygiène et à la défense de la planète, en les incitant à changer leurs comportements, et à convaincre les autres... Les sessions de formation humaine ont un important volet environnement, pratique à l'appui.

En mars, après avoir nettoyé les classes et les cours, les élèves ont participé à un temps de réflexion sur le sujet et ont mis en place des mesures concernant la propreté et les moyens de la mettre en œuvre.

De février à mars, 18 étudiants de la formation professionnelle ont suivi un cours spécifique dans le but qu'ils le diffusent ensuite dans tout l'institut. Puis ils sont partis à Kep, dans un « resort » 100 % sans plastique, pour des travaux pratiques : nettoyage de la plage, pour prendre conscience de l'énorme quantité de plastique qui pollue la plage et la mer ; boîtes et gourdes réutilisables pour les repas ; dépôt des déchets organiques sur le compost qui alimente un jardin bio.

Ils sont maintenant capables de motiver leurs amis et leurs familles à faire évoluer les choses.

2019

En mai, ont eu lieu trois jours de l'environnement dans tout PSE, à la place des cours : sensibilisations à travers quiz, vidéos, débats, stands pédagogiques sur la pollution plastique, la manière d'agir pour l'éliminer, le compost, le jardinage, etc. ; sketchs, chants, exposition de poèmes et de dessins. ***Une occasion de sensibiliser enfants et personnel aux problèmes environnementaux et de leur enseigner des petits gestes quotidiens pour commencer à améliorer la situation au Cambodge.***

Des étudiants de la formation professionnelle sont allés nettoyer les rues de Stung Meanchey avec des bonzes venus se joindre à eux, tandis que nos scouts participaient au nettoyage du canal de Boeung Trabek, en centre-ville de Phnom-Penh, avec plus de 50 participants de différentes ONG (PSE, Aspeca, JICA, Action contre la faim, et Hope for Justice). La moitié a nettoyé le canal tandis que l'autre moitié, dont nos scouts, ont planté des fleurs autour. ***Un bel événement solidaire ! Nous nous réjouissons que nos enfants prennent conscience de ces problèmes vitaux pour l'avenir…***

2020

MARS

Déjà, la vingt-quatrième tournée

Cette fois, je viens avec Karuna que les plus anciens connaissent puisqu'elle est venue danser lors de la tournée 2012. Elle n'est pas encore complètement « ancienne », mais déjà sur la « rampe de lancement », en formation professionnelle. Quasi seule au monde, pensionnaire depuis l'âge de 8 ans, elle a réussi son bac en août dernier et a intégré la formation Administration des ressources humaines de notre école de gestion et vente. Souvent 1re de sa classe, elle est aussi douée en dessin, en musique, en toutes sortes de danses et de sports… et parle français. Vous serez enchantés de la retrouver, avec sa finesse et son merveilleux sourire. Elle arrivera avec un ordinateur, pour suivre ses cours en ligne dans les moments sans route et sans séance. Un défi à réussir, mais elle en a réussi bien d'autres…

Je n'aurai donc pas, avec moi, un jeune homme qui s'y connaît en technique… Autant dire que je compte sur ceux d'entre vous dont c'est le talent, pour m'aider dans ce domaine qui n'est pas du tout le mien !

Les Pépites, n° 1 (Bérengère Dommaigné, revue Aleteia, 31 décembre 2019)

Allociné a classé les quinze meilleurs documentaires de ces dix dernières années selon les notes attribuées par les spectateurs. Le résultat offre une sélection heureusement inspirante.

« *L'heure des bilans et des classements en tout genre a sonné ! Et c'est un classement qui se base uniquement sur la notation des spectateurs, que vient de mettre en ligne le site internet Allociné avec de jolies surprises. Parmi les quinze films documentaires les plus appréciés ces dix dernières années, on trouve, dans le top 5, trois coups de cœur de la rédaction d'*Aleteia. *Des films plein d'humanité, qui ont su toucher le plus grand nombre.*

N° 1 du classement : Les Pépites *de Xavier de Lauzanne, sorti en salle en octobre 2016.* Les Pépites *raconte le pari fou d'un couple français : sauver des enfants de la décharge à ciel ouvert de Phnom Penh, au Cambodge. En vingt ans, Christian et Marie-France des Pallières vont réaliser, non pas l'impossible, mais le mystère de ce dont l'homme est capable. Au début, une simple paillote pour pouvoir accueillir les enfants de la décharge pour qu'ils y mangent. Mais très vite, ceux que l'on appelle Papy et Mamie voient plus grand et, surtout, veulent le meilleur pour ces enfants.*

Ils décident de construire une école, une infirmerie et enfin un centre de formation d'excellence pour les plus pauvres, afin que chacun puisse apprendre un métier et réussir sa vie. Après avoir vu le film, le journaliste Serge Moati s'est écrié : "C'est une pépite, un chef-d'œuvre !" Un avis visiblement partagé par les spectateurs ! »

Oui, c'est vrai que notre ami Xavier a réussi un film magnifique !... Et je rêve de voir tous ceux (très, très nombreux...) qui ont été touchés par cette aventure passionnante se dire qu'ils peuvent participer, chacun à leur mesure, à ce qu'elle continue, grâce à eux aussi ! Pour que l'aventure se poursuive, il faut une immense chaîne de solidarité.

C'est ce qu'en ce début d'année 2020, je souhaite à tous ces enfants qui attendent encore sur le bord de la route !

Nos enfants

Les parents, qui se droguent, ont divorcé et sont partis chacun de leur côté, laissant leurs deux filles à la grand-mère qui essaie de s'en sortir en vendant des légumes : 1,25 dollar par personne et par jour. Pas de quoi se nourrir... PSE leur fournit donc 5 kilogrammes de riz par semaine, la carte de santé et la prise en charge de l'aînée (4 ans) dans une de nos garderies et de la plus jeune (même pas 3 ans) chez une assistante maternelle à la journée.

Heureusement que ces enfants, abandonnés par des parents, encore jeunes, qui sont partis sur des chemins

sans issue ont une grand-mère qui peut prendre soin d'eux ! Mais seule, elle ne peut y arriver et a bien besoin de l'aide de PSE !

Le programme FLIP

Il y a quelques jours, dans notre grande salle polyvalente, 95 diplômes ont été officiellement remis à ceux qui viennent de terminer leur formation. FLIP (**F**amily **L**ivelyhood **I**mprovement **P**rogram), c'est, en quelque sorte, un second programme de rattrapage. À l'origine, ces formations courtes, sur trois ou six mois, avaient été créées pour les parents de nos enfants. En effet, après avoir scolarisé les enfants, nous nous sommes vite aperçus que leurs parents, souvent même pas alphabétisés, étaient dans l'incapacité d'assumer la vie de leur famille tout simplement parce qu'ils n'avaient rien appris. Au début, nous avons commencé par proposer à certains des emplois sociaux au Centre. Mais leur nombre a vite atteint ses limites et, par chance, une association nous a proposé d'aider au financement de formations courtes pour les adultes. Quand ce financement s'est arrêté, au vu des résultats, nous avons décidé de continuer l'opération en en faisant un programme, financé par nous. Sans avoir 100 % de réussite, car nos parents sont parfois trop « démolis » par tout ce qu'ils ont subi, il y en a quand même un bon nombre qui retrouvent leur dignité avec la possibilité de s'occuper, eux-mêmes, de leurs enfants.

Cuisine, coiffure, esthétique, couture, ménage, réparation de téléphones… sont les formations actuellement proposées.

Mais, depuis quelques mois, ce programme a commencé à intégrer, également, des jeunes en échec scolaire, des jeunes qui ont abandonné l'école, parce qu'ils n'avaient plus le courage d'étudier, parce qu'ils voulaient gagner de l'argent plus vite, parce qu'ils voulaient se marier, etc., et que l'année de prépa, suivie des deux ou trois ans de nos formations professionnelles, leur paraissait trop longue. D'ailleurs, le témoignage d'un jeune diplômé de 19 ans parle mieux que des discours : il nous a raconté l'enfant qui lui est né et, donc, son abandon de l'école, pour travailler afin de pouvoir l'élever, les salaires de misère parce qu'il n'avait aucun diplôme, et sa décision de revenir à PSE pour une formation de cuisinier dans notre programme FLIP… Aujourd'hui, il travaille dans deux restaurants, arrive à faire vivre sa petite famille et nous dit sa joie, avec ses remerciements !

Comment demander à des enfants d'étudier sereinement quand, à la maison, la vie est si difficile et quand les parents, sans travail, sombrent dans la drogue et dans la violence ? Ce programme, à l'origine destiné aux adultes, nous permet aussi, désormais, de « récupérer » certains de nos jeunes, trop perturbés par la vie pour aller au bout de leurs études, afin qu'ils partent munis d'une formation minimum pour se débrouiller avec un métier en main.

Si l'école est vitale, les « récupérations » opérées par FLIP le sont tout autant !

C'est cela, PSE : des enfants qui n'avaient rien, ou presque, recouvrent leur droit à la vie grâce à cette grande famille où ils trouvent attention, gentillesse, amour, qui leur permettent d'envisager un avenir auquel, ils le disent tous, ils n'auraient jamais osé rêver.

Leurs sourires et leur reconnaissance en témoignent mieux que des mots. Et tous ceux qui œuvrent, au quotidien, à ces renaissances, qu'ils soient cambodgiens ou venus d'ailleurs, sont très touchés par cette atmosphère que d'aucuns appellent « l'esprit PSE », qui les motive et leur fait donner le meilleur d'eux-mêmes.

Vous pouvez imaginer pourquoi ce m'est un bonheur quotidien, de vivre ici…

Faire quelque chose…

Toutes les actions sont importantes pour nous aider car, ajoutées les unes aux autres, comme les petits ruisseaux, elles arrivent à faire de grandes rivières. C'est le cas de l'opération des « Paquets-cadeaux » de notre antenne bretonne, devenue traditionnelle en décembre de chaque année, de même que leur représentation théâtrale de février ! Et ce n'est qu'un exemple parmi tant d'autres !…

Mais, pour faire durer ces actions, certaines de nos équipes bénévoles ont besoin de renfort ! C'est le cas de nos antennes Languedoc : languedoc@pse.ong, Centre : regioncentre@pse.ong, Basse-Normandie : jacques.brochard61@gmail.com, Les 2 *Savoie : les2savoie@pse.ong*. N'hésitez pas à les contacter si vous pouvez leur prêter main-forte !

Quand nous avons découvert la situation de beaucoup d'enfants, en 1995, c'était tellement insupportable, que nous avons décidé de « faire quelque chose », sans savoir où tout cela nous mènerait. C'est comme ça que marche PSE, depuis, avec des personnes qui, un jour,

ont aussi décidé de « faire quelque chose ». Merci à vous tous, sans qui nous ne pourrions rien faire !

JUIN

Unis et solidaires

Nous espérons que vous allez bien, vous et vos proches, et que vous n'êtes pas trop touchés par cette pandémie ou ses conséquences.

En cette période de crise que nous vivons ensemble, à vous tous, parrains, donateurs, amis… membres de la famille PSE, j'adresse, de la part de toute notre équipe au Cambodge, nos remerciements chaleureux. Tous, ici, sont très touchés que vous vous inquiétiez pour nos enfants, que vous preniez de leurs nouvelles et que vous continuiez à faire tout ce que vous pouvez pour eux, au milieu de cette période compliquée. Nous pensons bien à vous. Merci de votre fidélité et de votre soutien. C'est dans ces moments particuliers qu'il est important de s'épauler.

La situation au Cambodge

Ici, au Cambodge, jusqu'à présent, le virus n'est pas trop virulent… Et nous nous en réjouissons. Mais d'aucuns disent que nous ne sommes pas à l'abri d'une explosion à retardement. C'est pourquoi les mesures de protection sont de mise, comme partout dans le monde.

Trois hôpitaux sont dédiés à la prise en charge des malades et un grand hôtel a été réquisitionné en cas d'une éventuelle montée en puissance du virus.

Les Cambodgiens, d'une manière générale, sont assez disciplinés en ce qui concerne le port du masque et le lavage des mains avec du gel hydroalcoolique. Mais tous n'y ont pas forcément accès et, pour beaucoup de nos familles, entre un repas et un masque, le choix est vite fait… C'est pourquoi, comme tout marche au ralenti, notre atelier de couture, avec moins de commandes, fabrique des masques pour les donner gratuitement à nos enfants et à leurs familles.

Par contre, un confinement complet est difficilement réalisable dans les zones surpeuplées, où les habitations sont très proches et où l'on vit surtout dehors…

Mais la catastrophe vient surtout, pour le moment, des problèmes d'emplois et la majorité de nos familles sont durement touchées.

Beaucoup d'« *ouvriers* » (manœuvres journaliers) travaillaient dans les pays limitrophes et les frontières sont fermées…

Nos chiffonniers, normalement, vendent leurs collectes à des revendeurs qui, eux, les écoulent dans les pays frontaliers dotés d'usines de recyclage et les achètent donc plus cher que les prix locaux. Mais, les frontières du royaume fermées, nos chiffonniers doivent accepter de vendre leurs récupérations deux voire trois fois moins cher car ils n'ont pas de place pour stocker, et sont donc obligés de vendre, au jour le jour, à un prix plus bas…

Toutes nos familles qui ont des petits boulots, les chauffeurs de tuk-tuk ou de mototaxi, les ouvriers de construction, les petits vendeurs de rue, etc., sont des journaliers.

Ils ne s'en sortent plus car la société entière tourne au ralenti et quand on vit au jour le jour, sans aucune réserve, une journée sans travail ou avec un travail insuffisant, c'est la catastrophe !

Quant à leurs enfants, *beaucoup de nos anciens* sortis de PSE avec un travail, et sur lesquels comptent nos familles, se retrouvent, certains sans emploi et, d'autres, en « vacances » non payées, sans garantie d'être repris, donc sans revenu dans les deux cas – et sans système social pour le chômage ! Beaucoup de restaurants, d'hôtels – le tourisme en général – subissent une crise sans précédent. Plus de 90 % de l'activité est à l'arrêt ! Alors, nombre de nos *alumni* des deux ou trois dernières années, embauchés dans le monde du tourisme au sens large, se retrouvent brutalement sans rien.

Certains, qui ont la chance d'être en service depuis plusieurs années ou qui ont des postes à plus haute responsabilité, se voient proposer une adaptation de leurs conditions de travail : 50 % du temps de travail avec 50 % du salaire, temporairement, mais jusqu'à ?… En espérant que cela tienne jusqu'à ce que les choses reprennent leur cours normal !

Cela dit, il y a de gros risques à cette situation :

– Au lieu de reprendre du personnel qui travaille déjà depuis un, deux ou trois ans au sein de l'entreprise… pourquoi ne pas engager de jeunes diplômés pour un tarif plus bas, afin d'absorber les pertes enregistrées durant la crise ?

– Combien de temps les entreprises pourront-elles garantir une solution à 50 % pour tout le personnel, sans devoir mettre la clé sous la porte ?

– Combien de temps les employés vont-ils pouvoir tenir à 50 % de revenu, sachant que, très certainement, la plupart ont déjà engagé un emprunt à des taux d'intérêt de 20 % par mois, pour un téléphone (à 30 dollars…), une petite mobylette, l'achat d'un petit bout de terrain ou d'une cabane ou pour simplement se soigner ou payer des funérailles ?

Dans la construction, seules les grosses entreprises travaillent mais pas les moins importantes, celles qui emploient du personnel non qualifié, comme les parents de nos enfants. Etc.

Et, au bout du compte, y aura-t-il des stages pour nos étudiants ?

PSE au jour le jour

PSE aussi vit au rythme de la pandémie.

Cela a commencé par le lavage des mains avec une solution hydroalcoolique et la prise de température à l'entrée du Centre et des classes. Dans le même temps, davantage de savons ont été installés. Mais, pour éviter qu'ils ne disparaissent, il a fallu aller rechercher ces savons en forme d'olives allongées, enfilés sur des tiges fixées aux murs – souvenir de l'école de mon enfance. Et nos enfants ont adoré : ils se lavaient les mains juste pour jouer…

Puis, le 14 mars, obligation a été faite de fermer le Centre. Ce week-end des 14 et 15 a été consacré à prévenir les enfants qu'il n'y aurait plus d'école à partir du lundi 16, et à mettre en place le retour des pensionnaires chez eux – quand c'était possible – ou dans des familles d'accueil quand ils n'avaient pas de solution familiale. Un gigantesque casse-tête pour l'équipe sociale ! Il a aussi fallu, en urgence, organiser les transports pour ceux qui repartaient dans les provinces, et discuter avec nos familles d'accueil pour qu'elles acceptent, chacune, de prendre en charge davantage d'enfants…

Depuis le 16 mars il n'y a donc plus d'enfants dans le Centre. Plus de jeux ni de cris, plus de poussière soulevée par les allées et venues, classes et cours de récréations sont désertées.

À ce moment-là, le personnel était encore censé travailler. Mais beaucoup étant très inquiets devant la maladie, nous avons été amenés à décider de mettre en vacances ceux qui le souhaitaient, en avance sur les congés du mois d'août. À peu près seuls les directeurs ont continué encore à travailler, ainsi que l'équipe sociale, l'équipe médicale et les gardiens.

Le gouvernement avait déjà annoncé l'interdiction des rassemblements, petits et grands, la fermeture des pagodes, des karaokés, de certains marchés et magasins, l'obligation du port du masque, etc. Vous connaissez tout ça…

Et puis, ont approché les festivités du Nouvel An khmer, une des deux plus grandes fêtes de l'année. À cette occasion, tout le monde part en province pour aller se retrouver en famille, dans son village et sa pagode d'origine. Afin d'éviter les risques de diffusion du virus, les routes ont été fermées aussi bien vers les provinces que des provinces vers Phnom-Penh. Et les congés du Nouvel An ont été supprimés – réservés pour une date ultérieure – avec obligation légale, à tous, de reprendre le travail le 13 avril, en prenant les précautions requises, masque, lavage des mains, gestes barrières, distanciation, etc., alors que la fête devait avoir lieu les 13, 14, 15 et 16 avril. Ces quatre jours-là, pour laisser à chacun la possibilité de célébrer quand même à la maison, nous avons avancé d'une heure la sortie du soir.

Solidarité pour l'accueil de nos pensionnaires

Nos familles d'accueil, ce sont des familles que nous connaissons souvent depuis longtemps. Un certain nombre d'entre elles ont été aidées par PSE depuis les débuts, leurs enfants ayant fait partie des premiers enfants sortis de la décharge il y a vingt-quatre ans. Certaines familles de notre personnel, aussi, sont familles d'accueil depuis de nombreuses années. Une longue histoire de fidélité !

Pour accueillir ceux de nos enfants qui n'avaient pas la possibilité de rentrer chez eux pour diverses raisons (absence de parents, familles maltraitantes, etc.), nous n'avons même pas eu besoin de trouver de nouvelles familles. Toutes ont accepté d'augmenter le nombre d'enfants confiés par PSE !

Un exemple parmi d'autres : la famille où se trouve actuellement Karuna qui devait venir avec moi et qui a été aussi triste que moi de l'annulation de la tournée. Cette famille qui, depuis longtemps déjà, accueille des enfants PSE, est passée de 6 à **13** jeunes accueillis ! Comme d'autres, c'est une famille qui a été aidée par PSE, dont les enfants, sauf la dernière, ont terminé leurs études et peuvent maintenant aider leurs parents. Mais accepter d'accueillir 13 enfants en plus dans la famille !… alors qu'on est sorti de la misère, d'accord, mais qu'on ne fait quand même pas partie des riches, c'est vraiment particulièrement remarquable !

Une autre, qui en avait 7, en a actuellement 9 car la maison n'est pas assez grande pour en recevoir davantage. Etc.

Je suis vraiment admirative de nos familles d'accueil qui ont su faire de la place pour accueillir, en urgence, de nouveaux enfants. Quelle solidarité !

Aides alimentaires d'urgence

Pour éviter la faim et la malnutrition, bien évidemment, nous continuons à distribuer, à nos familles bénéficiaires de ce programme, les 7 tonnes hebdomadaires de riz de compensation. Depuis un moment déjà, toujours dans le but de limiter l'assistanat et d'éduquer nos familles à se prendre elles-mêmes en charge le plus possible, ces distributions de riz étaient liées à une très petite participation basée sur le quotient familial. Par contre, en raison des baisses, voire des arrêts de travail, cette participation a été provisoirement supprimée.

Cela dit, le riz ne suffit plus en cette période de crise. Notre équipe sociale, comme d'habitude sur le pont, à l'écoute permanente des besoins et des urgences, distribue également d'autres denrées de base… Et, bien évidemment, l'accès aux soins de santé reste garanti. Par contre, nous avons dû revoir la mécanique des distributions, afin d'éviter les gros rassemblements au sein de PSE. La distribution est effectuée en trois endroits différents : deux lieux à OBK (emplacement de l'école de gestion et vente, de celle des métiers de l'audiovisuel et de la réserve de riz) et un devant l'équipe sociale, de 7 heures à 17 h 30, avec l'aide d'une trentaine de volontaires et respect des consignes de sécurité.

Pour vous donner une petite idée de la logistique et des moyens mis en œuvre :

– En mars, 8 tonnes de riz pour 923 familles (dont 214 nouvelles), 5 600 portions de nouilles instantanées, 3 300 boîtes de poisson en conserve, 450 litres de sauce de soja.

– En avril, 33 tonnes de riz pour 1 137 familles, 120 000 portions de nouilles instantanées, 36 000 boîtes de poisson en conserve, 7 200 litres de sauces de soja.

– En mai, 45 tonnes de riz pour 1 655 familles, 155 000 portions de nouilles, 49 000 boîtes de poisson, 9 930 litres de sauce de soja.

Mais également des œufs, du poisson séché, des saucisses…

Et, en dehors de ces « paniers alimentaires », nous commençons aussi à avoir des demandes d'aides pour les loyers : 450 à ce jour…

Continuité scolaire et « grand nettoyage de printemps »

En l'absence des enfants, nous en profitons pour organiser des formations pour les professeurs, et pour d'autres également.

Mais il fallait surtout essayer de faire en sorte que les enfants ne perdent pas leur année, essayer qu'ils puissent continuer à étudier quand même. Pas simple, quand on sait que nos familles n'ont pas de connexion internet !

Alors, nos professeurs se sont mis à l'ouvrage. Ils préparent les devoirs sur papier et l'équipe sociale les donne aux élèves ou à leurs familles, la plupart du temps au moment des distributions du riz et des paniers alimentaires. De la même manière, les devoirs sont récupérés pour être corrigés par les professeurs et redonnés ensuite à la distribution suivante. Les enfants du rattrapage sont concernés ainsi que ceux du soutien. Et les étudiants de l'Institut de formation professionnelle, également, ont leur système.

Mais les personnes de la cantine, celles d'ECAP (activités extrascolaires), les responsables des pensionnaires, des internes, du foyer Source de Vie…, étaient vraiment au chômage technique. Alors, une idée est venue : leur proposer d'œuvrer à de multiples tâches très utiles – hors travaux trop techniques, bien sûr – pour seconder notre équipe de maintenance qui croule sous la quantité des innombrables choses à régler. Est donc en train de se mettre en place un grand programme de petites réparations et de nettoyages. Au programme : décapage et peinture des rampes d'escalier et de balcons, des grilles d'entrées, des supports de gradins en bordure des terrains de sport, des tables des cantines, entretien et plantations d'arbres et de fleurs, tonte des pelouses à OBK, nettoyage des murs des bâtiments, réparation des chaises et bureaux cassés, etc. S'il y a le temps, au sortir du confinement, nous aurons un magnifique Centre tout rénové. Et gare aux enfants qui s'amuseront à écrire sur les murs ou sur les tables !…

« Mes » gardiens

C'est l'habitude, ici : on ne laisse jamais une maison seule, sans gardien. Et chez nous, c'est plus qu'une maison... Donc, à tour de rôle, les gardiens, non plus, ne se sont pas arrêtés. Un jour, je n'avais pas ouvert mes volets et je vois tout à coup arriver Leakhéna, inquiète... Devant les volets encore fermés à une heure « anormale », les gardiens lui avaient téléphoné et, n'arrivant pas à me joindre – mon téléphone était en silence –... elle était venue voir. Un certain nombre de nos gardiens sont des parents de nos enfants, et beaucoup sont ici depuis longtemps. Alors, même si je suis seule à habiter en permanence au cœur du Centre, je suis parfaitement en sécurité, et en famille, avec cette sympathique équipe. Étant moins occupés que d'habitude, ils organisent des tournois de pétanque. Eh oui, la pétanque est devenue une spécialité PSE chez nos gardiens, entre deux tours de ronde !

Le secteur touristique

C'est un des secteurs les plus touchés par la crise et c'est, aussi, celui où nous avons beaucoup d'anciens, notre école hôtelière ayant été la première, en date, de nos écoles professionnelles.

Kim Chanthoeun est étudiante en restauration dans notre école d'hôtellerie et de tourisme. Elle a une petite sœur et un petit frère. Depuis la fermeture de l'école, elle participe aux tâches ménagères, surveille les petits, les aide à étudier et aide sa mère à vendre des nouilles khmères. « *Depuis que l'école est fermée, raconte-t-elle, c'est très difficile, pour moi, de continuer à étudier. À l'école, j'ai les explications de mes professeurs mais là, personne ne peut m'expliquer les leçons. C'est très stressant… Avec la pandémie, ma famille a beaucoup de problèmes : mes parents ont perdu leurs revenus ; on ne peut pas payer l'eau, le loyer, ni rembourser notre emprunt. La banque nous demande un remboursement mais nous n'avons pas d'argent. PSE nous aide en nous donnant de la nourriture.* »

Hok Dany, diplômée de l'école hôtelière l'an dernier, travaillait comme réceptionniste dans un hôtel haut de gamme de Phnom-Penh. Mais il n'y a plus de client depuis le 1er avril. Les salariés continuent d'y travailler pour entretenir les lieux mais ils sont passés à un rythme et à un salaire de moins 50 %. Dany n'a plus les moyens de payer sa chambre et a dû retourner dormir chez ses parents, même si c'est à deux heures de Phnom-Penh. Car, en plus, elle doit rembourser, chaque mois, l'emprunt de ses parents qui, tous deux ouvriers de construction, n'ont plus de chantier, donc plus de revenus.

Pour nous aider à soutenir nos familles en difficulté

L'opération « **Sourires en chœurs** », qui réunit, depuis quelques années, des chorales d'enfants pour chanter ensemble au profit de leurs lointains amis du Cambodge, a aussi dû être annulée, comme la tournée, comme tous les événements organisés par nos bénévoles au long des années… La dernière manifestation qui a pu se tenir, a été, à Mouvaux près de Lille, ce magnifique concert de plusieurs chorales d'enfants, rassemblées grâce à notre dynamique équipe des Hauts de France. Ce fut un beau succès.

Vous pouvez imaginer, je pense, que toutes les aides exceptionnelles que nous avons à mettre en place pour soutenir nos enfants et leurs familles durement touchées, sont particulièrement lourdes pour un budget qui ne pouvait pas prévoir une telle situation, à laquelle s'ajoute l'annulation de la tournée et de tous les autres événements… Alors, je ne vous le cache pas, nous avons besoin d'un coup de main !

Si tout le monde s'y met, c'est réalisable ! **Ce ne sont pas forcément de grandes choses.** Que chacun « recrute » un nouveau parrain, par exemple… Que chaque parrain ajoute quelques euros à son parrainage… Que chaque donateur ajoute aussi quelques euros de plus… Que chacun trouve un ami qui pourrait aider… Mais vous avez vous-mêmes certainement des tas d'idées…

Le but, c'est que, dès que ce sera possible, **tous nos enfants** puissent reprendre l'école sans devoir retourner travailler pour la famille à cause des dégâts causés par la crise, **cette chance de l'école** pour laquelle, ensemble, nous nous battons depuis vingt-quatre ans (nous avons accueilli nos dix premiers enfants le 20 mai 1996...) et **qui fonctionne** puisque déjà 4 500 enfants passés par PSE en sont sortis avec un diplôme.

Je sais que nous pouvons compter sur vous.

Et je vous en remercie profondément, une fois de plus !

SEPTEMBRE

Rendez-vous avec Frédéric Lopez le 11 octobre !

Comme vous le savez, ma tournée du printemps dernier a été annulée à cause de la crise sanitaire actuelle. Pour les prochains mois d'automne et d'hiver, les incertitudes restent grandes sur nos possibilités d'organiser des événements avec du public. Ils sont pourtant indispensables pour trouver de nouveaux parrains et donateurs, tant les besoins restent immenses au Cambodge, et encore plus aujourd'hui, avec les conséquences désastreuses de la Covid-19 pour les familles les plus pauvres.

Alors nous proposons un événement sur internet, qui aura l'avantage de ne pas être soumis aux aléas de la situation sanitaire : une émission animée, bénévolement, par l'animateur de télévision Frédéric Lopez, tournée en duplex entre la France et le Cambodge !

Au programme : interviews de nos anciens sauvés de l'enfer de la décharge, reportages sur nos programmes et nos actions face aux nouvelles urgences et à la crise de la Covid-19, et plein d'autres surprises. Bien sûr, j'aurai le plaisir de participer moi-même à cette émission, depuis notre Centre de Phnom-Penh !

L'émission sera diffusée le dimanche 11 octobre 2020 à 17 heures, sur internet **:**

– **Facebook** : www.facebook.com/psefrance

– **YouTube** : www.youtube.com/psecambodia

Je vous y donne rendez-vous, et je compte sur vous pour partager cette information autour de vous. Et pourquoi ne pas réunir chez vous quelques proches qui ne connaissent pas encore PSE, pour regarder l'émission ensemble ?

Et pour ceux qui ne sont pas très « branchés » sur les réseaux sociaux, pourquoi ne pas demander à vos enfants, jeunes adultes, trentenaires, « quadras » ou plus, de relayer ?

Cette année plus que jamais, nous avons besoin de vous et votre soutien !

Où en sommes-nous ?

Les « grandes » écoles, disons, les écoles internationales, vont rentrer en septembre. Mais à PSE, nous n'aurons jamais ni les moyens ni la place d'appliquer les mêmes mesures.

Tous, ici, professeurs, formateurs, gardiens, les équipes de cantine, du département santé, des activités extrascolaires, de l'équipe sociale, de l'internat, du pensionnat… travaillent d'arrache-pied pour proposer au ministère des solutions qui pourraient nous permettre, nous l'espérons, d'envisager aussi une rentrée en septembre.

Puisque nous n'avons pas la place nécessaire pour respecter les distanciations voulues, les options tournent beaucoup autour de l'alternance. Mais sous quelle forme et à quel rythme ? Le matin ou l'après-midi ? Un jour sur deux ? Une semaine sur deux ?... Pour quels enfants prioritaires ? Avec quelles solutions pour ceux dont le tour sera de rester à la maison ?...

Et puis, comment organiser les déplacements, les circuits, les récréations, les repas de la cantine, les transports en bus, etc. ? Et combien d'internes pourrons-nous, aussi, accueillir à nouveau, en fonction de la place disponible ?... Sans oublier la distribution et le lavage des masques que, bien évidemment, nous devrons laver ici... Autant de questions qui sont en train de donner des maux de tête à tous ceux qui planchent dessus... pour trouver des solutions acceptables par les autorités.

Alors, ceux qui échafaudent des plans, font des projections, imaginent des scénarios, recommencent tout parce qu'un paramètre a été oublié ou qu'une donnée ne « colle » pas avec les exigences ou les besoins du service d'à-côté... En fait, chacun a besoin de tous car les passages d'un lieu à l'autre, les désinfections entre les différents groupes, etc., impliquent tous les services sans exception. Et, pour rester positifs, ne peut-on se dire que ces réflexions remplacent avantageusement toutes les réunions dites de « team-building » ?

À ce jour, nous apprenons que les premiers à rentrer vont être ceux des classes d'examens, 3e et terminale, en septembre, pour des examens reportés à décembre. Mais pour les autres ?...

Aides alimentaires

Début août, comme au début de chaque mois depuis le commencement de la pandémie, a eu lieu, à nouveau, une distribution d'aide d'urgence à **1 665** de nos familles : **45** tonnes de riz, sauce de soja, nouilles instantanées, conserves de poisson… L'équipe sociale avait, une fois de plus, remarquablement organisé les opérations avec masques et respect des distances grâce à des marquages au sol.

S.M. la Reine, qui nous soutient régulièrement, nous a fait apporter, cette fois, par Mme Kim Sê, du palais royal, une aide particulièrement importante, dont nous la remercions tout spécialement.

Nous envisagions de diminuer un peu ces aides alimentaires, afin de ne pas risquer de mettre en place une dépendance, mais le pourrons-nous ? Car la fermeture de beaucoup d'usines de confection, l'augmentation de l'endettement des familles auprès des organismes de microfinance, la chute des exportations due à la baisse, par l'Union européenne, des conditions privilégiées de taxation, ainsi que l'effondrement du tourisme sont catastrophiques pour le pays. Le Cambodge, qui connaissait un développement régulier, souffre énormément de la pandémie. La grande pauvreté, même si elle n'était pas encore éradiquée complètement (sinon, nous ne serions pas ici), avait cependant reculé. Et là, des millions de personnes sont en passe d'y retomber. Un triste retour en arrière par rapport aux progrès accomplis…

Alors, ce n'est pas le moment de lâcher !…

Des formations tous azimuts

L'absence des enfants, si elle est à la fois un problème et une tristesse, a laissé la place à des opportunités de formations diverses :

– Ateliers pratiques pour le personnel du foyer Source de Vie et de la section d'enseignement adapté, pour apprendre, ou revoir, la manipulation des fauteuils roulants, les gestes de sécurité pour porter les enfants, la manière de mettre en place un projet individualisé pour chaque enfant en fonction de ses problèmes…

– Les murs du foyer, de la PMI, des paillotes se couvrent de décorations pleines de couleurs et de dessins qui raviront sûrement nos enfants.

– Pour nos responsables éducatifs, des ateliers de langage corporel, par une formatrice du lycée Descartes, avec jeux et théâtre, pour apprendre aux enfants comment interagir avec leurs professeurs.

– Tôt le matin, méditation et qi-gong (gymnastique chinoise, basée sur la maîtrise du souffle et la concentration), par Yannick Auer, responsable du programme de français.

– Mais aussi des formations aux « soft skills », en pédagogie, en anglais, à de nouveaux logiciels, etc.

Tristes pensées

Le handicap est en deuil : Pierre Chetcuti vient de nous quitter brutalement. Il avait fondé ACH, une association qui prend en charge, un peu sur le modèle de

L'Arche, les jeunes handicapés adultes, dont plusieurs viennent de PSE. Dans un précédent journal, nous vous avions déjà parlé de cette association dont la responsable est une ancienne étudiante de PSE. Sans doute va-t-elle avoir besoin d'un coup de main…

Touchant !

La grand-mère d'Adrien (8 ans) lui a lu le « Journal de Chenda », ce nouveau supplément à votre journal, destiné à vos jeunes enfants et petits-enfants. Après avoir écouté attentivement, Adrien a disparu dans sa chambre, pour revenir avec une poignée de pièces et de billets : *« Tiens, Mam, c'est tout mon argent, c'est pour les enfants de PSE, moi j'en ai pas besoin. »* Il y avait 1 euro en pièces jaunes, un billet de 1 dollar, deux billets de 5 livres égyptiennes et deux billets de 5 livres turques, pour un total de 3,50 euros.

Merveille de l'absolu des enfants, même si, bien sûr, cela ne va pas sauver PSE ! Mais n'avons-nous pas à apprendre, de cette manière de « foncer » ? Il n'y a pas d'âge pour avoir souci des plus pauvres. Mais l'important, c'est de faire connaître.

Continuité scolaire

Même si les conditions de vie sont difficiles pour nos enfants, nos professeurs leur préparent leçons et devoirs afin d'essayer qu'ils n'abandonnent pas. En plus des cours en ligne auxquels tous n'ont pas accès, les élèves viennent une fois par semaine, par petits groupes, en respectant strictement les mesures de sécurité, pour recevoir des copies papier des leçons et remettre leurs devoirs. Plus de 70 % des élèves de l'éducation générale bénéficient de ce système. Et les professeurs portent une attention particulière, bien sûr, à ceux qui préparent le brevet ou le bac.

Pang Vandet est un de nos professeurs de maths. Il enseigne en classe de 3e : « *Quand il n'y a pas d'enfants, je fais des recherches pour trouver des documents et des nouvelles idées de présentation. J'en fais des diapos Power Point pour mes élèves. Je leur prépare aussi des résumés de cours et des exercices. Tous les vendredis, ils viennent à PSE pour la correction de leurs exercices et pour la récupération des documents suivants. Et s'ils ont des questions, je leur donne des explications supplémentaires. Ce n'est pas facile d'enseigner dans ces conditions mais l'important, c'est de continuer à suivre les enfants.* »

Sophalmean, 15 ans, est élève de 3e à PSE. Le matin, elle aide sa mère au travail de la maison. L'après-midi et le soir, elle se consacre à ses devoirs : « *J'y passe beaucoup de temps parce que, même si je ne comprends pas tout, j'essaie d'aller jusqu'au bout des devoirs.* » Avec leurs modestes économies, ses parents ont décidé de sacrifier 20 % de leur budget pour lui offrir, à 30 dollars, un smartphone d'occasion afin qu'elle puisse suivre ses cours en ligne, à cause du brevet qui approche. « *Quand je ne comprends pas, j'essaie de trouver des informations sur Google ou sur YouTube, mais c'est difficile de ne pas avoir les explications du professeur.* »

Plus tard, Sophalmean voudrait travailler dans la banque. Pour y arriver, elle doit réussir le brevet, passer aussi le bac et, ensuite, elle souhaite étudier à la « School of Business » de PSE. « *Quand je vais à PSE, le vendredi, le professeur m'explique les leçons, rapidement parce qu'il y a d'autres élèves qui attendent, mais il prend toujours le temps de bien m'expliquer. Je travaille dur parce que si j'ai un bon métier, c'est le seul chemin pour sortir de la pauvreté. Cela nous permettra d'aller vivre ailleurs, parce qu'autour de notre maison, nous ne sommes pas en sécurité : c'est plein d'ivrognes, de drogués, de voleurs...* »

Et nos étudiants en formation professionnelle

Les classes prépas et les années 1 suivent l'enseignement à distance, comme les enfants de l'éducation générale. Les années 2 sont actuellement en stage, sauf ceux qui sont repartis en province. Certains logent chez des amis ou de la famille, d'autres sont logés par leurs employeurs et nous louons aussi des chambres pour ceux qui n'ont pas de solution.

Suite à une récente visite, très positive, du ministère du Travail et de la Formation professionnelle, nous allons avoir le droit de rouvrir, en septembre dans un premier temps, uniquement les classes de pratique des années 2 : à la SoB (gestion et vente), à la SoM (audiovisuel), à la SoHT (hôtellerie et tourisme), à la SoT (bâtiment et mécanique).

Nous allons sans doute aussi pouvoir accueillir, à l'internat, certains étudiants de deuxième année mais seulement six par chambres au lieu de douze. En gros,

60 % pourront donc ainsi reprendre la pratique à ce moment-là.

Vothey, 20 ans, a cinq frères et sœurs. Son père est parti avec une autre. Pauvre et fille de chiffonnière, Vothey a beaucoup souffert du mépris des autres. Aujourd'hui en deuxième année de notre école d'hôtellerie et de tourisme elle est, depuis trois mois, en apprentissage au restaurant Terrazza, ravie de cette alternance de deux semaines au restaurant et deux semaines à l'école, qui lui permet d'avoir déjà un pied dans la vie vraie, tout en continuant la formation théorique. *« Sans PSE qui m'a élevée depuis que je suis petite, je ne sais pas ce que je serais devenue… PSE, c'est mon cœur et c'est ma famille. »*

Nos bénévoles, toujours sur le pont

Pour continuer à aider nos enfants tout en s'adaptant aux contraintes sanitaires, nos bénévoles savent se réinventer encore et toujours ! Du côté de Marseille, Anne a organisé un « concert-canapé » diffusé sur YouTube. À Carnac, Pascale a réalisé un beau doublé : un dîner en blanc (avec toutes les mesures sanitaires) et une vente de tableaux. Toujours aussi réussies, les compétitions de golf ont eu lieu, comme chaque année, à Pornic et à Strasbourg ! À Paris, en Aquitaine, en PACA, ce sont des petites mains couturières qui ont cousu des masques pour soutenir PSE. En Alsace, un parrain avait un cerisier qui croulait sous les fruits, il les a vendus au profit de PSE. Quant au magnifique film de Xavier *Les Pépites*, Vincent l'a projeté « avec distanciation », devant un public normand comblé !

Comme disait Papy, « il y a mille manières d'aider PSE » ! La rentrée approche. Et si, vous aussi, vous organisiez une action pour PSE ? Alors, RV sur notre site internet (www.pse.ong, rubrique Agir avec PSE / Devenir bénévole) ou au 01 30 24 20 20.

DÉCEMBRE

Rendez-vous avec Frédéric Lopez : le replay

« Tellement inspirant ! »

« Nous avons pleuré, ri, souri et n'avions pas envie que cela s'arrête »

« Une décharge d'optimisme et d'énergie »

« De beaux moments d'émotions, si bien animés par Frédéric Lopez… »

Le 11 octobre dernier, nous diffusions, sur nos réseaux sociaux, une très belle « émission solidaire », en duplex entre Paris et Phnom-Penh, animée par Frédéric Lopez. Elle est **disponible en replay** ! Rendez-vous sur **https://www.pse.ong/live.**

Merci et bienvenue à tous ceux qui ont rejoint la famille PSE avec cette émission ! Aidez-nous à faire connaître notre action en partageant ce replay avec vos amis… pour qu'eux aussi découvrent cette belle histoire ! Merci à vous !

Un problème… une solution

… c'est ainsi que Frédéric Lopez résume PSE.

Et c'est vrai que c'est notre ADN. C'est comme ça que PSE s'est construit, à mesure des problèmes rencontrés. Et la mise en images, aussi, fait partie de l'ADN : Papy, passionné d'images, a toujours pris des photos, puis filmé, pour faire connaître les situations. C'est ça, les tournées annuelles : parcourir les routes et faire voir, pour chercher des soutiens.

C'est donc tout naturellement, dans la suite logique, qu'est née l'idée de cette émission numérique en duplex, pour remplacer la tournée annulée. Frédéric Lopez a gentiment accepté de l'animer bénévolement, comme les autres intervenants, et notre école d'audiovisuel, créée par Papy, a plongé dans l'inconnu.

Une excitation passionnée a réuni le doyen de l'école, Nicolas, les professeurs et les élèves, sur ce projet commun, aux enjeux si importants, d'une émission « live » en duplex, mise en place par une ONG et ses étudiants : une première, ici, au Cambodge !…

En collaboration avec l'équipe du siège, avec Aloest (producteur du Film *Les Pépites*), avec le département communication, ici, et avec beaucoup d'autres services, il a fallu comprendre la mécanique de l'opération, trouver les moyens d'envoyer les images vers la France et de recevoir les leurs, concevoir le déroulement de l'émission, imaginer, écrire, filmer et monter les reportages, prévoir le décor, trouver des solutions aux innombrables soucis techniques, préparer les intervenants, tester, recommencer… Cinq semaines intenses d'une préparation où presque tout était à découvrir. Unanimement, ils nous disent : « *Nous sommes très heureux et fiers du résultat ! Cette expérience nous a appris beaucoup de choses en termes techniques. Ce fut un fabuleux exercice pratique, cette pratique qui est à la base de l'enseignement chez PSE. Et, en plus, cela nous a permis de souder encore davantage l'équipe en rapprochant étudiants et professeurs. Tous, nous rêvons de renouveler ce genre d'aventure !* »

De chiffonniers à assistants sociaux…

C'est un vrai bonheur, de voir aujourd'hui le magnifique sourire de **Samedy** quand nous nous rappelons le petit garçon toujours triste que nous avons connu sur la décharge…, un des plus maltraités.

Son père, hélas, probablement démoli par ce qu'il avait vécu sous les Khmers rouges, était devenu extrêmement violent, torturant sa femme et maltraitant ses enfants, les obligeant à travailler sans une minute de repos.

À sa mort, nous avons pris Samedy et ses frères et sœurs et il a pu terminer ses études sans histoire et brillamment : le bac d'abord puis, non pas une, mais *deux* universités : Lettres françaises et Droit. Après avoir travaillé dans une agence de voyages, il a postulé pour un poste d'assistant social à PSE, pour aider les pauvres. Qui peut mieux les comprendre que lui ?…

Sinoun est diplômée de notre école de secrétariat. Elle aussi était chiffonnière, parmi les toutes premières familles que nous avons découvertes en 1995, celles dont la situation nous avait révoltés, et qui nous ont mis en route.

Ils sont l'histoire de PSE. Et, malgré la fermeture de la décharge de Stung Meanchey, ils en garderont le souvenir, souvenir de tous ceux qui y sont morts, de toutes les souffrances qui y ont été vécues, leurs propres souffrances aussi, qui leur donnent, désormais, la capacité de continuer la mission de PSE auprès de tous ceux, encore si nombreux, qui vivent actuellement la misère qu'ils ont connue.

Tous deux ont été longtemps assistants sociaux et, coïncidence amusante, ils se sont mariés à une semaine d'intervalle et ils ont chacun deux enfants.

Aujourd'hui, Samedy est responsable de notre programme des écoles publiques et Sinoun est directrice de la cantine.

Ce sont ***ces liens très forts avec d'anciens bénéficiaires restés à nos côtés pour en aider d'autres qui sont l'âme de PSE et en font la spécificité***.

Pour continuer à étudier

Le but essentiel de PSE, après avoir nourri les enfants, ce qui, au tout début, a été leur première demande (« *un repas par jour* »), c'est de les scolariser – leur deuxième demande (« *aller à l'école comme les autres enfants* », nous disaient-ils).

Alors, devant l'obligation de fermer le Centre, comme beaucoup, nous avons mis en place des moyens pour que l'enseignement puisse continuer. ***C'est vital pour nos enfants qui n'ont aucune autre chance de pouvoir, un jour, sortir de la misère*** dans laquelle sont engluées leurs familles par manque d'opportunité d'apprendre. Comment, alors, envisager d'attendre sans rien faire ? Il y a vraiment urgence !

Cela dit, il a fallu jongler, car la plupart de nos familles ne sont pas équipées pour le numérique et l'enseignement à distance ne fonctionne donc pas pour tous. Et même si certains ont réussi à prélever une bonne part d'un budget déjà bien maigre pour acheter un téléphone portable d'occasion, leurs lieux de vie n'ont pas toujours de réseau suffisant…

Comme le précédent journal vous l'avait montré, nous avons donc dû doubler les cours en ligne par des solutions papier, avec des rencontres hebdomadaires entre élèves et professeurs, parfois par petits groupes, mais toujours sous sécurisations sanitaires.

Un très grand bravo et un immense merci à tous nos professeurs et à toutes les équipes concernées, qui se sont démenés sans compter pour ne pas abandonner la mission de PSE, même dans des conditions inhabituelles et pas toujours simples !!!

Merci à tous !

Je pense que vous serez tous d'accord pour remercier, avec Ghislaine, notre présidente, et avec moi, tous ceux qui ont continué à travailler pendant cette longue et difficile période que nous venons de vivre dans un Centre pour enfants sans enfants !

Merci à notre duo de direction, bien sûr, Christine et Leakhéna ; à notre équipe de management ; à l'équipe sociale, toujours sur le pont, proche des difficultés de nos familles ; aux écoles et aux équipes pédagogiques, qui se sont surpassées pour que l'enseignement continue ; aux équipes médicales et à celles de l'hébergement ; à tous les services support ; à l'équipe des gardiens, garants de la sécurité ; aux équipes de l'atelier de couture, qui ont poursuivi la fabrication et des uniformes et des masques, tout en déménageant l'atelier ; à nos chauffeurs de bus qui ont un double travail à cause des allers-retours en milieu de journée ; à tous nos parrains et donateurs toujours très fidèles, même en cette période difficile ; à tous les amis de PSE, aux quatre coins du monde, qui ont continué à rechercher des fonds, au milieu des difficultés chez eux aussi…, un travail capital quand tous les rassemblements ont dû être annulés. La célébration en souvenir de Papy qui nous a quittés depuis quatre ans n'a pas pu avoir lieu non plus, mais il continue à veiller.

Et comme si cela ne suffisait pas…

Oui, comme si cela ne suffisait pas, le pays a été victime, en octobre, d'une dramatique presque fin de saison des pluies, doublée de tempêtes tropicales, avec des grosses inondations qui ont touché, bien évidemment, les plus vulnérables, déjà très impactés par les conséquences de la crise sanitaire. Quand votre maison se compose de quelques planches plantées sur le sol et d'une méchante bâche ou d'un morceau de tôle pour toit, déjà vous n'êtes pas bien à l'abri des bourrasques un peu fortes. Mais quand s'y ajoutent les trombes d'eau que nous venons de connaître, et les rues sans tout-à-l'égout d'une zone non équipée, car vous n'avez pas les moyens d'habiter ailleurs, non seulement vous recevez la pluie, mais l'eau de la rue envahit votre maison, parfois jusqu'à plus de 1 mètre…

Alors, une fois de plus, nos familles ont eu besoin de coups de main ! Et notre équipe sociale s'est, une fois de plus, retrouvée en première ligne : des distributions de nourriture, bien sûr, mais aussi des aides pour déménager ailleurs, le temps que l'eau soit redescendue…, ainsi que du matériel essentiel pour remplacer ce qui avait disparu.

Bonnes fêtes et bonne année 2021, en l'espérant moins compliquée que 2020 !

Épilogue

Le 20 mai 1996, nous recevions nos dix premiers enfants… Une fratrie de sept, plus la maman, et une autre fratrie de trois.

L'année 2021, c'est donc l'anniversaire des 25 ans de PSE. Un quart de siècle, déjà ! Peut-être le moment de se retourner pour faire un peu le bilan…

PSE, c'est cette vision insupportable qui nous a mis en route.

C'est cette lutte quotidienne pour sortir les enfants de l'enfer.

C'est cette bagarre permanente pour les nourrir, les soigner, les scolariser, les protéger, les former.

C'est ce soutien à leurs familles qui n'ont pas les moyens de se prendre en charge.

C'est ce développement, jour après jour, des programmes qui, depuis les débuts, évoluent à mesure que les enfants avancent dans une vie nouvelle, que le pays se reconstruit et que les besoins évoluent.

C'est cette fantastique mobilisation de nos amis, et de tous ceux qui le sont devenus, pour nous accompagner dans cette incroyable aventure (parrains, donateurs, mécènes, bénévoles, antennes, ceux qui travaillent à faire connaître PSE, membres du personnel et du conseil d'administration, qui font marcher la machine...).

C'est cette réussite des enfants qui se transforment, chacun à leur rythme, pour devenir des adultes responsables.

Ce sont aussi des problèmes, des tristesses, des échecs, qui font toujours aussi mal mais qui, heureusement, ne sont pas majoritaires par rapport à toutes les autres belles réussites.

Ce sont tous ces enfants qui sont devenus les nôtres, et qui restent très attachés à leurs Papy et Mamie, même si leur Papy a pris de la hauteur pour continuer à veiller sur eux de plus loin et dont ils viennent, chaque année, très nombreux, faire mémoire au jour anniversaire de son départ.

Ce sont plus de 4 500 jeunes sortis de nos programmes, qui sont bien installés dans leur vie d'adulte, aident leur famille et contribuent au développement leur pays.

Ce sont Srey Nga, une des dix premiers accueillis, devenue notre belle-fille, et Leakhéna, arrivée peu après, devenue notre fille adoptive et qui, aujourd'hui, fait partie de la direction de PSE.

Ce sont 6 500 autres, chaque année, qui sont encore en chemin dans nos programmes.

Mais la Covid-19 est venue perturber tout cela et nous sommes tristes de constater qu'elle a non seulement bloqué beaucoup de choses, mais qu'elle a provoqué des retours en arrière par rapport aux progrès réalisés depuis 25 ans. Pendant la longue fermeture des écoles, un certain nombre – non négligeable – de nos enfants sont allés travailler à des petits métiers, à cause des problèmes familiaux, et ne sont pas revenus parce que rapporter à la maison quelques riels de plus, pour manger et payer le loyer de la cabane, est redevenu la priorité. Même si ce qu'ils arrivent à gagner ne les mènera pas loin sans une formation correcte. Et, surtout, ils n'auront pas de possibilité d'évolution… Quel gâchis ! Par moments, nous nous retrouvons presque vingt-cinq ans en arrière !…

Cela veut dire que nous devons rester motivés et ne pas lâcher ! Les besoins sont encore là. Nous devons à nos enfants de continuer à les soutenir.

Vingt-cinq ans, c'est une étape, et cela se fête, mais ce n'est pas une fin. Et encore moins avec cette affreuse crise !

C'est pour cela que je reste ici, au milieu d'eux. Ce m'est un devoir – et aussi un bonheur !

Mais, aujourd'hui comme hier, j'ai besoin de vous tous, ils ont besoin de vous tous.

Alors, ensemble, continuons cette fantastique aventure !

Remerciements

Marie-France des Pallières voudrait remercier :

Les antennes qui œuvrent à longueur d'année pour faire connaître le but de PSE, trouver des fonds et des nouveaux soutiens.

Les bénévoles de toutes sortes : ceux qui parlent du travail de l'association, ceux qui organisent des événements pour agrandir la famille autour des enfants, ceux qui, ici au Cambodge, ou à l'arrière, donnent de leur temps et de leur expertise pour faire avancer les choses.

Le conseil d'administration qui veille à la bonne gouvernance et au respect des orientations.

Les donateurs qui, à eux tous, assurent toute une partie du financement.

Les entreprises, qui soutiennent nos écoles de la formation professionnelle, financièrement et/ou académiquement, ainsi que bien d'autres secteurs de notre activité au Cambodge.

Les mécènes qui nous soutiennent souvent depuis très longtemps dans tous les domaines.

Les institutions et organismes officiels, aussi bien en France qu'au Cambodge, qui ont reconnu notre association, lui permettant ainsi d'augmenter sa visibilité afin de pouvoir aider davantage d'enfants.

Nos amis trop tôt disparus, qui sont allés retrouver Christian-Papy et continuent, avec lui, à nous aider différemment.

Les organisateurs d'événements et de soirées privées ou publiques, grandes ou plus petites, qui, comme les antennes, se donnent du mal pour faire connaître PSE et motiver de nouvelles personnes à participer, elles aussi, à l'aventure.

Les parrains qui, depuis parfois très longtemps, assurent la prise en charge des enfants, et tous ceux qui nous ont rejoints au cours du temps.

Nos partenaires, autres associations avec qui nous partageons vision commune, expertises et de précieux échanges.

Le personnel, à Phnom-Penh, dévoué au jour le jour pour donner aux enfants l'avenir auquel tout enfant devrait avoir droit.

Le personnel du siège qui, malgré son tout petit nombre, œuvre également, à longueur de jour, pour que tout fonctionne bien.

Nos amis de la presse, écrite, audio et audiovisuelle, qui font un travail de « faire-savoir » pour que le maximum de personnes ait envie de nous rejoindre.

...

Une immense chaîne autour des enfants, comme le disait Papy, qui m'émerveille de solidarité, d'engagement, de générosité, cette grande famille PSE que je remercie profondément et sans qui cette fantastique histoire n'aurait jamais pu se développer.

Nous remercions également toutes celles et tous ceux grâce auxquels ce projet de livre a été rendu possible, qui seraient trop nombreux à citer individuellement dans ces pages mais que vous pourrez retrouver sur le site de l'association :

www.pse.ong

Enfin, si vous souhaitez prolonger la lecture de ce livre, je vous invite à retrouver d'autre portraits d'enfants que nous avons réunis, également sur le site de l'association.

Table

PSE au fil des jours…

PSE
POUR UN SOURIRE D'ENFANT

LE PARRAINAGE : UN GESTE D'AMOUR LIBRE

À travers ce livre, vous avez découvert l'association Pour un Sourire d'Enfant fondée par Christian et Marie-France des Pallières.
Peut-être vous demandez-vous maintenant, **comment aider** afin que l'association continue à poursuivre son œuvre auprès des enfants les plus pauvres ?

Pour prendre en charge les enfants tout au long de leur parcours de vie à PSE, votre soutien, dans la durée, est précieux : **c'est le parrainage.**
Il s'agit de verser un don régulier (chaque mois) par un prélèvement bancaire (RIB) ou par carte bancaire. Le parrainage de référence est de 47 € par mois (15,98 € après déduction fiscale de 66 %) soit 0,52 €/jour si vous êtes imposable.
Chacun peut parrainer selon ses possibilités : **l'important, c'est la régularité dans la durée.**

À tout moment, vous pouvez ajuster le montant du parrainage ou même l'arrêter si votre situation change : vous pourrez le relancer plus tard lorsque votre situation le permettra à nouveau !
Un simple appel, courrier ou e-mail au secrétariat est suffisant pour manifester votre décision.

Pour parrainer, vous pouvez détacher et remplir ce bulletin au verso puis nous le renvoyer avec votre RIB à : Pour un Sourire d'Enfant, 49 rue Lamartine, 78000 Versailles ou remplir ces informations en ligne sur : www.pse.ong/donner
Vous pouvez aussi faire un don qui servira directement aux programmes.

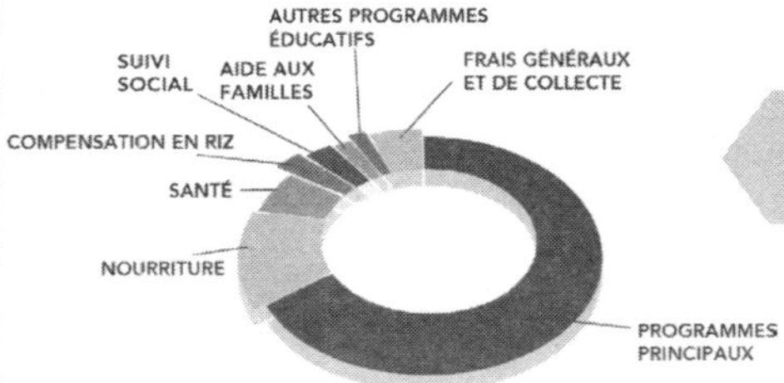

LE CONTENU DU PARRAINAGE

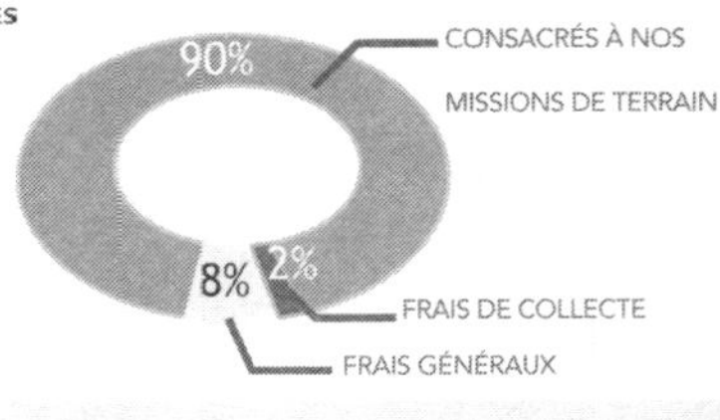

UNE GESTION RESPONSABLE ET TRANSPARENTE

et des frais généraux et de collecte au plus bas.

Conformément à la Loi Informatique et Libertés du 6 janvier 1978 et au Règlement européen sur la Protection des Données, du 25 mai 2018, vous disposez d'un droit d'accès, de modification, de rectification et de suppression des informations vous concernant. Il suffit pour cela de nous contacter : 49, rue Lamartine - 78000 Versailles - secretariat@pse.ong - 01 30 24 20 20. Les informations sont destinées à notre association et son réseau, dans le but de faciliter nos démarches. Elles ne sont en aucun cas communiquées à des tiers.

LABEL IDEAS
L'EXIGENCE *en action*

Comment parrainer ?

Je détache ce formulaire du livre et renseigne toutes les informations nécessaires : coordonnées, montant, mandat de prélèvement.

Je le renvoie avec mon RIB à :
Pour un Sourire d'Enfant, 49 rue Lamartine, 78000 Versailles
ou le remplis en ligne sur : www.pse.ong/donner

PSE
POUR UN SOURIRE D'ENFANT

○ M ○ Mme Nom ____________________

Prénom ____________________

Raison sociale (pour les organismes) ____________________

Adresse ____________________

Code postal __________ Ville __________ Pays __________

Tél __________ E-mail __________

Date de naissance __________ Profession __________

Je souhaite recevoir le journal trimestriel (écrit par Marie-France des Pallières) ainsi que des nouvelles de PSE près de chez moi : ○ **oui** ○ **non**

Je parraine

en contribuant à la prise en charge d'un ou plusieurs enfants par un soutien de :

66% d'avantage fiscal

○ 47€ /mois soit 0,52€ par jour après déduction fiscale

○ Autre : € /mois

Je souhaite recevoir le reçu fiscal : ○ **par courrier** ○ **par e-mail**
Je souhaite recevoir la lettre trimestrielle : ○ **par courrier** ○ **par e-mail**

JE COMPLÈTE LE MANDAT DE PRÉLÈVEMENT SEPA **ET JOINS MON RIB**

En signant ce formulaire, j'autorise PSE à envoyer des instructions à ma banque pour débiter mon compte, et celle-ci à débiter mon compte conformément aux instructions de PSE. Je bénéficie du droit d'être remboursé par ma banque selon les conditions décrites dans la convention passée avec elle. Toute demande éventuelle de remboursement devra être présentée dans les 8 semaines suivant la date du débit de mon compte pour un prélèvement autorisé.

IBAN : ⊔⊔⊔⊔ ⊔⊔⊔⊔ ⊔⊔⊔⊔ ⊔⊔⊔⊔ ⊔⊔⊔⊔ ⊔⊔⊔⊔ ⊔⊔⊔

BIC : ⊔⊔⊔⊔⊔⊔⊔⊔⊔⊔⊔ Date et Signature :

Identifiant créancier: FRZZZ46395
La présente demande est valable jusqu'à annulation de votre part, à adresser par simple lettre à : **PSE, 49 rue Lamartine, 78000 Versailles**
secretariat@pse.ong - 01 30 24 20 20.
Vos droits concernant le présent mandat sont expliqués dans un document que vous pouvez obtenir auprès de votre banque.

Et ensuite ?

Je recevrai la lettre d'information trimestrielle de PSE, me donnant des nouvelles du Centre, de la vie des enfants, des étudiants et des familles.

Un reçu fiscal annuel me sera délivré pour déduction de mes impôts.

Composition Nord Compo
Impression Normandie Roto Impression s.a.s. en septembre 2021
Éditions Albin Michel
22, rue Huyghens, 75014 Paris
www.albin-michel.fr

ISBN : 978-2-226-46778-2
N° d'édition : 24668/01 – N° d'impression : 2104182
Dépôt légal : octobre 2021
Imprimé en France